REALIA

Collection dirigée

par

Jean-Noël Robert

COLLECTION REALIA

GUY ACHARD
La communication à Rome

JACQUELINE AMAT
Les animaux familiers dans la Rome antique

MARIE-FRANÇOISE BASLEZ
L'étranger dans la Grèce antique

JEAN-NICOLAS CORVISIER
Les Grecs et la mer

FLORENCE DUPONT
L'acteur-roi ou le théâtre dans la Rome antique

LUC DURET et JEAN-PIERRE NÉRAUDAU
Urbanisme et métamorphoses de la Rome antique

GÉRARD FREYBURGER, MARIE-LAURE FREYBURGER-GALLAND
et JEAN-CHRISTIAN TAUTIL
Sectes religieuses en Grèce et à Rome dans l'Antiquité païenne

FRÉDÉRIC HITZEL
Artisans et commerçants du Grand Turc

IVAN P. KAMENAROVIĆ
Itinéraire d'un lettré chinois. L'arc et le pinceau

ALAIN MALISSARD
Les Romains et l'eau.
Fontaines, salles de bains, thermes, égouts, aqueducs...

JEAN-PIERRE NÉRAUDAU
Être enfant à Rome

DANIELLE PORTE
Le prêtre à Rome. Les donneurs de sacré

JEAN-NOËL ROBERT
- Les plaisirs à Rome
- La vie à la campagne

ADELINE RUCQUOI
Aimer dans l'Espagne médiévale. Plaisirs licites et illicites

CATHERINE SALLES
Lire à Rome

ROBERT TURCAN
Vivre à la cour des Césars.
D'Auguste à Dioclétien (Ier-IIIe siècles ap. J.-C.)

VIOLAINE VANOYEKE
La naissance des Jeux olympiques et le sport dans l'Antiquité

À PARAÎTRE

ANNE KRAATZ
Luxe et luxure à la cour des papes de la Renaissance

LE TEMPLE INDIEN
MIROIR DU MONDE

DU MÊME AUTEUR

Aux éditions Les Belles Lettres

Les Khmers, Paris 2003 (Collection Guide Belles Lettres des Civilisations) [trad. japonaise, Tokyo 2008].

Aux éditions Gallimard

Angkor - la forêt de pierre, Paris 1989 (Collection Découvertes-Gallimard) [traductions anglaise, chinoise, coréenne, italienne, japonaise et russe].

En collaboration avec M.-L. Barazer-Billoret :
Shiva – libérateur des âmes et maître des dieux, Paris 2004 (Collection Découvertes-Gallimard).

Dans la collection de l'Institut Français de Pondichéry

Mayamata - traité sanskrit d'architecture,
édition critique, traduction et notes, 2 vol., Pondichéry1970-1976.

Les enseignements architecturaux de l'Ajitāgama et du Rauravāgama
(Études sur les āgama śivaïtes I), Pondichéry 1977
(et traduction anglaise New-Delhi 1984).

Le florilège de la doctrine śivaïte - Śaivāgama-paribhāṣāmañjarī de Vedajñāna,
édition critique, traduction et notes, Pondichéry 1979.

Entre Alampur et Śriśailam - recherches archéologiques en Andhra-Pradesh,
2 vol., Pondichéry 1984.

En collaboration avec M.- L. Barazer-Billoret :
Le Rauravāgama. Un traité çivaïte de rituel et de doctrine, traduction et notes, 2 vol., Pondichéry 2000.

En collaboration avec M.-L. Barazer-Billoret :
V. Lefèvre, S. Sambandhan Sivacarya et C. Barois,
Dīptāgama, édition critique, 3 vol., Pondichéry 2004-2009
(Publications du Département d'Indologie n°81.1).

Temples, traités et images du Monde indien – études d'histoire et d'archéologie,
rassemblées par M.-L. Barazer-Billoret et V. Lefèvre, Pondichéry
(Publication du Département d'Indologie) – Paris (Presses Sorbonne Nouvelle) 2005.

Chez d'autres éditeurs

En collaboration avec J. Boulbet :
Les sites archéologiques de la région du Bhnam Gulen (Phnom Kulen),
numéro spécial d'*Arts Asiatiques* (t. XXVII), Paris 1973

Les monuments indiens, théorie et réalité - du texte au monument bâti et illustré
[Paris-Pondichéry] 1985.

*Cent objets disparus/One hundred missing objects : Pillage à Angkor/Looting in Ang*kor,
ICOM-E.F.E.O., Paris, 1993 (2e edition 1997).

The Mayamata - an Indian Treatise of Housing, Architecture and Iconography,
Sanskrit text edited and translated, 2 vols, New-Delhi 1994
(Indira Gandhi National Centre for the Arts and Motilal Banarsidass Publishers).

Bruno Dagens

LE TEMPLE INDIEN
MIROIR DU MONDE

LES BELLES LETTRES

2009

*Pour consulter notre catalogue
et découvrir nos nouveautés
www.lesbelleslettres.com*

ISBN : 978-2-251-33831-6

À Jacques Dumarçay
en gage d'amitié

Introduction

Le temple « indien » fait partie de ces créations architecturales qui ont essaimé à travers le monde à la suite des idéologies religieuses qui les avaient suscitées. Comme la mosquée, l'église ou encore le temple « grec », qu'il a d'ailleurs tous croisés dans ses pérégrinations, il s'est adapté aux multiples cultures qui l'ont adopté ou auxquelles il s'est mêlé ; chacune l'a interprété selon son génie, son goût ou ses choix techniques, mais dans la très grande majorité des cas en lui conservant ses particularités essentielles.

Fruit d'une nécessité, c'est dans le nord de l'Inde qu'il apparaît, sans doute vers la fin du IVe siècle avant notre ère, peut-être un peu plus tôt, en tout cas une fois que la pensée religieuse indienne a connu une mutation fondamentale qui l'a conduite à la dévotion (*bhakti*) et par là au désir d'un contact étroit avec la divinité, d'un dialogue avec elle pourrait-on dire. Employant ce terme de dialogue, nous avons évidemment à l'esprit la magnifique expression de la mutation dont nous parlons qu'est la *Bhagavad-Gītā* : cet entretien entre le dieu Viṣṇu-Kṛṣṇa fait homme et le roi Arjuna en but à l'inquiétude existentielle débouche certes sur l'apparition du dieu sous sa forme « divine », englobant tout le cosmos mais ce n'en est pas moins un dialogue entre deux êtres « terrestres ».

Destiné à loger un dieu dans le monde des hommes et « inventé » sur le modèle d'une demeure humaine, le temple se développe et évolue au rythme de l'histoire des doctrines qu'il sert et qu'il accompagne dans leur diffusion. Il se répand ainsi sur tout le sous-continent indien, puis le déborde, surtout vers l'Asie du Sud-Est continentale et insulaire mais aussi à un moindre degré vers les confins nord et nord-ouest et, au-delà, vers l'Asie centrale. Tout récemment, depuis un peu plus d'un siècle, il s'est mis à jalonner les implantations de la diaspora indienne à travers le monde, que ce soit en Europe, en Amérique continentale ou aux Antilles, pour ne rien dire de l'Afrique de l'Est, des îles de l'Océan indien ou de celles de l'Océanie, Australie comprise.

À l'instar des créations parallèles déjà évoquées, le temple répond à un panorama doctrinal très large. C'est que, en architecture, les mouvements généraux de pensée sont souvent plus sensibles que les implications sectaires, même si ces dernières se traduisent parfois à travers des détails très techniques, concernant par exemple les effets perspectifs ou l'orientation. Cette homogénéité relative facilite la constitution d'écoles régionales dont l'unité relève plus de choix esthétiques que de motivations religieuses précises. Les exemples sont multiples mais les plus évidents se rencontrent en Asie du Sud-Est : le Cambodge ou Java qui ont reçu et fait coexister étroitement religions brahmaniques et bouddhisme, ne les ont guère différenciées au niveau de l'habillage architectural, à quelques exceptions près. En Inde même, cette homogénéité a facilité la mise en système de l'architecture du temple dans des traités normatifs qui se présentent facilement comme universels et qui, de fait, n'apparaissent guère sectaires dès que l'on sort du rituel ou de l'iconographie, traités dont on trouvera ci-contre une présentation rapide.

Les traités d'architecture

L'architecture du temple indien a été théorisée dans des traités auxquels on donne souvent les noms génériques de *śilpaśāstra* (« traité technique ») ou de *vastu/vāstu-śāstra* (« traité du site/ de l'habitat ») ; les plus connus qui relèvent d'écoles régionales diverses sont en sanskrit. Leur matière est souvent reprise dans des traités liturgiques, voir même dans des textes à l'optique beaucoup plus large tels que ces encyclopédies religieuses et mythologiques que sont les *purāṇa*. L'un des exposés les plus anciens sur la question est d'ailleurs un chapitre d'un traité d'astrologie du début du VIe siècle, la *Bṛhatsaṃhitā*. Quant aux traités spécialisés, les plus connus sont ceux de l'Inde du Sud, tel le *Mānasāra* (XVe-XVIe s.) ou le *Mayamata* (sans doute un peu plus ancien, env. Xe s.).

Tous, traités et autres, sont rédigés dans le même esprit et disons selon la même méthode. Ils prétendent à une origine divine qui les rend antérieurs à toutes les constructions humaines et ne se réfèrent donc jamais à des monuments réels (au contraire de Vitruve par exemple) ; ce faisant ils se présentent comme normatifs, alors qu'ils sont fondamentalement descriptifs et classificatoires. Simultanément ils s'intéressent beaucoup plus aux aspects visibles – surtout extérieurs – des édifices qu'aux problèmes techniques que peut poser leur construction et aux solutions que l'on peut y apporter : ainsi ils ne mentionnent jamais la technique de l'encorbellement qui est cependant d'un emploi quasiment universel et ils parlent d'*étages* sans jamais préciser s'ils sont vrais ou faux.

Leur démarche est analytique. Un édifice, quel qu'il soit, résulte de la combinaison de divers éléments de base qui sont communs à tous les types de constructions. Pour présenter l'architecture, ils partent de la description de ces éléments de base (soubassement, piliers, murs, etc., ci-dessous, p. 82, fig. 6), pour passer ensuite aux différentes catégories d'édifices dans la composition desquels ils peuvent entrer (temples, mais aussi pavillons, pavillons d'entrée, galeries, maisons, palais, etc.).

Pour chaque élément architectural comme pour chaque catégorie d'édifices on propose différentes classifications typologiques, toutes très hiérarchisées. Chaque modèle théorique a une série de variantes dont le terme initial est toujours le plus simple, le plus petit et le plus médiocre, et le terme final, ce qu'il y a de plus complexe, de plus vaste, et d'une façon plus générale ce qui convient à la perfection. Tout cela combiné avec l'utilisation systématique de rapports proportionnels, suggère une architecture modulaire où tous les éléments d'une composition sont liés par des rapports de proportions.

En définitive, ces ouvrages offrent une théorie simplificatrice et unificatrice. Sans entrer dans la diversité extrême des temples bien réels à partir de laquelle elle a été extrapolée, elle traduit bien les grandes tendances qui marquent leur organisation architecturale en les érigeant au rang de règles contraignantes : ainsi, par exemple, elle impose une coordination complète à partir de la cella de l'ensemble constitué par le temple et ses annexes et elle étend le principe de rigueur géométrique à tout cet ensemble quelle que soit son étendue. Cette théorie ne conçoit que des ensembles finis. Le plus complet et le plus parfait est présenté comme prévu dès le départ et relevant d'un projet unitaire. Nous ne verrons jamais les traités envisager clairement l'aspect évolutif que présentent souvent les temples, en particulier les plus importants d'entre eux, ceux qui ont grandi au cours des siècles, au fur et à mesure que leur réputation s'accroissait. Cela étant, la base hiérarchique de la théorie, selon laquelle les temples les plus parfaits sont ceux qui sont les plus complexes et les plus étendus, justifie à elle seule que l'on agrandisse un temple lorsque sa réputation s'accroît.

Cette théorisation est ancienne, sans doute autant que celle du rituel pratiqué dans le temple ; elle s'inscrit d'ailleurs dans la lignée des manuels qui, à l'époque fondatrice de la tradition indienne, codifiaient l'autel védique ; on y trouve les mêmes préoccupations : rigueur géométrique, équilibre des proportions, attention accordée aux matériaux mais aussi inscription nécessaire dans un cosmos orienté et, désormais, centré sur le dieu dédicataire de l'édifice, etc. Ajoutons que s'il existe des ouvrages techniques qui ne traitent que d'architecture, cette dernière est également abordée dans la plupart des manuels généraux consacrés au rituel public, au moins en ce qui concerne le temple et ses annexes.

Ces présentations théoriques du temple ont très tôt voyagé et, paradoxalement, elles peuvent expliquer certains partis en apparence aberrants adoptés dans des pays indianisés. Pour nous, elles ont l'intérêt majeur de reposer sur une analyse très fine de l'architecture et de constituer ainsi de remarquables instruments pour l'étude des monuments du monde indien. Aidant à retrouver ce qui fait l'unité du temple, elles permettent de mieux cerner ce qu'on peut attribuer au génie des cultures qui l'ont accueilli comme aux particularités de tel ou tel courant sectaire.

Le présent ouvrage tire d'ailleurs son origine première des difficultés rencontrées en cherchant à intégrer dans un même discours les innombrables manifestations architecturales de la pensée religieuse d'inspiration indienne. Ce discours, né de la fréquentation quotidienne et simultanée des monuments du Cambodge ancien et d'un traité sanskrit d'architecture rédigé en Inde du Sud, se voulait un effort pour mieux cerner les apports réciproques des cultures khmère et indienne à l'élaboration de monuments dont l'unité remarquable allait de pair avec l'évidence d'une double parenté. Rapidement on a constaté que l'enquête devait porter tant sur les monuments d'Asie du Sud-Est que sur leurs homologues indiens dont on pouvait se demander s'ils étaient leurs modèles ou leurs parallèles ; elle devait aussi du point de vue méthodologique s'adosser à une définition fonctionnelle du temple dégagée si possible des contingences esthétiques et autres.

C'est au cours de cette enquête qu'est apparue omniprésente l'idée du miroir qui va nous servir ici de truchement pour présenter le temple. Il y avait d'abord le miroir, bien réel comme une pièce d'eau ou simplement suggéré par une composition qui met l'architecture en abyme, et grâce auquel le temple se voit dédoublé ou même multiplié à l'infini en un mouvement qui dépasse largement la simple satisfaction du regard. Plus important peut-être nous est apparu le temple qui se fait miroir, celui qui nous renvoie aussi bien sa propre obédience religieuse que les multiples notions qui régissent son environnement terrestre, humain ou cosmique et président à son établissement comme à son fonctionnement : de l'art au politique en passant par la société et l'économie. Ajoutons que le même miroir nous renvoie la tradition et que grâce à lui le temple s'inscrit dans la droite ligne des pratiques védiques, elles qui ne le connaissaient pas car elles n'en avaient pas la nécessité. Ce miroir est changeant ; parfois volontairement trompeur, il est toujours susceptible d'être « dé-formé » ou plus exactement « re-formé » au cours de l'histoire pour mieux réfléchir les changements qui interviennent dans les normes qui le régissent.

Nous avions autrefois abordé la question du miroir dans un article préparatoire dont nous reprendrons certains termes[1]. Ici, le miroir nous servira d'instrument pour définir le temple et sa place dans le monde indien. Signalons enfin que ce même miroir apparaît à d'autres occasions dans les traités d'architecture ou de rituel qui l'utilisent comme comparant à

1. Dagens, 2000. On retrouvera les références complètes dans la bibliographie (p. 337-350). L'année mentionnée après le nom de l'auteur correspond à la date de parution de l'article ou de l'ouvrage auquel renvoie la note.

propos de surfaces qui doivent être lisses « comme un miroir » (*darpaṇavat*, etc.), celle d'un autel par exemple. Ils en font également un instrument rituel destiné à recevoir l'image réfléchie d'un objet de culte dont il devient ainsi le substitut utilisé dans des cérémonies qui pourraient l'endommager : ainsi, par exemple, les ondoiements lorsqu'une statue est en terre. Enfin on peut mentionner pour mémoire la présence du miroir parmi les attributs de la Déesse et son appartenance à la série des huit objets de bon augure (*aṣṭamaṅgala*).

Un premier pan du présent livre vise à déterminer la nature religieuse et architecturale du temple indien. Pour mieux définir l'habitation qu'il est, on commencera par définir le dieu qui l'occupe, en particulier à travers les différents types d'objets de culte dont il peut revêtir l'aspect. Nous aborderons ensuite le monument lui-même à partir des impératifs liés à la nécessité qui a présidé à son invention, en d'autres termes à la fonction qui lui été affectée. Cette démarche nous amène à faire partir l'étude du cœur du temple – la cella où est installé le dieu – et à analyser dans un premier temps l'architecture du « temple » proprement dit, en d'autres termes celle du bâtiment plus ou moins complexe élaboré autour de cette cella. Passant de la demeure divine à l'espace dans lequel elle s'inscrit et qu'elle génère, nous poursuivrons en nous attachant tout d'abord au « sanctuaire » – le *téménos* de la tradition occidentale – bref, l'ensemble délimité qui entoure le temple et où sont regroupées quand elles existent différentes annexes (chapelles, bâtiments de service, etc.). Le territoire du dieu est loin, cependant, de s'arrêter à l'enceinte la plus extérieure de son temple et il nous faudra chercher ensuite comment peut se manifester son adéquation éventuelle avec la cité, le royaume et finalement le cosmos.

Tout au long de cette définition centrifuge apparaîtront les premières images réfléchies par le temple à travers son architecture, son iconographie et son organisation. La plus importante est sans conteste celle du regard tout puissant du dieu renvoyée par l'orientation éventuellement multipolaire d'un dispositif fondamentalement concentrique. D'autres concernent les hiérarchies qui se font jour : celle des dieux qui se réorganise dans chaque temple autour de sa divinité titulaire, celle des hommes qui se dessine dans l'organisation de l'espace.

Le deuxième volet de l'ouvrage reprenant ces premières images cherche à montrer comment, avec beaucoup d'autres, elles expriment de façon très tangible le système de références que constitue l'indianité. S'attachant à l'usage du temple, on verra comment il est utilisé pour définir le dieu qui l'habite. De là on passera aux images parfois contradictoires qu'il renvoie du corps social et de ses hiérarchies : on verra comment l'approche du dieu est soumise à des règles qui n'accordent finalement qu'une place limitée au religieux et qui y transposent le classement hiérarchique qui, jusqu'à une date récente, réglait officiellement la vie sociale. On verra aussi comment le temple (et avec lui le dieu) se voit intégré dans cette hiérarchie sociale. Simultanément certaines cérémonies, dont la grande fête annuelle, engagent les fidèles dans l'expression d'une dévotion qui, en apparence collective et unitaire, semble faire fi du strict respect des normes sociales, mais simultanément donne à chacun ou presque la possibilité d'exalter son groupe. Dans cette image du corps social le roi occupe une position charnière : s'il est au premier plan des commanditaires du temple, il est évident que ce dernier est un instrument de son pouvoir, constatation qui conduit aux plus politiques des temples, les temples d'état, ces miroirs du royaume.

On s'attachera ensuite au spectacle multiforme qu'offre et qu'est le temple et à la mise en scène duquel concourent tous ses composants. Partant de l'idée d'une nécessaire beauté du temple, on s'efforcera de définir les principaux domaines où se développent ce spectacle et certains des fondements de sa mise en scène. Ce faisant, on passera en revue quelques-uns des instruments de cette mise en scène à travers des exemples portant sur le bestiaire du temple, sur les jeux de lumières qui peuvent y être provoqués ou encore sur sa mise en abyme multiforme. Enfin il s'agira de voir à travers l'adéquation du sanctuaire à l'univers comment le temple rend compte de l'espace et, dans une démarche parallèle, comment il rend compte du temps, ce qui sera l'occasion de constater qu'il est un remarquable garde-temps.

Enfin cette seconde partie s'attachera à voir comment ces multiples images réfléchissent et définissent à travers leurs différences les diverses cultures dans lesquelles s'est installée l'indianité, en Asie du Sud ou hors des limites du sous-continent. Après avoir insisté sur la permanence du temple et sur le cas particulier du bouddhisme, on examinera comment la diffusion du temple en Inde a été marquée par des mouvements complexes où la politique comme l'environnement géographique jouent leur rôle ; on constatera d'ailleurs que souvent des traits se constatent plus qu'ils ne s'expliquent, ainsi, la différenciation régionale des superstructures. Hors de l'Inde, on s'attachera aux vecteurs du temple à travers l'Asie tout en rappelant quelques-unes des inventions qui ont jalonné ses voyages ; on s'intéressera aussi à plusieurs voyages imaginaires ou manqués ou encore rêvés.

Pour conclure, après un bref rappel des étapes qui ont marqué la découverte progressive du temple indien depuis l'Antiquité classique jusqu'aux études globales de ces dernières décennies, certains exemples récents choisis en Inde témoigneront du renouvellement que peut connaître son usage.

Quelques remarques pour terminer. La première concerne le vocabulaire utilisé. Si nos analyses s'appuient sur une longue fréquentation des traités normatifs sanskrits, nous nous sommes efforcés de n'utiliser les termes sanskrits qu'en appui à leur traduction française et cela plus particulièrement lorsqu'ils relèvent du vocabulaire architectural. Nous avons expliqué ailleurs les raisons d'un tel parti justifié par la polysémie du langage technique sanskrit en ce domaine[2], nous n'y reviendrons pas sinon pour rappeler qu'en ce qui concerne le vocabulaire technique français nous nous appuyons autant que possible sur la nomenclature fournie par Jean-Marie Pérouse de Montclos dans son *Vocabulaire...*, comme nous le faisons depuis la parution en 1972 de la première édition de cet ouvrage. C'est à cet ouvrage que nous avons emprunté en particulier la distinction technique entre le « temple » proprement dit, c'est-à-dire le bâtiment contenant la cella et le « sanctuaire » c'est-à-dire l'espace délimité constituant le domaine du dieu et dans lequel se trouvent le temple et ses annexes[3].

L'illustration de cet ouvrage se limite pour l'essentiel à des figures au trait, parfois schématiques, qui sont là à titre

2. Dagens, 1977/1984, § 1.6.

3. *Vocabulaire...*, t. I, p. 128. On trouvera également en fin du présent ouvrage (p. 351-358) un glossaire des principaux termes techniques français utilisés.

d'exemples. Cela a permis de conserver à ce travail une taille raisonnable et, on ajoutera « publiable ». Pour le reste, la bibliographie englobe nombre d'ouvrages où le lecteur trouvera en cas de besoin les images auxquelles nous renvoyons explicitement ou implicitement. Cette bibliographie contient de nombreuses références à nos travaux antérieurs, nous nous en excusons mais il s'agissait d'éviter de répéter les résultats obtenus lors de la trop longue préparation de celui-ci.

Cet ouvrage doit beaucoup – on s'apercevra que l'expression est faible – à celui à qui il est dédié, et auquel nous lie un dialogue amical de plus d'un demi-siècle. Il doit beaucoup aussi aux quelques générations d'étudiants avec qui je l'ai partagé pendant près d'une vingtaine d'années. Que tous en soient remerciés.

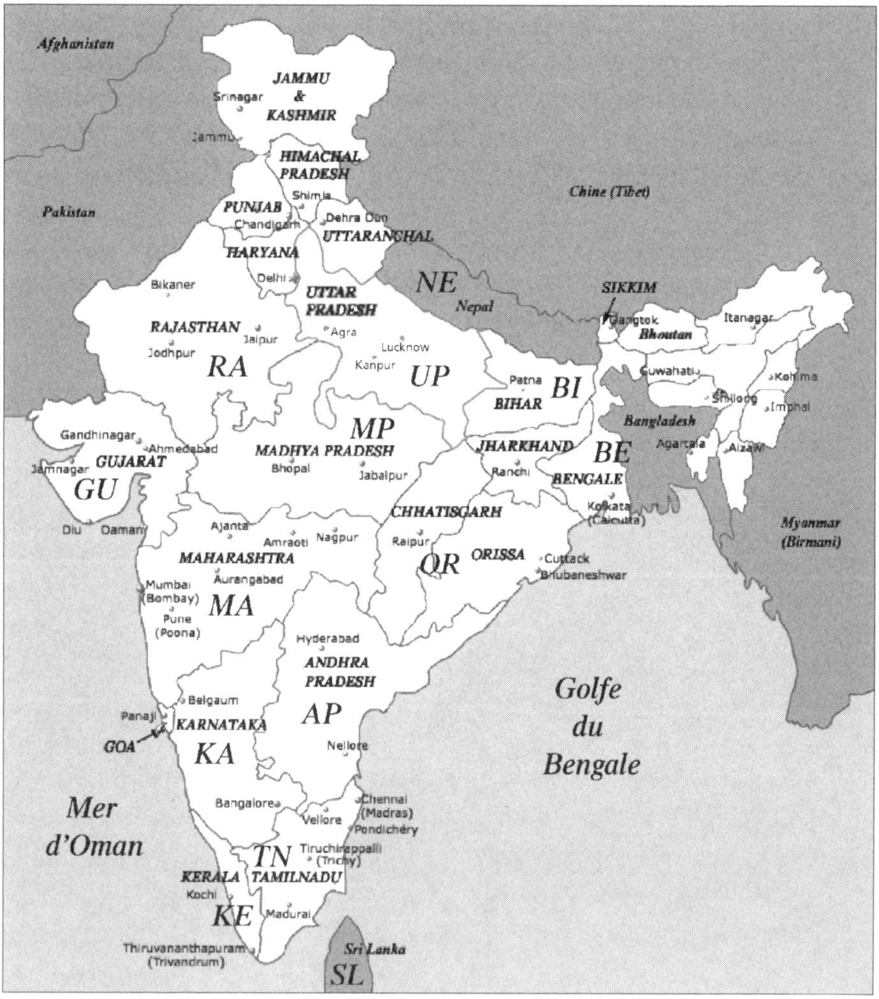

Les grandes régions de l'Inde

PREMIÈRE PARTIE

ÉLÉMENTS D'UNE DÉFINITION

I

Le dieu dans sa maison

Un temple dans le monde indien, c'est, pour traduire littéralement l'un des termes sanskrits souvent utilisés pour le désigner, la « maison d'un/du dieu » (*devālaya*), en d'autres termes l'abri – édifice ou grotte – où réside le dieu auquel il est dédié et qui lui donne son nom. Ce « dieu » est normalement une entité divine prise individuellement, ainsi Siva, Viṣṇu ou Gaṇeśa ou bien encore la « Déesse » (*devī*), nom sous lequel il est pratique de regrouper les innombrables manifestations de la forme féminine de la divinité suprême que connaît l'Inde ; à ces grandes figures du panthéon brahmanique il faut ajouter le Buddha et le Jina qui en ce qui nous concerne ici doivent être mis au rang des dieux, même si la chose peut surprendre ; rappelons aussi que tout dieu indien est susceptible de recevoir un très grand nombre de noms, chacun pouvant ou non correspondre à une forme ou à un aspect différencié du personnage. Le dieu titulaire du temple peut être aussi un groupe divin dont l'unité se manifeste fréquemment dans sa désignation. C'est souvent alors le couple constitué par un dieu et sa parèdre : Someśvara « [Śiva,] le Seigneur, avec Umā [l'un des noms de Pārvatī] » ou bien Lakṣmīnārāyaṇa (« Nārāyaṇa [= Viṣṇu]-et-Lakṣmī »). Ce peut être aussi une triade, familiale ou non : ainsi Somāskanda (« [Śiva] avec Umā et Skanda [l'un de leurs fils] »), Śiva Trimūrti (« Śiva sous sa triple manifestation », c'est-à-dire Śiva encadré de Brahmā et Viṣṇu considérés comme d'autres formes de lui-même) ou encore le groupe bien connu (en particulier dans l'Asie du Sud-Est ancienne) constitué par Buddha encadré du Bodhisattva Avalokiteśvara et de la Prajñā Pāramitā (incarnation de la Perfection du Savoir). Il y a enfin ces nombreuses séries divines que connaît l'Inde : Mātṛkā (« Mères » qui sont sept ou huit), Navagraha (« Neuf divinités astrales »), Avatāra (« Avatars » de Viṣṇu qui sont généralement dix), etc.

Quant au terme « temple », défini comme la maison d'un dieu, on peut l'appliquer aussi bien à un *temple* proprement dit, c'est-à-dire à la maison du dieu unique ou principal d'un ensemble, qu'à une *chapelle* dépendant de ce temple et abritant l'un des dieux assesseurs (*parivāra*) de la divinité principale. L'important, c'est qu'au niveau de sa propre maison un dieu est le personnage divin principal, le chef du panthéon, même si cette maison n'est qu'une chapelle subordonnée au temple principal d'un ensemble comme son titulaire l'est lui-même au dieu principal de cet ensemble.

Le dieu

Ce temple étant la maison du dieu, il est indispensable que ce dernier y soit présent « physiquement » : il l'est sous la forme d'un « objet de culte » qui, d'une manière ou d'une autre, le figure. Précisons qu'il est le seul être divin dont la présence matérielle dans le temple soit indispensable : l'entourage dont on vient de parler et qui l'accompagne nécessairement peut n'être là que de façon virtuelle, sa présence se traduisant uniquement par le biais d'invocations ou de formules (*mantra*) énoncées lors du rituel. En d'autres termes la présence physique de divinités autres que le dieu principal constitue un enrichissement du temple dont le caractère n'est nullement indispensable.

L'objet de culte

L'objet de culte a l'aspect d'une « image » ou d'un « symbole ». L'*image* est celle d'un être vivant figuré sous une forme naturelle (humaine ou animale) ou monstrueuse. Le développement extraordinaire que l'Inde a su donner à l'anatomie « fantastique » se manifeste dans la diversité inégalable des représentations divines qui peuplent les temples ou ornent leurs façades : débarrassées des limites étroites fixées par la nature, ces images permettent de traduire les caractéristiques divines les plus complexes et de multiplier les formes différenciées d'une même entité divine[1]. Cependant cette richesse potentielle (et bien réelle) ne signifie pas une fantaisie débridée : sculptée ou modelée en ronde bosse ou en relief, gravée, peinte ou simplement dessinée, l'*image* d'un dieu doit toujours répondre à des règles iconographiques et iconométriques très strictes qui permettent d'identifier avec précision non seulement la divinité concernée mais aussi, le cas échéant, celui de ses aspects particuliers que l'image est censée traduire.

Quant au *symbole*, il en existe deux sortes que par commodité nous désignerons ici comme « symbole qualifié » et « symbole non qualifié ». Le premier est un objet fabriqué à cet effet et dont la valeur de représentation d'un dieu donné

1. Gill, 2000.

repose sur le respect de normes que l'on appellera, faute de mieux, « iconographiques » et « iconométriques », aussi précises et aussi incontournables que celles qui s'appliquent aux images. Dans l'hindouisme, le plus connu de ces symboles « qualifiés » est le Liṅga, symbole phallique figurant Śiva et, de loin, la forme la plus fréquemment utilisée pour représenter ce dieu dans la cella d'un temple. Un autre symbole qualifié figurant Śiva est le Trident (qui est par ailleurs l'un des attributs les plus courants de ce dieu). Du côté viṣṇouite, ce qui se rapproche le plus du Liṅga (mais qui est d'un usage beaucoup plus parcimonieux) est sans doute le *Śālagrāma* : cette représentation de Viṣṇu est à l'origine un coquillage (une ammonite) fossile trouvé dans une rivière, mais il en existe de très nombreuses variétés (rognons lithiques portant les empreintes de coquilles diverses, etc.)[2]. Le bouddhisme connaît aussi un « symbole qualifié » d'usage courant : c'est le *stūpa* (à l'origine traduction architecturale du tumulus funéraire du Buddha) qui est souvent utilisé dans les temples bouddhiques comme représentation du Buddha.

Des symboles que nous désignerons également comme « qualifiés » sont des objets fabriqués spécialement mais dont l'identité divine repose sur l'imposition rituelle d'un mantra. Il s'agit tout d'abord des autels à offrandes parfois utilisés pour figurer les assesseurs autour du temple du dieu principal[3]. Mais il y a aussi des symboles plus temporaires comme les « diagrammes » (*maṇḍala*) dont la case centrale est souvent « attribuée » à un dieu qui y « réside » comme il le ferait dans un temple ou encore ces vases qui, par le

2. Joshi, 1959.
3. Dagens, 1977/1984, § 5.13.

biais de l'imposition d'un mantra, reçoivent et deviennent la divinité le temps d'un rite ou bien dans l'attente d'une installation ou d'une restauration. Enfin, le piédestal sur lequel repose l'objet de culte constitue lui-même un symbole qualifié, tout au moins dans un contexte śivaïte : en effet celui d'une représentation de Śiva, singulièrement du Liṅga, est considéré comme une représentation d'Umā/Pārvatī, la parèdre de ce dieu, et c'est en tant que tel qu'il est dûment installé et régulièrement honoré. Dans un domaine très différent on peut ajouter à ces exemples de symboles qualifiés les cinq éléments (*bhūta* ou *mahābhūta*) qui figurent Śiva dans cinq temples majeurs de l'Inde du Sud : l'Espace à Cidambaram, l'Air à Kalahasti, le Feu à Tiruvannamalai, l'Eau au Jambukeśvara de Srirangam et la Terre à l'Ekāmbareśvara de Kancipuram.

À l'opposé de ces représentations soigneusement définies, le symbole « non qualifié » est un « objet » quelconque dont la valeur de représentation divine que l'on peut qualifier d'accidentelle (ce qui ne l'empêche pas d'être durable) n'est jamais finalement que le fruit d'un acte de foi en un sens irréfléchi. Elle résulte de l'aspect extraordinaire de l'objet concerné, des circonstances particulières de sa trouvaille, d'une vision ayant accompagné cette trouvaille, etc. Quant aux « objets » élevés ainsi au rang de figures divines, il peut s'agir d'objets fabriqués à l'origine pour des usages variés – en Andhra Pradesh nous avons vu la Déesse figurée par un essieu de charrette, un pot, un fouet ou encore un fléau de portage – mais ce sont la plupart du temps des pierres informes ou bien des arbres, des termitières, etc., pour ne rien dire des accidents géographiques comme cette « montagne qui est un Liṅga » (*liṅgaparvata*) qui, au Laos, surmonte le sanctuaire śivaïte de Vat Phu et dont la désignation est attestée dès le IVe s. de notre ère par une inscription[4]. Ces symboles « non qualifiés » sont souvent utilisés pour figurer Śiva à propos duquel on parle alors de Liṅga « naturels » ou plus exactement « par eux-mêmes » (*svayambhuliṅga*, litt. « Liṅga autogènes ») pour les opposer aux Liṅga fabriqués selon des normes précises dont on a déjà parlé. Cependant ce genre de symbole peut aussi figurer de nombreuses autres divinités ; c'est plus particulièrement le cas d'innombrables déesses villageoises représentées dans leurs temples par des pierres sans forme et cela sans doute pour des raisons surtout économiques.

La littérature technique ajoute à l'image et au symbole une catégorie intermédiaire (dite « mixte ») qui les combine et dont l'exemple le plus connu est le « Liṅga à visage(s) » (*mukhaliṅga*). Importante théologiquement, puisqu'elle correspond au dieu au moment où il passe de l'état non-manifesté figuré par le symbole à l'état manifesté qu'il revêt dans l'image, elle ne semble pas se singulariser au niveau des pratiques de culte ni des types de temple (voir ci-dessous, p. 61).

L'esthétique de ces différentes représentations n'a rien à voir avec leur iconographie. Les traités affirment certes qu'images ou symboles qualifiés doivent être confectionnés de façon à être « beaux » (*yathā śobham*), mais ils se gardent de fournir les règles qui conduiront à ce résultat (p. 256). La question ne se pose naturellement pas pour les symboles non qualifiés dont le hasard dicte la forme.

4. Coedès, 1956.

Un objet à la ressemblance de l'homme

Image ou symbole, l'objet de culte représente un être vivant dont l'homme est, d'une façon ou d'une autre, l'archétype. À ce titre, il possède un « visage » qui, dans le cas d'une représentation sculptée en pierre, est déterminé dès l'extraction en fonction de la position du bloc dans la roche en place ou dans le sol[5]. Si son type iconographique le définit comme possédant plusieurs visages, il y en a toujours un qui est considéré comme le visage principal. Unique ou principal, ce visage est normalement tourné vers la porte de la cella : son orientation est donc celle du temple et ce dernier a pour axe le regard du dieu. On peut ajouter que cet objet – et là encore quelque soit son type – est très généralement à la mesure de l'homme : sa taille est dans la majorité des cas « humaine » ou même plutôt subhumaine, beaucoup plus rarement colossale. Dans tous les cas son iconométrie repose initialement sur une anthropométrie.

Nous retrouverons cet « anthropotropisme » de la représentation du dieu à propos de l'architecture qui abrite cette même représentation : aux nombreuses métaphores du corps humain participant à sa description, s'ajoute en effet l'affirmation fréquente que le temple est le corps du dieu tandis que la représentation qu'il abrite en est l'âme[6].

5. Dagens, 1977/1984.

6. Voir par exemple le passage du *Sūkṣmāgama* cité dans Dagens, 1996.

De l'objet au dieu : installation et culte

Sauf dans le cas des symboles non qualifiés sur lesquels la littérature technique donne des indications contradictoires, l'objet de culte n'est pas *de facto* un dieu : il le devient grâce à la cérémonie dite « d'installation » (*pratiṣṭhā*, *sthāpana*) qui le transforme en une entité vivante pourvue d'une identité précise[7]. Une fois ainsi installée, la représentation *est* le dieu qui est donc désormais présent dans le temple. Cette présence doit être entretenue par un « culte quotidien » (*nityapūjā*) dont l'interruption prolongée peut provoquer le départ du dieu qui reçoit ce culte et qu'il faudra donc faire revenir par une nouvelle installation. Ce culte quotidien est le seul qui soit absolument indispensable car c'est lui qui fait vivre le dieu en assurant sa subsistance ; cela n'empêche pas évidemment le temple d'être le lieu ou le centre de nombreuses cérémonies régulières et périodiques ou exceptionnelles.

La pratique nécessaire d'un culte a deux conséquences principales sur le plan architectural. Tout d'abord et sans entrer dans le détail des opérations rituelles qui constituent ce culte, elles nécessitent que l'officiant (mais lui seul, ci-dessous) ait un accès direct à l'objet de culte : en effet certaines se font *devant* lui (demandes, offrandes, etc.), d'autres *sur* lui (ondoiements, vêture, parure, etc.), mais cela n'implique pas qu'une circumambulation soit faite dans la cella (p. 73).

7. Sur les cérémonies d'installation voir Barazer-Billoret, 1993-1994 (tradition śivaïte), Barazer-Billoret *et al.*, 2004-2009, t. 2, p. 11-24 (*idem*), ou encore Bizot, 1994 (pratiques bouddhiques récentes ou contemporaines d'Asie du Sud-Est).

Cet accès doit être prévu dans le projet architectural, ce qui crée des contraintes de dimensions pour la cella et sa porte. Une autre contrainte est liée aux ondoiements qui jouent un rôle important dans les rituels indiens : la théologie du « reste » rend nécessaire un dispositif assurant l'évacuation hors du bâtiment des liquides répandus sur le dieu lors de tels rites (ci-dessous, p. 68-70) ; on constate, mais très rarement, que l'édifice est aussi agencé pour faciliter l'ondoiement lui-même, voire le rendre permanent (*ibid.*).

Officiant et fidèles

Tout culte rendu dans le temple est confié à un officiant, intermédiaire obligé dans tous les rapports rituels entre le dieu et ses fidèles. Désigné généralement comme un « maître » (*ācārya*, *guru*, *deśika*, etc.), c'est un technicien du rituel, un prêtre si l'on veut, qui a normalement reçu une « habilitation » adéquate au cours d'une cérémonie à laquelle présidait son propre maître. Ce personnage est le seul à pouvoir approcher la divinité et entrer en contact matériel avec elle et d'une façon plus générale le seul à agir dans la maison du dieu. Le caractère nécessaire du culte « quotidien » (ou défini comme tel) lui impose de se rendre au temple de façon régulière, chose à laquelle n'est nullement contraint le commun des fidèles. Ajoutons qu'il y a plusieurs officiants en titre dès que le temple a une certaine importance, mais la charge reste unique, la multiplication des acteurs habilités se traduisant essentiellement par une répartition des tâches dans le temps et des honoraires. Un bon exemple est donné par le célèbre temple de Śiva à Cidambaram où de nombreux officiants héréditaires (*dikṣitar*) se répartissent selon un système complexe les charges et les bénéfices d'un sanctuaire très actif et très populaire[8].

Ces fidèles sont avant tout des « spectateurs » et parfois, des commanditaires : s'ils le désirent, ils exercent et expriment leur dévotion en venant au temple pour prier, assister à la célébration du culte régulier ou à d'autres cérémonies, ou éventuellement contempler la divinité si cela est matériellement et socialement possible. Cependant cette venue n'est indispensable ni à la célébration du culte ni à leur propre salut. Chacun de ces fidèles joue, vis-à-vis du temple et du dieu, le rôle du « sacrifiant » (*yajamāna*), c'est-à-dire du commanditaire du sacrifice dans le brahmanisme ancien ; à ce titre il est censé prendre en charge les frais qu'imposent les rites ou la construction du temple et son entretien mais cette prise en charge n'est pas réellement un élément nécessaire à la dévotion. En effet la grande mutation qui a conduit à l'invention des temples a été marquée par la place prépondérante accordée désormais à cette dévotion personnelle ou plus exactement à la piété. Le simple fait de commanditer une cérémonie ne suffit pas à s'en assurer le bénéfice mais, réciproquement, ne pas pouvoir participer aux frais du culte n'empêche pas de jouir de la faveur du dieu. La démultiplication du commanditaire s'accompagne d'une modification finalement considérable de son statut : sa générosité envers le dieu peut rester purement symbolique et, simultanément, elle ne suffit pas à le qualifier pour le salut. En revanche il va de soi que le commanditaire réel d'une cérémonie a toujours droit à une reconnaissance marquée.

8. Chockalingam, 1981, p. 535-536.

Quoi qu'il en soit, ces fidèles, commanditaires supposés ou réels, n'interviennent pas matériellement dans les opérations du culte et n'ont donc pas à pénétrer au cœur de la maison du dieu ; ils restent normalement à sa porte, que ce soit dans une dépendance ou en plein air. Cela ne signifie pas qu'il leur est interdit d'entrer plus avant dans le temple – ce qui est cependant souvent le cas – mais simplement que cet accès au dieu reste exceptionnel et « passif ». S'ils se réunissent en foule pour des fêtes solennelles, c'est également devant la maison du dieu ou autour d'elle. De ce point de vue là le temple indien est évidemment bien différents des lieux d'assemblée que sont l'église ou la mosquée. C'est aussi l'un des domaines où certaines pratiques bouddhiques s'écartent nettement de celles des groupes brahmaniques puisqu'elles supposent des assemblées régulières (voire quotidiennes) de moines (et parfois de fidèles) devant l'image ou le symbole du Buddha : architecturalement nous verrons que cela va se traduire par des cellas d'un type bien particulier puisqu'elles devront combiner deux fonctions, celle d'habitation du « dieu » et celle de lieu de réunion de ses dévots (ou de certains d'entre eux). Cela étant nous verrons aussi que dès que le temple dépasse le modèle élémentaire il est très souvent doté d'annexes (« pavillons », « galeries », etc.) qui permettent aux fidèles ou à quelques uns d'entre eux de se tenir, à l'abri, à proximité immédiate de l'entrée de la cella.

La communauté qui rassemble les fidèles attachés au temple a une importance numérique très variable : ce peut être un groupe familial, social (sous-caste, caste, etc.) ou socio-professionnel (guilde ou autre), ou encore une communauté villageoise ou, dans une ville, une communauté de quartier ; ce peut être aussi un groupe sectaire réunissant (tous) les dévots d'un dieu bien défini ou bien encore, s'agissant surtout des lieux de pèlerinage, un ensemble beaucoup plus vaste s'étendant éventuellement à l'ensemble des hindous (ou des bouddhistes ou des jaïns). De toute manière dans le monde indien comme ailleurs, même si la communauté des fidèles d'un dieu peut paraître par certains côtés « fermée », elle n'en est pas moins très accueillante pour les « étrangers » qu'elle veut bien reconnaître comme siens.

Le « programme minimum » du temple

Une unité d'habitation élémentaire

Les quelques éléments que l'on vient de réunir conduisent à une définition « fonctionnelle » du temple, regroupant les conditions nécessaires et suffisantes pour qu'il soit un temple, bref constituant une sorte de « programme minimum » du temple indien, programme que l'on peut formuler en ces termes :

« Le temple indien est une habitation destinée à un dieu dont une représentation matérielle assure la présence permanente pour autant qu'elle reçoive un culte régulier rendu par un officiant qui agit en faveur et au nom d'une communauté dont les autres membres ont un rôle passif de spectateurs et de commanditaires ».

Une telle définition correspond assez bien à une unité d'habitation élémentaire destinée à un individu, c'est-à-dire le dieu. Figuré par un objet de culte statique, il peut y résider et y recevoir un culte accompli par un autre individu, bien vivant celui-ci, l'officiant. L'aménagement intérieur de l'habitation ne présente guère de spécificités : il faut pouvoir y mettre en place le dieu et prévoir un dispositif assurant l'évacuation des liquides d'ondoiement ; la porte de cette habitation doit permettre à l'officiant de pénétrer à l'intérieur ; elle est située en face du dieu, ce qui permet théoriquement aux fidèles d'apercevoir la divinité de l'extérieur, et aussi, et peut-être surtout, au regard et à la puissance du dieu de jaillir vers le monde extérieur.

Ajoutons enfin qu'au delà de ces quelques caractéristiques indispensables, il reste évident que, commandité par une communauté ou par un ou plusieurs de ses membres ou encore par son chef, pour la plus grande gloire du dieu, le temple l'est aussi pour le prestige de son ou de ses commanditaire(s), ce qui lui fait, comme on le verra, plusieurs raisons d'être « beau » (ci-dessous, p. 256). Comme on l'a dit à propos des images, les traités qui réclament cette beauté se gardent bien de la définir, étant sans doute entendu qu'elle est du domaine phénoménal qu'ils ignorent, indifférents par nature qu'ils sont au temps et au lieu. Simultanément, ils ne se font pas faute de souligner que l'embellissement du temple doit être conforme aux capacités économiques de ses commanditaires, en d'autres termes que cet embellissement, souhaitable et recherché, n'est nullement indispensable à la célébration du dieu non plus qu'au salut de ses dévots. Ajoutons que, comme le dit ce vers cité dans un florilège :

> « Le dévot doit donner au temple qu'il fait construire des dimensions en rapport avec sa fortune ; que (ce temple) soit petit ou grand, le fruit en est le même pour le pauvre (dans le premier cas) et pour le riche (dans le second) »[9].

9. Dagens, 1979, p. 124-125.

Un programme universel.

Dire que la définition proposée ci-dessus constitue le programme minimum du temple indien, n'est finalement qu'une constatation. En effet au cœur de quasiment tous les temples « indiens » – des plus sommaires aux plus grandioses et quels qu'en soient l'époque et le lieu – on trouve une pièce qui correspond à l'unité d'habitation élémentaire dont on vient de parler. Sommairement aménagée pour loger l'objet de culte et permettre à l'officiant de remplir sa tâche, cette « cella » est le plus souvent désignée en sanskrit par un composé ambigu (*garbhagṛha*) qui signifie aussi bien « la maison qui est une matrice » que « la maison de l'embryon », selon le sens que l'on donne à *garbha*. Ces deux traductions sont en fait synonymes mais l'ambiguïté souligne bien la force spéculative que recèle souvent le vocabulaire architectural sanskrit.

Que cette cella constitue le seul élément indispensable du temple est amplement attesté par les nombreux temples qui, à travers toute l'Inde, se résument à son simple habillage par quatre murs et un toit sans aucune recherche, pour ne rien dire de leurs contreparties rupestres se limitant à la simple excavation de cette pièce. Lorsque les temples sont plus élaborés, les développements qu'ils connaissent et qui sont parfois considérables, concernent essentiellement l'habillage *extérieur* de la pièce qui abrite le dieu : cette dernière ne perd jamais ses caractéristiques majeures (sobriété de l'aménagement et dimensions modérées, quelle que soit l'ampleur de l'édifice qui la contient).

Ces développements extérieurs conduisent souvent à donner aux murs qui limitent cette pièce une épaisseur très importante et sans commune mesure avec l'espace intérieur ainsi déterminé (voir par exemple les murs qui entourent la cella du temple de Śiva à Darasuram, ci-dessous fig. 32, p. 129). Quant aux exceptions à cette modestie des dimensions de la cella, elles résultent, le plus souvent de l'adjonction d'une seconde fonction qui vient enrichir le programme « minimum » que l'on vient de définir (ci-dessous p. 49, encadré).

De la cella au temple et du temple au sanctuaire

En définitive, l'élément indispensable du temple est un volume intérieur pourvu d'une enveloppe architecturale ; cette dernière est normalement absente pour les monuments rupestres mais elle s'y rencontre quand même comme par exemple pour la grotte 29 d'Ellora où a été dégagé de la roche un « édifice » souterrain pourvu de quatre portes et dont les parois extérieures sont traitées comme les façades d'une construction à ciel ouvert[10]. Ce volume est généralement la pièce unique d'un bâtiment (ou d'un corps de bâtiment) qui est le « temple » proprement dit. Sa stabilité fonctionnelle fait que son habillage architectural est la plupart du temps sans commune mesure avec lui (même si de subtils rapports proportionnels les unissent). La dichotomie que l'on constate à ce sujet est d'ailleurs une particularité majeure du temple indien dont la structure interne n'a généralement aucun rapport avec celle que peut suggérer l'élévation de ses façades.

10. Rajan, 1981, pl. CXLII.

Les architectes indiens se sont très tôt libérés des contraintes que pouvait imposer l'habillage architectural de la cella. Exploitant au mieux les éléments constitutifs des habitations humaines, identifiés dès l'époque védique[11], ils ont inventé une architecture, parfaitement fantastique et vraisemblable à la fois. Ce faisant, ils ont suivi la même démarche que leurs compagnons, les sculpteurs, donnant une allure parfaitement naturelle à des corps pourvus de membres surnuméraires ou de têtes multiples et donc monstrueux. Le rapprochement n'est pas fortuit : l'architecture du temple indien, que ce soit en Inde ou en Asie du Sud-Est, est beaucoup plus sculptée que construite, ce qui laisse finalement une grande latitude dans l'invention des formes.

Pour le moment on notera que l'habillage de la cella débouche sur un édifice plus ou moins complexe : bâti normalement autour d'une pièce unique, il prend souvent l'aspect d'une tour. Il peut éventuellement abriter *plusieurs* cellas, la plupart du temps hiérarchisées ; voir par exemple, en Indonésie, le corps de bâtiment à trois cellas de Candi Plaosan Lor A/1[12] ou, au Karnataka et en Andhra Pradesh, les nombreux temples à trois corps[13] ou encore les temples viṣṇouites à trois cellas *superposées* du Tamilnad[14]. Enfin, le dispositif d'entrée, généralement élaboré (porche, vestibule ou autre), est complété éventuellement par une ou deux salles en enfilade, abritées chacune dans un pavillon, et parfois par des chapelles hors-œuvre ou dans-œuvre.

11. Renou, 1939.

12. Dumarçay, 1981.

13. *E. g.* Dagens, 1984 t. 2 pl. VII.

14. *E. g.* Vaikuṇṭhaperumāl de Kancipuram ou Sundaravadaperumāl d'Uttaramerur dans Meister & Dhaky, 1983.

Cet édifice est le temple proprement dit ; il peut être accompagné de structures annexes détachées : un mur d'enceinte qui délimite le domaine du dieu et, dans l'espace ainsi défini, des chapelles et/ou des édifices de service divers. Ce nouvel ensemble est le *sanctuaire* qui peut être organisé en zones concentriques séparées les unes des autres par des enceintes intermédiaires.

Quelle que soit l'étendue du temple et celle du sanctuaire qui l'englobe, l'un et l'autre sont conçus et bâtis à partir de la cella dont ils ne sont jamais que des développements plus ou moins vastes et plus ou moins complexes.

Temples sans architecture et temples hypèthres

La « maison du dieu » reste parfois en deçà de la traduction architecturale la plus sommaire du programme minimum du temple : il existe en effet d'indubitables maisons divines qui, dépourvues de toute architecture ou presque, constituent une sorte d'état-zéro du temple indien. Cette catégorie de lieux de culte, sans doute la plus ancienne, est toujours actuelle ; c'est peut-être l'une des plus répandues à travers le culte rendu aux arbres ou plus exactement aux divinités qui les habitent : on doit à André Bareau une belle démonstration sur le cas exemplaire du passage du culte d'une Yakṣiṇī arboricole aux récits de la naissance du futur Buddha à Lumbinī[15]. Un exemple contemporain, extrême mais certainement loin d'être unique, est ce « temple » de la « Grande déesse » (Peddāmma) rencontré dans un vil-

15. Bareau, 1987, voir également Kosambi 1962, p. 106-108.

lage d'Andhra Pradesh : ce qui nous a été défini comme tel n'est autre que la vaste étendue caillouteuse où se rassemble chaque matin le troupeau de vaches du village ; en son centre approximatif se trouve fichée une pierre informe qui reçoit un culte quotidien en tant que Grande déesse[16]. Ce dispositif très sommaire peut être considéré comme une solution rustique à la nécessité d'honorer la Déesse par un « temple », cependant le piétinement par les vaches qu'il implique rappelle certains rites de purification très élaborés ; l'un est d'ailleurs justement nommé « piétinement (par les vaches) » et un autre « combat de vaches »[17], pour ne rien dire du « bain d'air » bien connu, en fait un bain de poussière que le dévot prend en marchant au milieu d'un troupeau de vaches[18]. Dans un genre voisin on pourrait citer les innombrables images installées le long des routes – souvent aux carrefours – qui constituent autant de « temples » incontestables, qu'il s'agisse de statues en pierre ou des grossières images modelées figurant les « Sept vierges » (*saptakanyā*) que l'on voit souvent aux carrefours dans le Tamilnad et qui correspondent bien aux remarques de D.D. Kosambi à propos du culte des Mères[19].

Des types un peu plus élaborés de ces temples sans architecture sont ce que l'on appellera « temples-enclos » et « temples-plateformes ». Dans le premier cas une balustrade entoure un arbre ou un autre objet de culte et fixe ainsi les limites de la demeure divine ; le modèle est attesté très tôt par des bas-reliefs bouddhiques mettant en scène l'arbre

16. Dagens, 1984, t. I, p. 79 et 530.
17. Dagens et Barazer-Billoret, 2000, p. 372-373.
18. Brunner-Lachaux, 1963, p. 40-41.
19. Kosambi, 1962, p. 82 et suiv.

de la Bodhi : ainsi le fameux panneau de Bharhut où la balustrade pourtournante est devenue une véritable structure architecturale, ce qui fait du temple-enclos un véritable temple hypèthre[20]. Du côté brahmanique on a plusieurs exemples anciens d'un Liṅga entouré d'une balustrade[21] et la fameuse inscription de Ghosundi (Rajasthan, IIe s. avant notre ère) fait peut-être allusion à un dispositif analogue pour Viṣṇu-Nārāyaṇa lorsqu'elle mentionne un « jardin de Nārāyaṇa » (*nārāyaṇa-vāṭikā*)[22]. Plus récemment les dispositifs dans lesquels s'insèrent certaines statues monumentales jaïnes au Karnataka à partir du Xe siècle semblent bien dans le même esprit : ainsi le cloître à chapelles qui entoure la grande statue de Bāhubali-Gommaṭa à Sravanabelgola[23].

Dans le cas des « temples-plateformes » l'objet de culte est installé en plein air sur un massif de maçonnerie ; le type est relativement courant de nos jours dans la campagne indienne et il est utilisé pour des divinités très variées : nous l'avons rencontré en Andhra Pradesh dédié à Śiva, Viṣṇu ou Gaṇeśa, à diverses formes de la la Déesse ou encore aux Nāga. Comme le précédent il est attesté à date ancienne par des représentations sur des bas-reliefs bouddhiques comme à Amaravati[24] ou brahmaniques comme à Mathura[25]. Du point de vue sémantique on constate à propos de ces deux types de temple un phénomène intéressant : les termes sanskrits les plus communément utilisés pour désigner la plate-

20. *E. g.* Harle, 1986, fig. 29.
21. *E. g.* Kreisel, 1986, fig. 1a et 1c.
22. Sircar, 1964, p. 91.
23. Sangave, 1981.
24. Knox, 1992, p. 95.
25. Joshi, 1973, fig. 181.

forme dont il vient d'être question (*vedī*, *vedikā*) montrent qu'elle n'est autre que l'autel védique (*vedī*) adapté à un nouveau contexte religieux ; cependant ces mêmes termes sont également utilisés dans les textes bouddhiques (en particulier pâlis) pour désigner les balustrades et autres clôtures analogues qui entourent l'arbre de l'Éveil ou un stūpa. Dans la pratique on constate qu'il est souvent difficile, sur les bas-reliefs, de distinguer un arbre entouré d'une balustrade – un temple-enclos – d'un autre placé sur une plateforme dont le mur de soutènement est décoré d'une représentation de balustrade – un temple-plateforme[26]. Il paraît probable que le glissement du sens de l'objet massif à la balustrade s'est fait à la suite d'une confusion dans l'identification de ce qui était représenté. De toute manière, il est visible que plaçant l'arbre de la Bodhi sur une plateforme on a voulu rattacher son culte – et par conséquent celui du Buddha – à la tradition védique, la même chose pouvant être dite à propos des Liṅga placés eux aussi sur des plateformes.

Certains des « temples » que l'on vient de mentionner peuvent être considérés comme hypèthres – en particulier celui de l'arbre de la Bodhi (Bharhut) ou ceux des grandes statues jaïnes du Karnataka. À cette série on peut ajouter de beaux exemples népalais comme la statue de Viṣṇu couché sur le serpent au milieu du bassin de Buddhanilakantha ou ses répliques[27]. Un cas plus ambigu est présenté par des temples consacrés au groupe des 64 Yoginī qui, remontant tous aux Xᵉ-XIᵉ siècles, se trouvent en Orissa et dans l'Inde centrale[28]. Les mieux conservés (ceux de l'Orissa)

26. *E. g.* Knox, 1992, p. 120.
27. Juramie, 2001, p. 207-208.
28. Dehejia, 1986.

sont organisés selon un dispositif circulaire constitué par un mur périphérique à la face intérieure duquel sont adossées des chapelles ou des niches abritant chacune une Yoginī ; au centre un kiosque abrite une image de Śiva. À Ranipur le dieu danse entouré par ses soixante-quatre compagnes, séparé d'elles et cependant sous leurs yeux ; l'ensemble est remarquablement unitaire et le groupe constitué par Śiva et les déesses est, en dépit de son éclatement dans l'espace, aussi étroitement uni que l'est par exemple le couple formé par Śiva et sa parèdre. Si nous rangeons cependant ces monuments dans la catégorie des temples hypèthres, c'est qu'il s'agit à chaque fois, nous semble-t-il, d'une vaste cella dont les occupants sont protégés individuellement des intempéries par les couvertures des chapelles ou des niches et du kiosque mais tous engagés dans une action à ciel découvert qui englobe le cosmos tout entier.

II

De la cella au temple

La cella

Le schéma fonctionnel de base

La cella – un volume intérieur – se présente donc comme une pièce pourvue d'une porte axiale. Elle est le plus souvent carrée, limitée par des murs nus et couverte d'une seule volée, sans support intermédiaire ; ses dimensions et celles de sa porte permettent normalement à un officiant d'y pénétrer sans difficulté et d'y vaquer aux opérations du culte. Disposée sur l'axe de la porte et habituellement au centre de la pièce, la représentation divine repose généralement sur un piédestal dont la face supérieure forme une cuve qui reçoit les liquides d'ondoiement et les dirige par un bec vers un conduit qui traverse le mur et les rejette ainsi à l'extérieur de l'édifice. Enfin, signalons pour ne pas y revenir qu'une cella peut avoir une ou plusieurs fenêtres (souvent fermées par un claustra), ce qui montre bien qu'elle n'est pas nécessairement « sombre et mystérieuse », selon une idée répandue en Occident et dont l'origine est à chercher dans les cellas rupestres de la région de Bombay, les premières à avoir été visitées par des Européens[1].

1. Mitter, 1977.

Ce schéma se retrouve partout, même s'il peut subir des modifications qui touchent tous ses éléments sans bouleverser, sauf exception, son parti initial ; leur finalité est de l'adapter à différentes contingences liées au dieu (personnalité, nécessités de son culte, caractère spécifique de sa représentation) ou au contexte architectural (structure de l'édifice contenant la cella, aménagements extérieurs à celle-ci). Les exceptions les plus notables découlent, par exemple, de la prise en compte de particularités exceptionnelles de l'objet de culte comme les cellas à étage qui permettent l'ondoiement de Liṅga de très grande taille (ci-dessous, p. 71) ; il peut s'agir aussi d'adapter le temple à des spéculations théologiques comme dans le cas des cellas à noyau central de Pagan[2], ou encore de faire en sorte que la cella puisse remplir une double fonction (voir l'encadré ci-contre).

Des contraintes constatées

La traduction matérielle du schéma de base est soumise à des contraintes dont l'existence se constate mais que les traités ne mentionnent pas explicitement. Concernant les matériaux, l'organisation de la cella et le mode de couverture, elles se répercutent sur l'ensemble du bâtiment abritant la cella.

C'est d'abord l'usage très systématique de matériaux lourds, massifs et durables pour l'ensemble de l'édifice : pierre appareillée ou brique cuite liée par un mortier. La pierre est utilisée non seulement pour monter des murs, mais aussi pour des poutraisons. Sauf quelques exceptions régionales facilement explicables (surtout au Kerala et au

2. Pichard, 1985 et Duchemin, 2001.

Népal), le bois est utilisé parcimonieusement ; quand il se voit attribuer une fonction porteuse, ce peut être à contre-emploi : ainsi lorsque, au Cambodge, des poutres en pierre sont évidées pour être fourrées avec d'autres poutres, celles-ci en bois ; la décomposition du bois entraîne alors de façon quasi-mécanique la rupture des poutres en pierre affaiblies par leur évidement. Ce parti-pris pour les matériaux lourds n'est, à notre connaissance, jamais justifié dans

Cellas à double fonction

Le type le plus fréquent de cella à double fonction concerne des temples bouddhiques dont la cella sert à la fois d'abri pour une représentation du Buddha et de lieu de réunion pour une communauté monastique (accompagnée éventuellement de fidèles laïcs) : la représentation du Buddha est repoussée au fond de la pièce, mais celle-ci est allongée de façon à offrir assez de place aux membres de l'assemblée. Le Buddha était à l'origine figuré sous la forme d'un *stūpa* ce qui explique le plan à abside des premiers exemples connus de ce type de monuments : antérieurs au début de notre ère, ils se trouvent en Inde occidentale et sont tous rupestres (Dehejia, 1972). Le type s'est perpétué jusqu'à nos jours dans les pays de bouddhisme theravādin (Srilanka, Asie du Sud-Est) sous la forme d'édifices construits abandonnant le plan à abside pour un tracé oblong (ou à la rigueur carré : Hāta-da-ge à Polonnaruwa).

Dans un genre différent, on peut mentionner une invention des architectes du Cambodge ancien, la pseudo-bibliothèque : rappelons qu'il s'agit d'une annexe du temple se présentant sous la forme d'un bâtiment allongé et servant à la fois de demeure à un groupe divin (les divinités astrales) ou à une divinité (Avalokiteśvara ou Vajrapāṇi dans certains temples bouddhiques) et de pavillon sacrificiel (pour le détail, voir Dagens, 2003, p. 193).

Une autre invention khmère peut relever de la même catégorie : il s'agit des pavillons d'entrée dont le passage central est traité comme une cella (voir Dagens, 1994 et ci-dessous, p. 306-307 et fig. 59).

les traités théoriques. Sans doute lié à une volonté de fournir une demeure non éphémère au dieu dont on recherche la présence permanente, il est paradoxal dans la mesure où le traitement décoratif des façades de ces édifices en pierre ou en briques suggère très souvent qu'ils sont en bois (ci-dessous, p. 86-87).

Une autre contrainte dérive de l'agencement intérieur de la cella et concerne son couvrement[3]. La cella est très généralement libre de piliers ou autres supports qui viendraient soutenir son couvrement et/ou la couverture de l'édifice : l'un et l'autre reposent très systématiquement sur la périphérie de la pièce. Les architectes d'Inde et d'Asie du Sud-Est ont eu recours pour cela à des procédés reposant sur l'encorbellement : tas de charge pour les toits et superstructures, voire plafond à caisson central pour les couvrements. Ils ont ainsi pu éviter aussi bien les couvertures charpentées que la voûte ou la coupole de pierre ou de briques. Au Kerala cependant les charpentes de bois équipent des toits qui viennent doubler des dispositifs en tas de charge[4]. Quant aux couvrements en coupole ou voûte, peu fréquents, ils se rencontrent surtout dans des régions et à des époques où l'influence iranienne ou/et musulmane a été très sensible (confins afghans, Pendjab et Cachemire jusqu'aux VIIIe-IXe s., Bengale aux XVIIe-XVIIIe s.). En revanche il est très courant qu'un temple soit accompagné d'édifices couverts de voûtes, mais il s'agit alors d'annexes de service qui s'opposent ainsi aux édifices à cella que sont le temple et les chapelles.

3. Rappelons que le « couvrement » limite vers le haut un volume intérieur tandis que la « couverture » ferme le haut de l'édifice, le premier pouvant être éventuellement la face interne de la seconde.

4. Voir ci-dessous, p. 300-301 et fig. 57 ; Sarkar, 1978, *passim*.

Délimitation du volume intérieur

- Murs, parois et matériaux

Les parois de la cella sont la face interne des murs extérieurs de l'édifice ou, éventuellement, de ceux séparant la cella d'un déambulatoire. Elles sont rarement décorées et, si c'est le cas, le sont sobrement, s'opposant aux façades du temple ou à ses annexes (pavillons, galeries et autres) ; ce décor est surtout architectural (pilastres, corniche moulurée, encadrements de niches, etc.), mais comporte à l'occasion des éléments historiés, reliefs ou peintures, figurant des membres de l'entourage du dieu ou illustrant des récits le concernant. Dans certains cas des images semblent y redoubler l'image de culte. Ainsi dans des temples śivaïtes du premier millénaire, en Inde du Sud et en Inde occidentale, une image de Śiva avait été adossée au mur du fond de la cella, derrière le Liṅga, selon un dispositif qui est susceptible de plusieurs interprétations[5]. Parmi les exemples vichnouites d'un tel redoublement on peut citer la cella centrale de Prasat Kravanh (Angkor) au centre de laquelle était placée une statue de Viṣṇu : sur ses parois intérieures sont sculptées les images en bas-relief de trois formes du même dieu.

Signalons enfin qu'il est rare que les murs soient remplacés par une rangée de piliers (même si l'enveloppe architecturale du temple en fait souvent une feinte structure hypostyle) : on peut mentionner cependant la chapelle en kiosque abritant la statue du Taureau devant des temples de Śiva comme à Tanjore[6], la littérature technique précisant

5. Dagens et Barazer-Billoret, 2000, t. I : XLVI et suiv.
6. Pichard, 1995, ph. 68-69.

d'ailleurs parfois que pour ce Taureau la chapelle est « en forme de pavillon » (*maṇḍapākāra*[7]).

- Couvrement de la cella[8]

S'il n'est pas simplement l'intrados de la couverture, le couvrement de la cella est un plafond qui protège l'objet de culte des impuretés qui pourraient tomber du comble ; l'existence de ce plafond est loin d'être générale, la raison de sa présence ou de son absence n'apparaissant pas toujours clairement : ainsi à Candi Sewu certaines des 240 chapelles identiques qui entourent le temple principal en étaient pourvues et d'autres non[9]. On lui substitue parfois un velum fixé aux angles de la pièce (en particulier Cambodge préangkorien). Dans le même ordre d'idées, le dais en bois et tissu qui abrite souvent l'objet de culte est parfois transformé en une structure permanente en pierre (fig. 1).

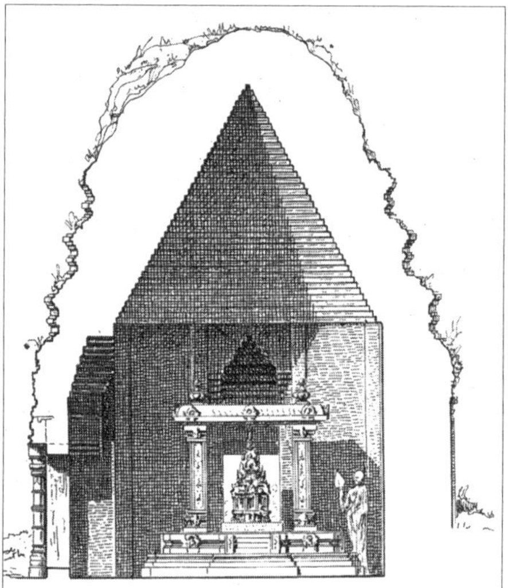

Fig. 1. Sambor Prei Kuk : Temple S2 (Cambodge, VIIe s.), (coupe, Parmentier, 1927). Dans la cella de cette tour en brique du VIIe s., un dais en pierre abritait l'objet de culte.

7. Voir Dagens, 1977/1984, § 5.14.

8. Le couvrement de la cella est généralement difficile à examiner ; souvent omis dans les descriptions, rarement photographié, il apparaît sur des coupes qui ne sont pas toujours très fiables (voir *e. g.* ci-dessous à propos des plafonds). Nous nous sommes appuyés sur l'abondante documentation rassemblée par Klaus Fischer (1974).

9. Dumarçay, 1981.

Que le plafond existe ou non, un détail souligne cependant son importance. On constate fréquemment sur la façade du temple la présence d'une frise qui, intégrée à l'entablement, figure des abouts de poutres régulièrement espacées comme le seraient celles d'un plafond dont l'existence est ainsi attestée ou suggérée par un motif purement décoratif. Ajoutons que la correspondance est soulignée au niveau sémantique par la désignation du plafond et de l'entablement par un seul et même terme sanskrit (*prastara*).

En bois ou en pierre, ce plafond apparaît très souvent comme porté par quatre poutres croisées déterminant neuf caissons égaux. En pierre ce dispositif est réel ou « feint ». Dans le second cas, les poutres sont simplement sculptées sur la face inférieure des dalles qu'elles sont censées porter : simple décor ne jouant aucun rôle architectonique, elles conservent alors la section qu'auraient des poutres en bois supportant un lit de planches mais elles alourdissent les dalles sans accroître leur portée, ce qui limite un tel dispositif à des cellas de dimensions relativement réduites[10]. Lorsqu'au contraire la structure en pierre reproduit fidèlement le dispositif en bois avec un simple changement de matériau, les poutres doivent jouer un rôle porteur auquel la pierre est très mal adaptée ; pour résister à la flexion leur section doit être beaucoup plus considérable que celle des poutres en bois, d'autant plus que leur propre poids (qui s'accroît avec leur section et leur longueur) s'ajoute à celui des dalles qu'elles supportent. On atteint rapidement un point-limite ce qui explique que les architectes indiens aient fait appel au plafond à « encorbellements d'angles » ou « caisson central » (*alias* « Laternendecke ») qui permet de

10. *E. g.* Dagens, 1984, t. II, fig. 450 où il s'agit d'un plafond de pavillon.

couvrir une pièce avec des poutres et dalles de pierre dont la longueur est toujours inférieure à la largeur de l'espace à couvrir. Ce type de plafond se rencontre, en bois, dans les vallées du nord-ouest du Pakistan et, en pierre, dans toute l'Inde, du Cachemire à l'extrême sud[11] ; reproduit sur le ciel de grottes bouddhiques d'Afghanistan (fig. 2), il est passé en Asie centrale et au Turkestan chinois, jusqu'à Touen Houang où il est peint de façon très schématique.

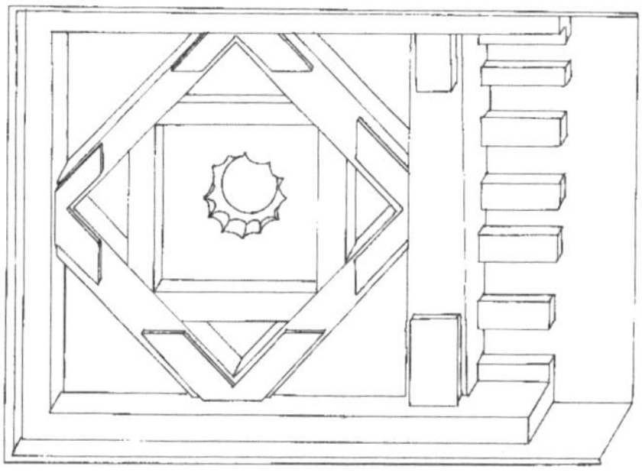

Fig. 2. Foladi (région de Bamiyan, Afghanistan, v^e-vi^e s.) : plafond à caisson central sculpté sur le ciel d'une grotte (Dumarçay, 1996).

Du côté des couvrements concaves, on connaît bien les cellas rupestres anciennes dont le couvrement imite l'intrados d'une charpente à cerces et qui sont parmi les plus remarquables créations des architectes-sculpteurs indiens. Elles apparaissent dès les premiers temples connus (grottes de Barabar au Bihar, IIIe s. avant notre ère) : cependant le détail de la charpente n'y est pas encore figuré ; il le sera méticuleusement dans les grottes bouddhiques des siècles suivants, celles sur plan circulaire de Kondivte ou de Guntupalle ou les grandes salles à abside du Maharastra[12].

11. Fischer, 1974, p. 40 et suiv.

12. Voir Mitra, 1980 ph. 105 (Kondivte) et fig. 14 et ph. 134 (Guntupale/Gunthapalli) ; pour Kondivte voir aussi la remarquable gravure de Thomas

Beaucoup plus banal est le couvrement concave constitué par la cheminée de la superstructure (ci-dessous, p. 122-123) ; son profil intérieur dépend alors pour bonne part du type de superstructure adopté sans que les correspondances soient toujours bien nettes, comme en témoignent les variations que l'on rencontre par exemple à Java dans un même ensemble[13].

Plan de la cella

La cella carrée est de loin le modèle le plus répandu, celui qui est utilisé pour toutes les divinités, mais il en existe aussi des rectangulaires (barlongues ou oblongues), cruciformes, circulaires, elliptiques ou à abside, ou encore polygonales (octogonales ou pentagonales), voire même étoilées ; la gamme presque complète existe d'ailleurs dès le début de notre ère (seuls manquent alors les plans pentagonal et étoilé qui ne seront jamais que des exceptions régionales ou locales). L'omniprésence du carré et la diversité des alternatives se retrouvent pour le plan extérieur du bâtiment qui contient cette cella, sans qu'il y ait d'ailleurs nécessairement correspondance entre ces plans intérieur et extérieur. Les plans n'ont pas toujours la rigueur géométrique sous-entendue par leur désignation (ou affichée par le caractère faussement régulier de nombreux plans publiés) : un plan « carré » peut être en réalité trapézoïdal (*e. g.* cella principale du Shore Temple à Mahabalipuram), certains plans « orthogonaux », ne comportent aucun angle droit (*e. g.* la plupart des monuments de Jayavarman VII

Daniell (d'après J. Wales, reproduite *in* Archer, 1980, fig. 140) ; pour les grandes salles à abside, voir Dehejia, 1972.

13. *E. g.* Candi Sewu…, Dumarçay, 1981.

au Cambodge) et un plan « circulaire » peut ne l'être que très grossièrement (*e. g.* le temple rupestre de Lomas Ṛsi à Barabar ou la cella centrale du Bayon à Angkor).

Les raisons du choix de tel ou tel tracé ne sont pas toujours évidentes. Tous ont été utilisés pour les temples de Śiva ; pour prendre un autre exemple très significatif, on constate que les nombreux temples de Sūrya construits au Gujarat aux VIIIe-Xe siècles ont des cellas barlongues, oblongues ou carrées, sans qu'une logique quelconque n'apparaisse dans le choix de l'une ou l'autre forme[14].

Certaines correspondances sont cependant relativement stables : une cella barlongue abrite fréquemment un objet de culte étiré en largeur : images de Durgā combattant le buffle, de Viṣṇu dormant sur l'océan cosmique, du Buddha couché au moment de sa mort ou encore frise des sept Mères, pour ne citer que quelques exemples patents. Mais ce plan barlong apparaît de règle pour la cella des temples de la Déesse et cela, quelle que soit la forme réelle de sa représentation ; la correspondance est considérée comme suffisamment importante pour être habituellement suggérée par l'aspect extérieur du temple alors qu'elle n'existe pas en réalité au niveau de la cella, banalement carrée ou circulaire.

Un autre genre de correspondance fait que Gaṇeśa et d'autres divinités liées à l'éléphant (*e. g.* Śāṣṭā) occupent souvent des cellas à plan à abside dont la désignation métaphorique classique est « en dos d'éléphant » (*gajapṛṣṭha*) ; cependant les plus anciens exemples de ce plan concernent des salles bouddhiques abritant un stūpa, ce dernier justifiant à l'origine l'arrondi du fond de la pièce. Signalons enfin, à titre de curiosité,

14. Nanavati & Dhaky, *passim.*

qu'un texte technique après avoir attribué un temple « en dos d'éléphant » (donc à abside) à Gaṇeśa, prescrit pour Skanda et sans autre précision un « temple coq » (*kukkuṭālaya*) qui reste mystérieux, en dépit des rapports qui existent entre Skanda et le coq, en particulier à date ancienne[15].

Les traditions régionales jouent sans doute un rôle important : le Cambodge ancien dans son parti général de simplification des modèles indiens n'utilise pour ainsi dire que des cellas carrées et, dans une moindre mesure, oblongues ; les seules exceptions sont quelques cellas octogonales à Sambor Prei Kuk (VIIe s.) et celle grossièrement circulaire du Bayon d'Angkor (fin du XIIe s.). Enfin, les quelques cellas étoilées connues se trouvent sur un seul site de l'Orissa (Baudh) et sont toutes contemporaines (env. Xe s.) ; plus nombreuses, celles à noyau central et/ou plan pentagonal n'existent cependant qu'en Birmanie[16].

Accès

- « La » porte

La cella qui, la plupart du temps, n'a qu'une seule porte, peut en posséder plusieurs, celle qui est en face du dieu étant alors ressentie comme l'accès principal. Les exceptions à cette position en face du dieu sont suffisamment rares pour être considérées comme des adaptations à des circonstances particulières liées, par exemple, à l'histoire religieuse dans le cas d'un changement d'obédience (ci-dessous, p. 214-215) ou, plus prosaïquement, à la topographie[17].

15. *Dīptāgama*, 11.44 ou 74.43.
16. Pichard, 1985.
17. *E. g.* Dagens, 1984, t. 1, p. 270-271 à propos d'un temple d'Āñjaneya-Hanuman.

Cette porte unique ou principale donne directement sur l'extérieur ou débouche sur un porche ou un pavillon ou encore sur un passage couvert conduisant à un pavillon. Son orientation régit normalement celle de l'ensemble dont la cella est le centre ; si la coïncidence de son axe médian avec ceux de la cella et de la représentation divine est très générale, différents facteurs spéculatifs interdisent de lui donner une précision géométrique absolue. Il peut s'agir du principe de non coïncidence des axes, rarement exprimé directement dans la littérature technique, mais largement sous-entendu par la façon dont sont chiffrées les positions des portes, des dépôts de fondation, etc. À cela s'ajoutent de façon plus précise les instructions fréquemment données sur le décalage du centre de la représentation divine par rapport à celui de la cella (ci-dessous p. 68).

Les dimensions de la porte sont en proportions avec celles de la cella et pas nécessairement avec l'objet de culte : il arrive souvent que ce dernier soit mis en place *avant* la construction des murs de la cella car la porte serait trop étroite pour l'introduire dans la pièce ; le cas, expressément prévu dans les textes techniques[18], est attesté par de nombreux exemples en Inde et en Asie du Sud-Est ; il est aussi l'objet d'une excellente référence littéraire fournie par *Le chariot de terre-cuite* (*Mṛcchakaṭikā*) de Śūdraka, l'une des plus célèbres pièces du répertoire classique sanskrit ; un personnage, parlant de la mère de l'héroïne, s'exclame en effet :

> « Ola ! Quel vaste ventre a cette démone aux cheveux tressés ! La belle porte n'a été mise en place qu'après

18. Dagens, 1977/1984 § 2.26.

> qu'on ne l'ait fait entrer, comme [une statue de Śiva-] Mahādeva [dans un temple] »[19].

Tout récemment, en 2003, le procédé a été employé pour un temple d'Āñjaneya-Hanuman construit non loin de Pondichéry : l'énorme statue du dieu a été mise en place sur le soubassement, avant la construction des murs, le temple n'ayant été achevé et inauguré que quatre ans après (ci-dessous p. 326).

Pourvue de deux vantaux, s'ouvrant vers l'intérieur, la porte de la cella est fermée la nuit et pendant les périodes creuses de la journée ; le matin, son ouverture donne lieu à un rituel d'hommage au cours duquel sont invoquées de nombreuses divinités dont les régents des vantaux et autres éléments de l'huisserie qui pour la plupart ne sont pas figurés matériellement[20]. Cette porte est normalement doublée à l'intérieur de la cella par un rideau qui dissimule le dieu aux regards à certaines étapes du culte, alors qu'elle-même est ouverte ; il sert parfois aussi à éviter que l'image divine ne soit polluée par des regards indignes[21].

L'encadrement extérieur de la baie est très souvent décoré, et c'est même, très fréquemment, le seul élément de la cella qui le soit (p. 258). Dès l'époque gupta, se développe en Inde, un dispositif de cadres emboîtés combinant décors végétal et historié et suggérant que la porte est précédée par une structure légère, une sorte de porche supporté par deux

19. *Mṛcchakaṭikā*, IV.29. Notre traduction ; voir aussi celles de M.R. Kale (1972, p. 168-169) ou de Y. Codet (in L. Bansat-Boudon *et al.*, *Théâtre de l'Inde ancienne* (Paris, 2006), p. 638).

20. Dagens et Barazer-Billoret, 2000, p. 31 et 409-410, voir aussi ci-dessous, p. 258.

21. *E. g. Dīptāgama*, 94.290.

colonnettes. En Asie du Sud-Est, les éléments suggérant un porche (colonnettes et « linteau » décoratif), bien mis en évidence, encadrent un chambranle mouluré qui orne la tranche du bâti dormant de la baie.

- Porte(s) et fausses-portes

Les cellas à entrées multiples sont courantes en Asie du Sud-Est ; elles existent aussi en Inde (même en architecture rupestre, comme à Elephanta ou Ellora[22]). Le dispositif est réel ou feint selon que les portes secondaires correspondent à des baies ouvertes ou que leur encadrement est rempli par la figuration d'une porte à deux battants fermée. Au Cambodge, ces « fausses-portes », très banales, sont sculptées avec un grand réalisme – qu'il s'agisse de l'encadrement ou des « vantaux » : dans la plupart des cas elles sont pourvues d'un seuil, éventuellement d'un escalier d'accès et parfois même précédées d'un porche, toutes choses qui renforcent leur caractère « vraisemblable ». En Inde c'est surtout l'encadrement qui est mis en valeur mais il n'est pas toujours facile de savoir s'il s'agit d'une réelle fausse-porte ou bien d'une niche à l'encadrement décoré. Cependant des exemples bien caractéristiques de fausses-portes se voient, en particulier au Madhya Pradesh et au Kerala : au temple de Lakṣmaṇa à Sirpur (Madhya Pradesh), les fausses-portes sont analogues à celles du Cambodge mais on n'a pas jugé nécessaire d'interrompre le soubassement à leur emplacement, ce qui les rend malgré tout peu vraisemblables[23]. Cette continuité du soubassement se retrouve au Kerala où on note en revanche un grand soin apporté à la repré-

22. Rajan, 1981.
23. Harle, 1986, fig. 154.

sentation de la porte elle-même (présence de la barre de battement[24].

Lorsque le temple a plusieurs portes, il s'agit de quatre portes cardinales ou d'une porte et de trois fausses-portes. Le principe, appliqué surtout à des cellas carrées, se retrouve avec des cellas circulaires ou rectangulaires. Il existe des variantes intéressantes comme au temple de Śiva (dit de Mundesvari) à Ramgad (Madhya Pradesh) : octogonal, il comporte une porte à l'est et à l'ouest et une fenêtre au sud et au nord[25]. En Asie du Sud-Est, la cella oblongue des « bibliothèques » khmères comporte une porte à son extrémité ouest et une fausse-porte à l'autre, tandis qu'en Birmanie des cellas pentagonales et octogonales ont une porte par face.

Ces entrées multiples réelles ou potentielles ne semblent pas liées à des formes divines particulières. On a signalé l'emploi du plan à quatre portes avec des Mukhaliṅga à quatre visages, pour lesquels il est très approprié, mais ce type de Liṅga occupe souvent une cella à porte unique (on en trouve aussi un dans le temple de Ramgad mentionné ci-dessus) ; ce même plan à quatre portes se voit aussi avec une stèle à quatre faces (temple jaïn d'Ādinātha, Ranakpur) mais là encore, il ne semble pas exister de règle.

La raison d'être de tels dispositifs n'est jamais très claire sauf peut-être lorsque, comme en Birmanie, la cella à entrées multiples est le fruit d'une évolution marquée par la fusion en une seule de plusieurs cellas, la porte de chacune ayant cependant été conservée. On peut hésiter en définitive entre deux explications qui ne s'excluent pas l'une l'autre et qui

24. *E. g.* Sarkar, 1978, pl. 40-B ou 68-B.
25. Meister & Dhaky, 1988, p. 118 et suiv., fig. 48.

relèvent respectivement de l'architecte et du théologien. Dans le premier cas la présence de quatre portes (ou d'une porte et de trois fausses-portes) traduit un souci de régularité architecturale très marqué en Asie du Sud-Est et qui relève d'une tendance bien évidente à « mettre en scène » les façades du temple. Cependant, la multiplication des accès (réels ou potentiels) est aussi une belle expression du rayonnement de la puissance du dieu dans toutes les directions, même si le regard du même dieu n'en fixe le plus souvent qu'une seule.

Orientation

Le monde indien est délibérément orienté et ce dès la période védique où le schéma cardinal, parfaitement fixé à propos du sacrifice, met ce dernier en relation avec l'organisation du cosmos : l'est est « devant » (*pūrva*) car l'officiant se tourne vers le soleil levant ; le sud est donc « à droite » (*dakṣiṇa*), le nord parfois « à gauche » (*vāma*) mais plus souvent « en haut » (*uttara*) et l'ouest enfin « derrière » (*paścima*).

Dans son temple, le dieu fait normalement face à une direction cardinale (même si à l'examen on constate fréquemment un léger décalage) ; l'axe de son regard est celui de la porte de la cella et l'orientation cardinale de l'image du dieu principal est très généralement celle de l'ensemble du sanctuaire, aussi vaste soit-il. En revanche, dans le cas d'une chapelle subordonnée, le processus est souvent inverse et l'orientation dépend de la position de cette chapelle par rapport au temple principal. Sur le plan historique un changement dans ce domaine peut traduire une modification du statut de la divinité, comme par exemple pour la chapelle de la Déesse habituellement annexée à un temple de Śiva en Inde du Sud. Cette chapelle se trouve normalement au nord du temple et tournée vers lui, c'est-à-dire faisant face au sud (c'est le cas par exemple à Tanjore).

Vers les XIIe-XIIIe siècles environ, on voit apparaître des chapelles dédiées à la Déesse qui, beaucoup plus importantes, sont organisées comme de véritables temples secondaires englobés dans un sanctuaire de Śiva où elles sont parfois isolées par une enceinte pourvue d'un pavillon d'entrée. Ces chapelles conservent leur position au nord du temple de Śiva, mais elles sont désormais orientées non plus *vers lui* mais *comme lui*, c'est-à-dire vers l'est. Cela met bien en évidence la montée en puissance de la Déesse dans le panthéon : tout en restant associée à Śiva comme épouse, elle n'en devient pas moins par certains côtés son égale. La chapelle-temple établie sans doute au XIIIe siècle dans la seconde enceinte du temple de Śiva à Darasuram est très caractéristique du phénomène (fig. 3) ; celui-ci dépasse d'ailleurs largement les frontières du śivaïsme et se retrouve dans les temples vichnouites de quelque importance comme par exemple à Srirangam.

Fig. 3. Darasuram (Tamilnad) : Sanctuaire de Śiva (plan d'ensemble, Dumarçay, 2001).

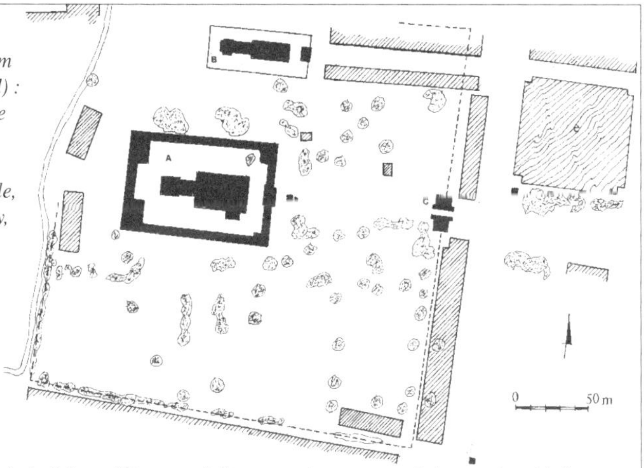

Le temple de la Déesse (B) entouré d'une enceinte rectangulaire et orienté à l'est est situé en dehors et au nord de la première enceinte de celui de Śiva (A). De la seconde enceinte on ne voit que le pavillon d'entrée (C) : il est possible que le mur lui-même (ici tracé en pointillé) n'ait jamais été construit.

L'orientation à l'est est en quelque sorte l'orientation par défaut ; elle est d'ailleurs plus ou moins de règle en ce qui concerne Śiva (comme d'ailleurs le Buddha). Différents facteurs entrent cependant dans le choix du point cardinal de référence pour la construction d'un temple (ou éventuellement celui d'une direction non cardinale) : ils ont trait à la divinité ou à l'organisation du sanctuaire ou à des éléments extérieurs au temple. Certaines formes divines offrent des exceptions très constantes à l'orientation à l'est : témoins le dieu-singe Āñjaneya-Hanuman, dont temples et chapelles sont systématiquement ouverts au sud ou encore Vīrabhadra, une forme de Śiva qui regarde habituellement vers le nord. Les choses sont plus complexes pour Viṣṇu à propos duquel il existe visiblement un flottement entre l'est et l'ouest, aussi bien dans les textes normatifs que dans les usages constatés en Inde comme en Asie du Sud-Est.

De nombreuses contraintes, indépendantes du dieu et extérieures au temple, peuvent conduire à « désorienter » la cella. Il peut s'agir aussi bien de facteurs purement topographiques que de la volonté d'utiliser au mieux un espace restreint comme par exemple un éperon rocheux (temple de Prah Vihear au Cambodge) ou de la nécessité d'adapter une nouvelle fondation à des aménagements antérieurs. Au Prah Khan de Kompong Svay[26], l'orientation de l'ensemble du dispositif centré sur le temple (et limité par une douve de près de 3 km. de côté) est décalée d'environ 25° par rapport aux axes cardinaux ce qui semble une adaptation au réseau hydraulique naturel. À P'imai tous les éléments de l'ensemble organisé de façon concentrique – temple, enceinte du

26. Boisselier, 1966, pl. III.

sanctuaire, enceinte de la ville – sont orientés sud-sud-est, mais la raison semble être cette fois-ci la volonté d'orienter le temple vers la route qui vient d'Angkor et d'ailleurs aussi vers Angkor[27].

L'adaptation à la topographie souligne à l'occasion les rapports du temple avec son cadre naturel. En voici deux exemples intéressants et en apparence contradictoires, rencontrés à quelques kilomètres l'un et l'autre en Andhra Pradesh, sur la Krishna, l'un des plus grands fleuves de l'Inde et un élément majeur de la géographie religieuse de la région. Ils concernent tous deux des temples de Śiva ouverts à l'ouest et non à l'est. Dans le premier cas, c'est un temple de Śiva Siddheśvara qui, construit sur la rive *est* de la Krishna est ouvert à l'*ouest* et fait face au fleuve, soulignant ainsi son caractère directeur. Un peu en amont, un autre temple de Śiva, celui de « Śiva Rāmatīrtha » (litt. « Śiva du «lieu saint» [*tīrtha*] fondé par Rāma ») est situé sur la rive *ouest* de cette même Krishna, mais il lui tourne le dos et s'ouvre à l'ouest ; ce faisant, il est face à une source qui jaillit de la terrasse supérieure du fleuve et alimente un bassin situé devant le temple ; c'est donc cette source qui remplace le fleuve comme élément topographique de référence et justifie l'orientation « anormale » du temple de Śiva ; il est probable que c'est elle qui a donné naissance au lieu saint dont la fondation a été attribuée, comme très souvent dans le sud de l'Inde, à Rāma descendant vers l'île de Laṅka pour y retrouver Sītā[28].

27. Pichard, 1976.
28. Dagens, 1984.

Plusieurs facteurs peuvent intervenir simultanément : le temple de Śiva Vijayacolīśvara à Narttamalai (Tamilnad, xe s.) a été construit sur un replat d'une colline rocheuse limité à l'est par une pente très raide et à l'ouest par une falaise verticale dans laquelle avaient été creusées antérieurement deux cellas. Le temple est ouvert à l'ouest vers la falaise et ses deux cellas rupestres, mais le seul pavillon d'entrée qui l'accompagne se trouve derrière lui à l'est, au sommet de la pente inaccessible : cet édifice, en apparence « inutile », avait sans doute pour fonction de signaler au loin la présence du temple, et aussi, peut-être, de « rectifier » visuellement l'orientation majeure du sanctuaire en apparence anormale mais liée à la topographie de l'endroit et à la position de lieux de culte plus anciens.

Certaines désorientations sont moins aisément explicables si tant est qu'elles le soient. Ainsi l'axe du sanctuaire de Śiva à Tiruvannamalai (Tamilnad) est décalé de 13 degrés par rapport à l'est : la raison peut en être astronomique (orientation gnomonique liée à une fondation en février ou en octobre[29]) ou simplement topographique (présence d'un point d'eau qui a pu faire partie du lieu saint initial), sans que l'une ou l'autre de ces deux propositions ne soit vraiment satisfaisante. Un cas analogue est présenté par le grand temple de Tanjore dont l'orientation décalée peut aussi bien être due à l'insertion du temple dans un cadre urbain préexistant qu'à une orientation gnomonique[30] : on constate cependant que le temple de Gangaikondacolapuram construit dans le même contexte mais, semble-t-il, sur un

29. L'Hernault et *al.*, 1990, p. 59-60.
30. Pichard, 1995, p. 24.

site vierge de toute implantation antérieure, est lui parfaitement orienté, ce qui ferait privilégier la première hypothèse. Un autre exemple du même genre est celui d'Angkor Vat, temple d'état dédié à Viṣṇu : son orientation à l'ouest a été autrefois mise en rapport avec la destination funéraire alors supposée au monument ; elle peut être liée à son obédience vichnouite ou bien encore à la nécessité beaucoup plus matérielle d'inscrire un nouveau et vaste ensemble dans un tissu urbain existant.

Aménagement intérieur

L'aménagement intérieur de la cella est très simple, si l'on excepte le ou les dispositifs liés aux ondoiements ; dégagée de tout élément structurel, elle a pour seul « meuble » important l'objet de culte placé généralement sur un piédestal et accompagné au besoin d'accessoires divers (dais, guéridon à offrandes, lampes, etc.).

En dehors des rares images sculptées ou encastrées dans les murs (ci-dessus), il peut y avoir dans cette cella des représentations divines secondaires (assesseurs privilégiés, image portative du dieu principal, etc.) d'ordinaire peu nombreuses, même si dans certains cas exceptionnels, la cella apparaît littéralement « surpeuplée » ; citons comme exemple celle du temple de la Déesse connu sous le nom de Vaithal Deul à Bhubaneshwar (Orissa) : une quinzaine de divinités diverses y encadrent Cāmuṇḍā *alias* Kāpālinī, déesse titulaire du temple.

- Piédestal et position du dieu principal

Le piédestal occupe une bonne partie du sol de la pièce (un neuvième de sa superficie selon de nombreux textes normatifs) ; il est le plus souvent mouluré et sa forme varie, parfois en fonction du plan de la cella (les temples à cella étoilée de Baudh contiennent un piédestal étoilé). Le type carré est le plus courant mais, mis à part le fait que le type barlong est surtout utilisé pour les groupes ou les représentations s'étirant en largeur, il ne semble pas y avoir de rapport fixe entre telle forme de piédestal et telle ou telle divinité. On constate, par exemple, que les Liṅga ont des piédestaux carrés ou ronds, sans justification apparente.

La position centrale semble de règle dans les cellas carrées ou circulaires et dans le cas d'un Liṅga ; alors qu'un décalage vers le fond se constate fréquemment dans le cas d'une statue et/ou d'un plan barlong et surtout oblong. De toute manière les traités prescrivent toujours un léger écart par rapport au centre géométrique exact de la cella, généralement vers le nord-est pour un temple ouvert à l'est[31]. Au Phnom Bakheng à Angkor, on a constaté un décalage vers le nord qui se répercute sur toute la pyramide[32].

- Dispositif d'évacuation des eaux lustrales

Le dispositif assurant l'évacuation des eaux lustrales hors de la cella et du temple est apparu en Inde au plus tard à l'époque gupta, vers les IIIe-IVe siècles[33] ; il est visiblement d'usage courant au Cambodge dès le VIIe siècle[34]. La nécessité d'une telle évacuation est liée au fait que les liquides d'ondoiement deviennent des « restes » une fois qu'ils ont coulé sur le dieu et que, selon une notion très ancienne dans la pensée indienne, le « reste » d'un repas ou d'une offrande

31. Voir *Mayamata*, 33.37-40a ou Dagens, 1977/1984, § 4.7.
32. Dumarçay, 1972, p. 13.
33. Dhaky, 1982.
34. Parmentier, 1927.

est polluant et éventuellement dangereux[35]. Cela pose de multiples problèmes qui ont suscité dès le brahmanisme ancien toute une casuistique (que faire des restes? qui peut les manger? etc.). À une période plus récente la question a été développée à propos des *nirmālya*, c'est-à-dire des restes de guirlandes (*mālā*) et autres offrandes (nourriture, eau des bains, fleurs, etc.) faites au dieu lors du culte[36]. Dans le cas de Śiva, ces restes sont offerts à un de ses assesseurs, un certain Caṇḍa/Caṇḍeśa qui les consommera : sa chapelle est d'ailleurs située au nord du temple de Śiva à proximité de la gargouille d'évacuation des eaux lustrales. Pour les autres divinités le destinataire des restes est plus incertain, même si dans certains cas on semble avoir une simple adaptation de ce qui se passe pour Śiva : le *Sūkṣmāgama* (chap. 5) indique que les restes du culte à Sūrya [le Soleil] sont destinés à un certain Sūrya-caṇḍeśa (!)[37].

L'important, malgré tout, n'est pas tellement cette consommation des restes que leur évacuation de la cella et leur absorption dans le sol, souvent en dehors du temple, voire du sanctuaire. D'un point de vue pratique, les liquides d'ondoiement versés sur l'objet de culte sont recueillis dans la cuve peu profonde et bordée d'une margelle qui constitue la face supérieure du piédestal ; sur son côté gauche (ou nord), cette cuve possède un bec par lequel les liquides s'écoulent vers le sol : le dispositif peut se terminer là, cependant il se prolonge généralement par un conduit traversant le mur nord du temple et se terminant par une

35. Malamoud, 1972.
36. Brunner, 1969.
37. Voir aussi Dhaky, 1970, à propos d'un temple de la Déesse au Rajasthan.

gargouille décorée ou non ; les liquides disparaissent alors dans le sol au pied de cette gargouille, ou sont repris par une nouvelle canalisation qui traverse la (ou les) cour(s) du sanctuaire et les rejette finalement hors du domaine du dieu. Il existe de nombreuses variantes dans le détail desquelles on n'entrera pas ici, mais le soin apporté à la mise en place de cette évacuation même dans des circonstances difficiles (*e. g.* temples rupestres) montre bien toute l'importance qui lui est attribuée. Un autre signe de cette importance est fourni par l'attention réclamée à propos de l'étanchéité de la cuve du piédestal : le mortier spécial (« mortier aux huit ingrédients », *aṣṭabandhana*) qui obture l'espace entre le piédestal et la base de l'objet de culte, doit être remplacé en cérémonie dès qu'il se désagrège.

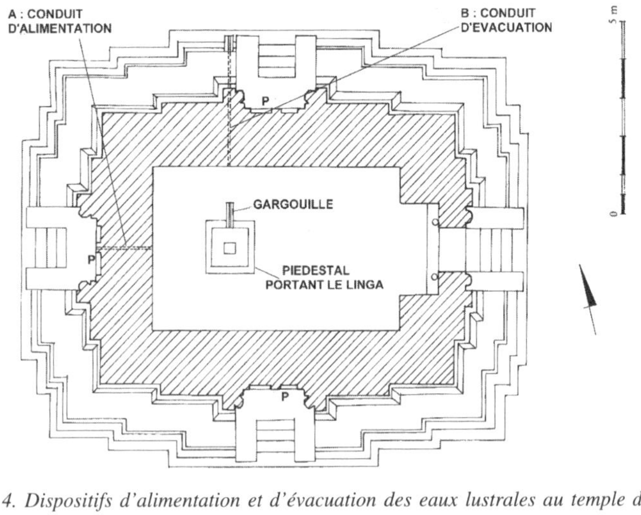

Fig. 4. Dispositifs d'alimentation et d'évacuation des eaux lustrales au temple de Śiva à Vat Phu (Laos, début du XIe s.) (Dumarçay, 1998).
L'eau de la source pénètre dans la cella par le conduit A puis, ayant ondoyé le Liṅga, est évacuée par le conduit B. La lettre « P » indique les trois fausses-portes (chacune précédée d'un escalier d'accès).

- Dispositifs d'alimentation en eaux lustrales

Beaucoup plus rares, les dispositifs concernant l'ondoiement lui même visent selon les cas à faciliter l'opération sur un objet de culte de grande taille ou à la transformer en un processus continu. Dans les temples bouddhiques d'Indonésie, c'est un muret construit à l'arrière de la statue et contre lequel est placé un escalier qui permet à l'officiant d'accéder au sommet de la statue pour l'ondoyer[38]. Pour l'ondoiement de grands Liṅga dans certains temples śivaïtes d'Inde du Sud (Andhra Pradesh, Tamilnad et Orissa), un étage surmonte la cella et son sol, percé en son centre, laisse passer le sommet du fût du Liṅga : accessible par un escalier, il constitue un praticable à partir duquel l'ondoiement peut se faire commodément[39].

Il est parfois prescrit de rendre l'ondoiement « continu » ; on coiffe alors l'objet de culte d'un trépied en bois auquel est accroché un vase percé d'un trou qui laisse tomber le liquide goutte à goutte[40]. Des dispositifs plus élaborés assurent cet ondoiement continu en utilisant une source ou un ruisseau. La solution adoptée à Vat Phu est l'une des plus cohérentes et, en même temps, des plus expressives (fig. 4). Le temple de Śiva y est construit sur le flanc de « la montagne qui est un Liṅga » (Liṅgaparvata, ci-dessus), au niveau d'une source ; c'est l'eau de cette source (et par conséquent celle qui jaillit du Liṅga qu'est la montagne) qui, captée par une canalisation, arrive à l'arrière du temple ; elle emprunte alors un conduit traversant le mur de la cella et, débouchant au-dessus du Liṅga, coule sur lui avant d'être évacuée par

38. *E. g.* Dumarçay, 1981, fig. 19.
39. Pichard *et al.*, 1994, p. 35.
40. *E. g. Dīptāgama*, t. III, p. 35 et 462-465.

le dispositif habituel. Un dispositif un peu analogue se voit au temple de Śiva de Tadpatri (Andhra Pradesh, XVIe s.[41]) ; à Mahānandin (Andhra Pradesh, env. XIe s.), c'est un ruisseau qui passe sous le temple de Śiva et inonde la cella au passage.

- Circumambulation dans la cella ?

La circumambulation (*pradakṣiṇa*, litt. : « [tour] par la droite *ou* à main droite ») est une des formes les plus répandues d'hommage individuel adressé aux dieux comme aux maîtres spirituels, mais le terme s'applique aussi à des processions. Les traités de rituel en parlent comme d'un rite ne se faisant pas autour de l'objet de culte lui-même, mais hors de la cella, autour du temple. Selon certains textes śivaïtes, cette circumambulation extérieure doit même se faire en évitant d'enjamber la rigole d'évacuation des liquides d'ondoiement (*somasūtra*), ce qui amène à s'éloigner du temple[42]. La présence éventuelle d'un déambulatoire autour de la cella peut être considérée comme un dispositif permettant d'accomplir celle-ci en dehors de la cella mais cependant au plus proche du dieu (nous ne connaissons pas de référence textuelle à l'utilisation de ces déambulatoires). De toute manière une circumambulation à l'intérieur de la cella serait matériellement impossible dans de très nombreux cas (cella encombrée, objet de culte repoussé vers le fond de la pièce, bec du piédestal fortement débordant, etc.).

Les seules exceptions réelles semblent concerner les stūpas placés dans une cella et autour desquels un espace bien dégagé existe toujours ; l'habitude de rendre hommage

41. Michell, 1989, p. 395.
42. *E. g. Dīptāgama*, 99.6-7.

aux reliques du maître contenues dans un stūpa monumental par une circumambulation en plein air a été conservée pour ceux qui n'étaient plus que des objets de culte placés dans des cellas.

L'habillage de la cella

Prototype et développements

Le temple peut n'être que le simple habillage fonctionnel de la pièce qu'on vient de décrire et c'est – statistiquement parlant – le cas le plus commun. L'édifice sommaire ainsi obtenu peut être considéré comme le prototype à partir duquel se font les différents développements dont est susceptible le temple dès qu'il est un peu élaboré, étant bien entendu que les termes « prototype » et « développement » sont utilisés ici sans *a priori* chronologique.

Ces développements sont tous plus ou moins en germe dans le programme minimum dont ils magnifient la traduction concrète, qu'il s'agisse d'aménagements destinés à faciliter le culte ou à organiser la présence des fidèles ou bien encore de multiplier la population divine présente par des images autour du dieu principal, en d'autres termes autour de la cella. Tous ces développements qui sont l'expression concrète de la dévotion et de l'attachement de la communauté, tendent à la glorification du dieu comme, on l'a vu, à celle de cette communauté et des commanditaires du temple.

Cependant, en dépit de l'ampleur et de la complexité qu'ils peuvent donner au temple, ces développements sont toujours « secondaires », comme le montrent les nombreux temples en fonctionnement malgré leur inachèvement (superstructure non construite, surface des murs non parée, décoration simplement dégrossie, éléments de raccords en attente pour des structures hors-œuvre prévues et non construites, etc.). Quelle que soit l'importance des aménagements extérieurs à la cella, celle-ci est la seule partie du temple susceptible de se suffire à elle-même : à partir du moment où le dieu y a été installé, elle *est* le temple, quel que soit l'état d'avancement de l'édifice.

Les trois catégories de développements

Il existe trois catégories majeures de développements du temple qui sont en un sens indépendantes les unes des autres. La première concerne l'habillage immédiat de la cella et son insertion dans un bâtiment ; pour la seconde il s'agit de l'adjonction éventuelle à ce bâtiment d'un ou plusieurs corps de bâtiments secondaires qui lui sont matériellement rattachés ; la troisième enfin se traduit par l'équipement et l'aménagement du terrain attribué au dieu autour de l'édifice central.

Les deux premières catégories débouchent sur la maison du dieu, le « temple », un édifice simple ou complexe abritant la pièce où est installé le dieu titulaire, mais comportant à l'occasion un ou deux corps secondaires. Les développements de la troisième catégorie organisent autour de ce temple le « sanctuaire », c'est-à-dire l'ensemble du domaine délimité matériellement et attribué à ce même dieu.

Nous détaillerons dans les chapitres qui vont suivre les aspects que peut prendre chacun de ces développements dont une des caractéristiques majeures est d'être à la fois concentriques autour de la cella et orientés selon l'axe de l'entrée principale de celle-ci. On se contentera ici de donner leurs grands traits.

L'habillage architectural du volume intérieur que constitue la cella, est un enveloppement aux aspects multiples étroitement imbriqués. Il s'agit en premier lieu d'asseoir l'édifice prévu sur une base qui peut prendre aussi bien l'aspect d'un soubassement plus ou moins élaboré que celui d'une véritable pyramide à degrés. Il faut ensuite enfermer la cella dans des murs, parfois dédoublés pour déterminer un déambulatoire dans-œuvre, doter l'ensemble ainsi obtenu d'une couverture et enfin organiser ses façades en y accolant éventuellement des éléments hors-œuvre (avant-corps formant porche et autres).

Quelles que soient l'ampleur et la complexité de l'édifice projeté pour envelopper la cella, il peut être complété par un corps secondaire, voire deux. Placés en enfilade sur l'axe majeur de la cella, celui du regard du dieu, ils se présentent comme des pavillons ouverts ou fermés, plus vastes que la cella dont ils sont autant d'annexes rapprochées. Ils offrent également aux fidèles (ou à certains d'entre eux) des abris couverts à proximité immédiate de la pièce où se trouve le dieu. Le dispositif le plus courant se limite à un seul pavillon mais il n'est pas rare d'en voir deux, ce chiffre n'étant pour ainsi dire jamais dépassé.

Enfin l'organisation de l'espace qui entoure le temple prend des aspects divers. Il y a d'abord la délimitation du terrain attribué au dieu par la construction d'un mur d'enceinte franchi par une ou plusieurs portes, l'espace ainsi fermé pouvant être subdivisé de façon concentrique par des enceintes intermédiaires. La cour ou les cours ainsi déterminées sont des parcours de procession. C'est là aussi que sont rassemblées toutes sortes d'annexes : quelques unes, étroitement attachées au rituel (mât de l'étendard, autels à offrandes), sont sur l'axe du temple ; d'autres constituent autant d'édifices séparés ou sont abritées dans des galeries adossées aux murs d'enceinte ou dans des pavillons construits dans les cours : ce sont d'abord les chapelles dédiées aux assesseurs principaux du dieu (dont sa parèdre) ; à cela s'ajoutent des bâtiments de service (trésor, cuisine, réserves diverses, bureaux, etc.), des pavillons destinés à des cérémonies diverses (*e. g.* le pavillon de la danse) ou permettant aux fidèles de s'abriter ; restent enfin les aménagements qui alimentent en eau le sanctuaire et souvent le village auquel il appartient : généralement un puits et un bassin réservoir (remplacé ou complété au Cambodge par une douve doublant le mur d'enceinte, ci-dessous p. 149).

Projet initial et histoire

La troisième catégorie de développements, celle qui concerne l'aménagement de l'espace attribué au dieu, mène facilement à l'imbrication de multiples habitations divines, se combinant à des parcours de procession et à des espaces sociaux, tous intégrés à une hiérarchie multipolaire et tous situés dans le domaine fermé du dieu titulaire. La plupart des développements qui la concernent ne sont pas nécessairement inclus dans le projet initial du temple : souvent, ils relèvent plus de son histoire que de sa fondation.

Le projet dont l'établissement précède la construction d'un temple concerne au minimum la mise en place d'un édifice abritant la représentation du dieu sur l'espace de terrain qui lui a été attribué. Son ambition plus ou moins grande se manifeste dans le traitement du temple qui peut être un édifice élémentaire ou au contraire un ensemble très élaboré à plusieurs corps. De la même manière l'aménagement du terrain autour du temple peut se borner à l'établissement d'une enceinte, mais il peut également englober la construction d'annexes plus ou moins nombreuses et plus ou moins complexes comme par exemple les innombrables chapelles de Candi Sewu, à moins qu'il ne se traduise comme à Angkor Vat par la construction d'une pyramide à trois niveaux (portant le temple lui-même et un système de galeries) et entourée à bonne distance d'un mur d'enceinte doublé d'une douve.

Mené à son terme ce projet initial débouche ainsi sur l'ensemble théoriquement « complet » et « achevé » qu'avait à l'esprit son concepteur. Cependant ces qualités supposées de complétude et d'achèvement ne peuvent réellement concerner que le corps de bâtiment central abritant la cella. C'est en effet le seul élément à ne pouvoir subir de développement ultérieur (à moins d'être au préalable entièrement mis à bas) ; en revanche, il est toujours possible de lui accoler *a posteriori* un corps secondaire, de même qu'il n'y a guère de limite à l'adjonction d'annexes dans les cours du temple. L'aménagement et l'organisation du *téménos* peuvent d'ailleurs être complétés de multiples façons : rattachement d'une nouvelle annexe, chapelle ou autre, ou encore d'une nouvelle enceinte qui peut être intérieure et subdiviser l'espace attribué au dieu ou extérieure et accroître ce même espace ; dans certains cas exceptionnels, cette enceinte peut au contraire traduire une réduction de cet espace (*e. g.* Bayon d'Angkor, ci-dessous, p. 135).

Quels qu'ils soient et quelles que soient leurs causes, ces développements postérieurs au projet initial marquent l'entrée du temple dans l'histoire, ne serait-ce que parce que l'évolution des goûts, des modes et des techniques se traduit par l'appel à de nouveaux partis pour les éléments ajoutés ou simplement transformés et donne souvent une allure hétérogène au nouvel ensemble ainsi obtenu.

De la même manière les nouveaux aménagements tiennent compte de l'évolution des pratiques, parfois même des changements d'obédience qui l'ont éventuellement provoquée. À côté d'un simple glissement aux conséquences limitées comme le passage de Śiva à Śiva-Vīrabhadra déjà signalé, on a les retournements de hiérarchie : c'est le cas des sanctuaires de Śiva où le culte de Skanda, fils et assesseur du même Śiva, a pris le dessus ; sa chapelle est devenue le temple principal au détriment de celui de Śiva, ce qui se traduit par un décentrement du cœur religieux du sanctuaire[43]. Les choses vont plus loin lorsqu'il y a eu passage d'un mouvement à un autre avec un bouleversement dans les nécessités du culte ; ainsi lorsqu'Angkor Vat passe à la fin du XVe siècle ou au début du XVIe du brahmanisme au bouddhisme *theravādin* : le centre des pratiques quitte la cella du troisième étage pour se transférer au premier étage, à une croisée de galeries ouvertes, plus propice aux pratiques cultuelles communautaires du bouddhisme. Simultanément la cella centrale voit ses portes se fermer, le corps central du temple prenant alors l'aspect d'un massif aveugle dans lequel on peut voir un avatar du stūpa.

43. L'Hernault, 1978.

III

La maison du dieu

Prolégomènes

Inscrite dans un édifice, la cella est très généralement la pièce unique – éventuellement principale – de son rez-de-chaussée, ce dernier étant le plus souvent le seul niveau « habitable » du bâtiment ; les exceptions sont dues à une démultiplication en hauteur de la cella, quand il ne s'agit pas de la création de praticables destinés à faciliter les ondoiements (ci-dessus). Ce rez-de-chaussée qui repose sur un soubassement surélevé ou non est surmonté par les éléments qui constituent la couverture. Celle-ci prend facilement l'aspect d'une tour qui domine les éventuels avant-corps et corps secondaires mais qui peut être moins élevée que certaines annexes extérieures du temple, en particulier les pavillons d'entrée.

Les contraintes

L'inscription dans un édifice est encadrée par différentes contraintes. Il y a d'abord celles, déjà mentionnées, qui concernent les matériaux et la couverture, ou l'orientation ou encore l'adéquation du plan à la divinité ou à sa représentation. D'autres ont trait à l'aspect extérieur du bâtiment ; parfois liées directement au parti décoratif choisi pour le traitement des façades, elles dépendent beaucoup de la région et de l'époque ; dans d'autres cas elles accompagnent la recherche d'effets, perspectifs et autres, qui, faussant la réalité matérielle, affirment la majesté du dieu ou l'appropriation de l'édifice à sa personne : dans ce cas elles sont liées comme les précédentes à des traditions régionales et à des modes, mais leur adoption dépend peut-être davantage d'un choix personnel de l'architecte. Quelle que soit la catégorie à laquelle elles se rattachent, la mise en œuvre de ces contraintes débouche bien souvent sur de belles illustrations de l'importance donnée au paraître et du goût pour l'architecture déguisée, qui sont, l'un et l'autre, très caractéristiques des maîtres d'œuvre du monde indien.

Techniquement le problème majeur est celui de la couverture. Le choix d'un matériau lourd et par là même de l'encorbellement aurait pu rendre obsolètes les notions courantes de l'architecture légère charpentée : c'est le cas du « toit » et de la sorte d'épi de faîtage qui le couronne et en est indissociable ; en effet il en ferme le sommet, au point où convergent les chevrons, sa fonction étant de mettre le comble hors d'eau (fig. 5).

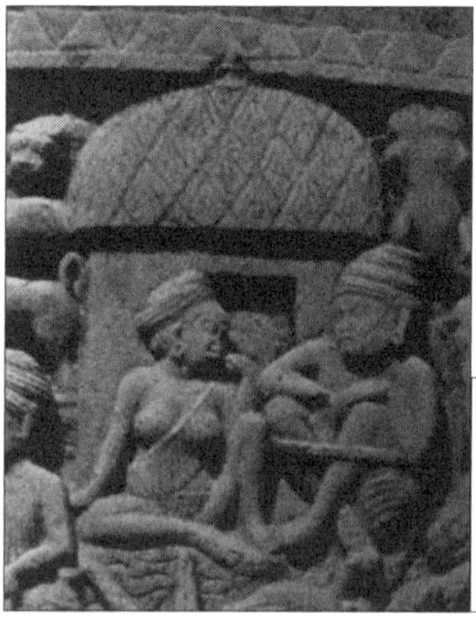

Fig. 5. Hutte d'ascètes figurée sur un portail du stūpa de Sanchi (Madhya Pradesh, Ier s. avant notre ère).
On voit au sommet du toit le motif de couronnement (sans doute en terre cuite) qui assure l'étanchéité du faîte.

L'encorbellement rend le toit charpenté inutile mais les maîtres d'œuvre indiens ont souvent décidé de conserver son *image* comme élément majeur du temple dans leur mise en théorie de ce dernier ; tout naturellement ils ont aussi maintenu, au sommet de cette image du toit, celle de l'épi de faîtage (que par commodité nous désignons désormais comme « motif de couronnement »). Cependant, en Inde du Nord ou en Asie du Sud-Est, un choix peut-être esthétique et en tous les cas régional leur a fait éliminer le toit (ou plus exactement son image) ; ce faisant, ils ont cependant toujours conservé le motif de couronnement qui en était en apparence indissociable : ce maintien a sans doute une motivation essentiellement rituelle. On constate en effet que la mise en place de cet élément marque la fin des travaux de construction du temple : c'est une cérémonie très élaborée au cours de laquelle le motif de couronnement est installé au faîte du temple au-dessus d'un dépôt sacré, symétrique du dépôt de fondation placé sous le temple au début des travaux. De plus ce motif de couronnement comporte parfois à sa base un tenon qui vient boucher un orifice traversant le sommet de la couverture, ce qui confirme que sa mise en place atteste symboliquement de la mise hors d'eau de l'édifice et donc son caractère achevé.

La norme

- Mise en théorie des façades

L'organisation des façades a été théorisée il y a plus de quinze siècles par des auteurs de traités techniques qui ont défini six niveaux d'élévation (fig. 6). Le premier correspond à la base de l'édifice, les deux suivants – « niveau des piliers » et « entablement » – forment un couple indissociable habillant le rez-de-chaussée, là où se trouve la cella. Enfin les trois derniers correspondent à la couverture : il s'agit du « toit » (5e niveau) encadré en dessous par l'« attique » sur lequel il repose (4e niveau, *alias* « cou » ou « niveau intermédiaire ») et, au-dessus, par le « motif de couronnement » (6e niveau) dont nous venons de voir l'importance. Soulignons qu'il s'agit de niveaux *d'élévation* dont la position en hauteur sur la façade ne correspond pas nécessairement à celle des niveaux *structuraux* qu'ils figurent. Dans le même ordre d'idées, précisons qu'en dépit de son nom, le « niveau des piliers » ne comporte pas forcément de piliers ni de pilastres et autres éléments du même genre et qu'il peut se présenter comme un simple mur nu.

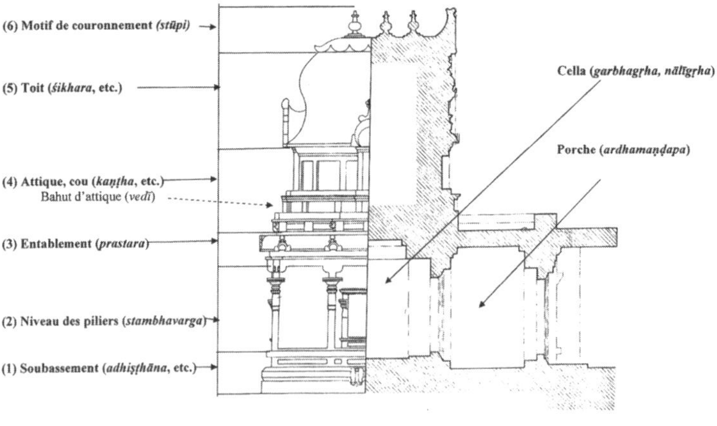

Fig. 6. Les six niveaux d'élévation du temple (d'après la nomenclature du Mayamata*). Le temple pris pour exemple est celui de Śiva Vīraṭṭāneśvara à Tiruttani (Tamilnad, IXe s.), un temple à abside dont la faîtière porte plusieurs motifs de couronnement alignés comme c'est le cas général pour les toits non centrés. Comme souvent, seuls l'attique et le toit suivent un tracé à abside ; en revanche le soubassement, le niveau des piliers et l'entablement sont établis selon un plan orthogonal. Le « niveau des piliers » ne comporte pas de piliers, mais simplement des pilastres adossés au mur de façade (dessin composé d'après Dumarçay-L'Hernault, 1975).*

Ces niveaux sont susceptibles de se retrouver sur des catégories d'édifices très différentes, mais le temple qui appartient à la plus parfaite d'entre elles les comporte tous les six. En revanche, mis à part les pavillons d'entrée « en forme de temple » (ci-dessous, p. 161) et les chapelles, ses annexes ne les ont normalement pas tous. Ainsi, les pavillons (*maṇḍapa*), de loin les annexes les plus courantes, ne comportent théoriquement que les trois premiers (ci-dessous p. 124), tandis que les salles (*sabhā*) en possèdent quatre (avec omission de l'entablement et de l'attique) (fig. 8).

Lorsque le temple est de petite taille, chacun des six niveaux apparaît une seule fois sur son élévation ; en revanche dès qu'il est techniquement nécessaire d'accroître la hauteur de sa couverture en encorbellement (ci-dessous), ce surcroît de hauteur est habillé en intercalant entre l'entablement (3e niveau) du rez-de-chaussée et la base de l'attique (4e niveau), une ou plusieurs répétitions du couple indissociable habillant le rez-de-chaussée (niveau des piliers et entablement) (fig. 7, ci-dessous). La superstructure qui enferme la cheminée d'encorbellement est ainsi revêtue d'une élévation faite de niveaux horizontaux de hauteur et largeur décroissantes qui se présentent comme des étages surmontant le rez-de-chaussée (ci-dessous). Ce schéma se retrouve avec toutes les superstructures, même si le traitement de détail varie considérablement, au point qu'il soit nécessaire de considérer qu'il en existe trois grands types (ci-dessous).

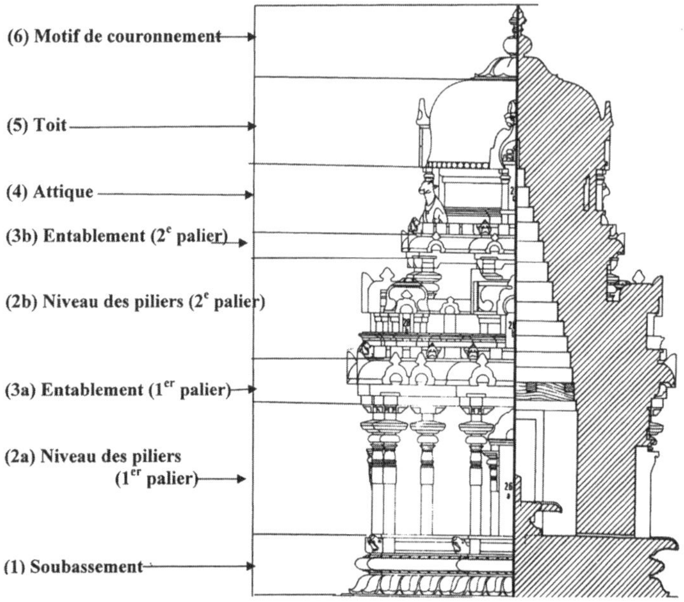

Fig. 7. Élévation d'un temple à deux paliers.
Le deuxième palier (niveaux 2b et 3b) est en partie dissimulé par les édicules qui l'entourent et qui sont disposés au-dessus de l'entablement (3a) du rez-de-chaussée ; comme dans le cas précédent le découpage de l'élévation ne correspond pas à la structure interne de l'édifice. Temple de Śiva Colīśvara (Kilaiyur, Tamilnad, fin IX*e - début* X*e s., dessin d'après Legrand, 1987).*

- Norme et structure : de « l'attique » à la superstructure

La norme énoncée par les traités ne concerne en apparence que l'organisation des façades, mais il est évident que, sans les mentionner, elle prend en compte les problèmes de structure, ou au moins certains d'entre eux, en particulier ceux qui sont suscités par le parti généralisé d'une couverture en matériaux lourds. C'est ainsi que s'explique très probablement la présence parmi les six niveaux de l'élévation du quatrième d'entre eux, cet « attique » que l'on peut aussi désigner comme un « niveau intermédiaire » ou un « étage sous-toit » ; cet élément est toujours en retrait par rapport aux niveaux qui l'encadrent – entablement en dessous et toit au-dessus – ce qui justifie qu'il soit toujours et uniquement désigné de façon métaphorique par des termes désignant le « cou ». Il correspond à une sorte de tambour dont la finalité structurelle semble la réduction de la largeur de la base du toit, largeur qui en son absence devrait être égale à celle du rez-de-chaussée. Par le jeu du maintien des proportions, cette réduction se traduit aussi bien dans la hauteur du toit que dans sa largeur ; elle conduit ainsi à son allègement, indispensable s'agissant d'un élément massif qui sans cela et vu son poids ne pourrait couvrir qu'une cella extrêmement étroite. Un contre-exemple est fourni par le célèbre Draupadīratha de Mahabalipuram qui montre un temple sans attique et qui ne doit sa possibilité d'existence en pierre qu'à son caractère de monolithe sculpté (fig. 8) : l'absence d'attique donne à son toit une masse inconcevable dans le cas d'un ensemble maçonné ; on remarque d'ailleurs que son élévation est celle d'une *sabhā* dont il n'existe pas d'exemple en pierre hormis ce monolithe et les édicules d'angle ; lorsqu'il existe une annexe répondant aux caractéristiques formelles d'une telle *sabhā*, sa

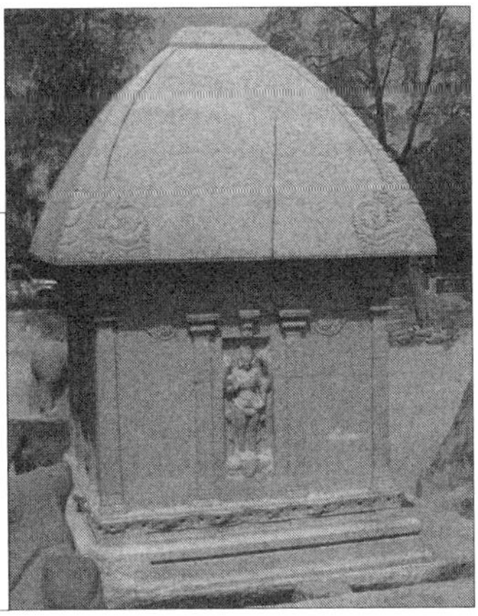

Fig. 8. Draupadīratha à Mahabalipuram (face arrière).
Ce temple à la Déesse (VIIe s.), taillé dans un monolithe, a une élévation à quatre niveaux (soubassement, niveau des piliers, toit et motif de couronnement [disparu]) ; on remarquera la niche-fausse-porte au centre de la façade et, aux angles du toit, les volutes de feuillage qui participent à la mise en fête du temple (p. 281-282) (photo de l'auteur).

couverture » est toujours un *vrai* toit charpenté (voir par exemple Cidambaram où il existe plusieurs édifices de ce type dans les enceintes du temple de Śiva).

Dans un encorbellement l'élargissement de l'espace à couvrir entraîne mécaniquement un accroissement de la hauteur du dispositif. Le problème que peut poser le traitement décoratif de cet accroissement a été réglé, on vient de le voir, par la multiplication du couple de niveaux habillant le rez-de-chaussée. Cette solution débouche sur la création d'une superstructure plus ou moins pyramidale : habillage parfaitement cohérent d'une cheminée d'encorbellement, elle permet en même temps de conserver à l'ensemble attique/toit des dimensions acceptables, c'est-à-dire, un poids raisonnable dans le cas qui nous intéresse ici et où ces deux éléments sont traités en maçonnerie. On verra de plus que cette combinaison attique/toit conduit à la création d'une image du temple au sommet de ce dernier (p. 103-105).

Les deux grands partis décoratifs

Pour habiller les façades de la structure lourde et massive qu'est le temple, les architectes du monde indien ont fait appel à l'un ou l'autre de deux grands partis décoratifs qui, curieusement, reposent sur la volonté de figurer deux types de structure rigoureusement contradictoires.

- Retour fictif à une architecture de bois ?

Selon l'un de ces deux partis, l'aspect du temple est dans l'ensemble conforme à sa structure lourde : il se présente en effet comme un édifice en maçonnerie où les éléments fermés des façades l'emportent largement sur leurs éléments ouverts (fig. 9). Au contraire, selon l'autre (fig. 10), l'habillage des façades donne au temple l'aspect d'une structure hypostyle légère qui, construite en bois, serait largement ouverte sur l'extérieur puisqu'elle n'est bordée que par des « portiques ». L'habillage n'a plus aucun rapport avec la structure massive et fermée qu'il couvre : les « colonnades » ou les « portiques » ne sont que des alignements de pilastres tandis que les vides des « entrecolonnements » ne sont que des murs pleins. Quant aux éléments de l'ordre – fûts, chapiteaux, soutiens d'entablement, entablements, etc. – ils sont tous sculptés dans la pierre ou la brique, parfois modelés dans du stuc ou une matière analogue, mais toujours à l'imitation de leurs modèles en bois : la fidélité est souvent très grande même dans le détail, comme cela est permis par le changement de matériaux et l'abandon des contraintes architectoniques d'origine.

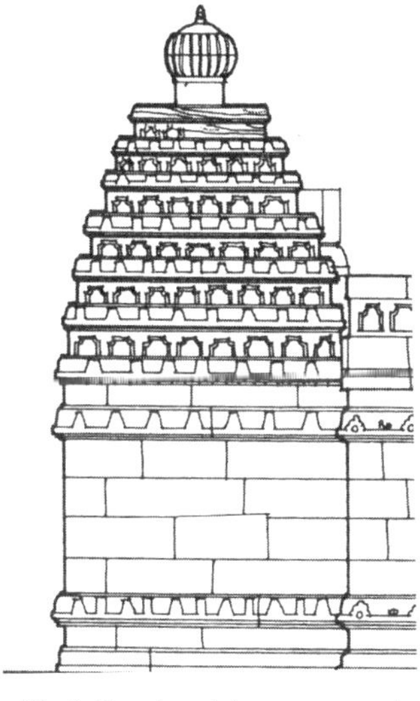

Fig. 9. Façade traitée en maçonnerie : temple de Śiva Mallikārjuna (Aihole, Karnataka, VIIe s.) (Michell, 1975).

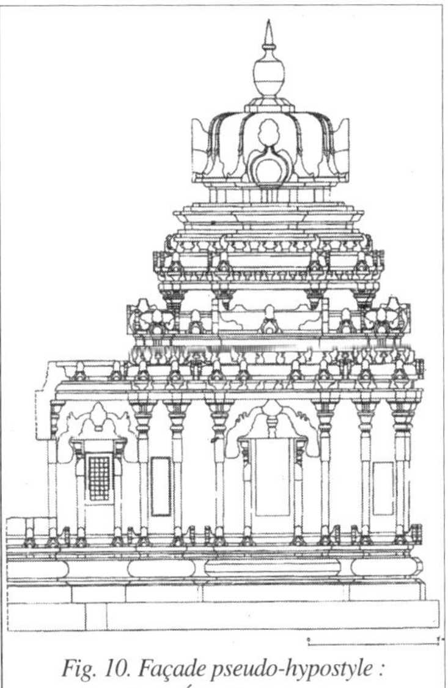

Fig. 10. Façade pseudo-hypostyle : temple de Śiva Bhujaṅgeśvara (Saṅgameśvara, Andhra Pradesh, VIIIe-IXe s.) (Dagens, 1984).

Sur les façades, la pseudo-structure hypostyle est traitée à plat comme un décor de théâtre ou, au contraire, articulée en redans et saillants dont les pilastres viennent souligner les angles : cette seconde solution donne une impression de souplesse plus propre aux constructions légères que l'on feint qu'à la structure lourde qu'on ne fait qu'habiller.

- Distribution géographique des partis

Le parti pseudo-hypostyle est typique de l'Inde du Sud du VIIe siècle à nos jours ; il fait son apparition sur les temples relevant des écoles Pallava (Tamilnad) et Cālukya (Karnataka et Andhra Pradesh), et se perpétue avec les écoles suivantes de la région (Rāṣṭrakūṭa, Cola et Pāṇḍya puis Vijayanagar pour ne citer que les principales) ; sa manifestation notable la plus septentrionale, le Kailāsanātha d'Ellora, remonte à la seconde moitié du VIIIe siècle lorsque la dynastie Rāṣṭrakūta prenant la péninsule indienne en écharpe, fait remonter vers le nord des éléments culturels méridionaux. Hors de l'Inde, ce parti a été largement exporté vers l'Asie du Sud-Est qui l'a généralement fortement remanié. Ainsi au Cambodge, le modèle emprunté à l'Inde du Sud perd pratiquement dès le départ son caractère pseudo-hypostyle : les pilastres disparaissent ou prennent l'allure de simples bandeaux verticaux décorés de rinceaux végétaux animés ou non. De la même manière l'ensemble attique/toit est très tôt éliminé, son absence étant compensée par une amplification du motif de couronnement. Actuellement, ce parti pseudo-hypostyle suit la diaspora tamoule dans ses implantations en Asie du Sud-Est ou en Occident.

L'autre parti est caractéristique de l'Inde du Nord, mais on le retrouve vers le sud jusqu'à la région Cālukya, axée sur la Krishna : il s'y est développé concurremment au parti pseudo-hypostyle, au point de coexister parfois avec lui dans le même ensemble monumental. Dans cette même région charnière on assiste fréquemment à une « contamination » entre les deux partis, ce qui souligne bien leur nature purement décorative ; le phénomène est très répandu à l'époque de Vijayanagar, mais il se fait sentir plusieurs siècles auparavant par exemple en Andhra Pradesh aux XIe-XIIe siècles (*e. g.* temples de Pratakota[1]).

Effets perspectifs et autres jeux du regard

Quel que soit le parti décoratif adopté, il est souvent soumis à des aménagements liés à la recherche d'effets perspectifs et de phénomènes analogues. En ce qui concerne les effets perspectifs eux-mêmes, leur utilisation pour amplifier les dimensions d'un édifice est banale dans le monde indien. La technique semble être bien établie dès la fin du VIIe siècle en Inde du Sud ; de là elle passe en Indonésie (milieu du VIIIe s.), puis au Cambodge (début IXe s.) et enfin en Birmanie (XIe s. ?), à chaque fois renouvelée et repensée[2].

Les architectes de ces différentes régions ont utilisé divers procédés. Il s'agit généralement de forcer la perspective réelle de façon à accroître l'éloignement qu'elle suggère : la partie intérieure de certains éléments n'est pas figurée ce qui donne l'impression qu'elle est dissimulée (fig. 11) ; on peut aussi diminuer progressivement des dimensions théoriquement constantes – la largeur et la hauteur des marches d'un escalier par exemple – suggérant ainsi un éloignement du point de vue plus important qu'il ne l'est en réalité et par

1. Dagens, 1984.
2. Dumarçay, 1983.

conséquent un accroissement proportionnel de la hauteur de la structure qui le porte. Comme on le verra l'utilisation de ces effets dépasse cependant un simple jeu visuel et peut intervenir dans la définition du dieu qui occupe le temple (ci-dessous, p. 204).

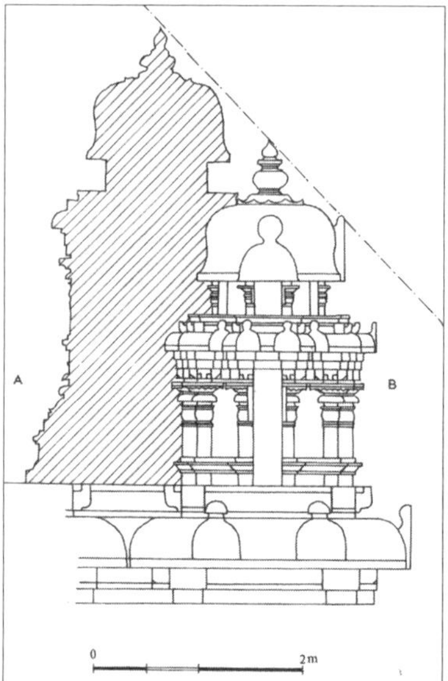

Fig. 11. Effet perspectif sur la superstructure du temple de Śiva à Darasuram (Dumarçay, 2001).

Sur cet exemple caractéristique (fig. 11), la suppression de la partie inférieure de l'élévation de l'édicule placé sur un entablement suggère qu'elle est dissimulée par le bord de la corniche d'entablement ; cela entraîne immanquablement sa restitution par le spectateur (image en grisé) suggérant que l'édicule est en réalité plus grand qu'il n'y paraît.

À côté de ces jeux de perspective modifiant de façon purement fictive les dimensions d'un édifice, les architectes indiens font appel à des effets d'optique pour agir de façon aussi fictive sur la forme d'un édifice et singulièrement sur son plan. Le procédé le plus fréquemment rencontré, en lui-même assez simple et banal d'usage, utilise le toit pour transformer l'édifice, au sens littéral du terme. On sait qu'un toit centré donne facilement l'impression qu'un édifice est de plan parfaitement carré ou circulaire même s'il est légèrement allongé (barlong, oblong ou elliptique) ; de la même façon un toit pourvu d'une faîtière, qu'il soit à double pente ou en carène, suggère que l'édifice qu'il coiffe est barlong ou oblong (selon l'orientation de la faîtière) alors même qu'il est en fait rigoureusement carré, ou bien encore qu'il est elliptique alors qu'il est circulaire. Cette technique est généralement appliquée en Inde aux temples de la Déesse selon la tradition théorisée prescrivant une cella barlongue : dans la pratique ces édifices sont très souvent de plan carré, à l'extérieur comme l'intérieur, et seul le traitement de leur toit suggère une forme barlongue. La même chose se retrouve, semble-t-il, au célèbre temple de Viṣṇu à Srirangam en Inde du Sud (fig. 62, p. 320) : son toit en carène à double croupe coiffant l'édifice central circulaire, suggère qu'il s'étire en largeur comme cela convient à la statue de Viṣṇu couché qu'il contient. Les architectes cambodgiens de la fin du XIIe siècle ont appliqué le procédé à des pseudo-bibliothèques bâties sur un plan carré mais dont le toit longitudinal en carène suggère qu'il est oblong.

Mise en couleur

Actuellement, la rénovation d'un temple en Inde du Sud débouche souvent sur une mise en couleur de ses façades (et plus encore de celles de ses pavillons d'entrée), singulièrement des images modelées qui peuplent les superstructures ; on a quelques témoignages anciens du phénomène (comme par exemple ces voyageurs européens qui ont visité Vijayanagar au XVIe siècle et y mentionnent des temples aux façades colorées). Cependant les coutumes semblent varier considérablement d'une région à l'autre. Si le pays tamoul pratique très fréquemment une polychromie expressive, en Andhra Pradesh il nous a semblé que l'on se bornait le plus souvent à un blanchiment à la chaux. Quant à l'Inde du Nord elle semble chercher la sobriété des couleurs unies, souvent dans les rouges atténués, avec parfois des effets bicolores (à Mathura par exemple). Dans tous les cas il faut bien admettre que les moussons rendent ces mises en couleurs bien temporaires.

Le rez-de-chaussée

Organisé autour du volume de la cella, le rez-de-chaussée est limité par un mur dont l'épaisseur, considérable dès que le monument est important, est parfois dédoublée par la création d'un vide intérieur, accessible ou non.

Le plan extérieur revêt des formes très diverses, déjà signalées à propos du plan de la cella, mais le détail est généralement modifié par l'agencement des façades qui parfois même en oblitère les grandes lignes, au point de dissimuler sa conformité fréquente avec le plan intérieur, phénomène qui renforce l'impression que l'aspect extérieur du temple est le résultat d'un simple habillage. Les modifications les plus importantes résultent de la mise en place d'*avant-corps* plus ou moins développés ou de structures dépendantes plus complexes adossées au corps central.

Les avant-corps

Les avant-corps servent souvent à magnifier les accès réels ou supposés à la cella, mais ils peuvent aussi jouer le rôle de chapelles ou pseudo-chapelles.

- Avant-corps d'accès

L'adjonction d'un avant-corps formant porche ou vestibule devant la porte principale de la cella est la modification

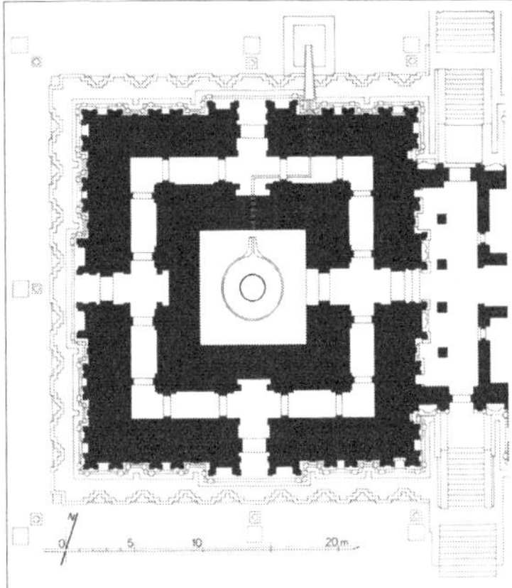

Fig. 12. Rez-de-chaussée à déambulatoire dans-œuvre : temple de Śiva Rājarājeśvara (Tanjore, Tamilnad, début XIe s.). Les ouvertures sud, ouest et nord débouchent sur le vide. Remarquer le tracé en baïonnette du conduit d'évacuation au nord. (Pichard, 1995).

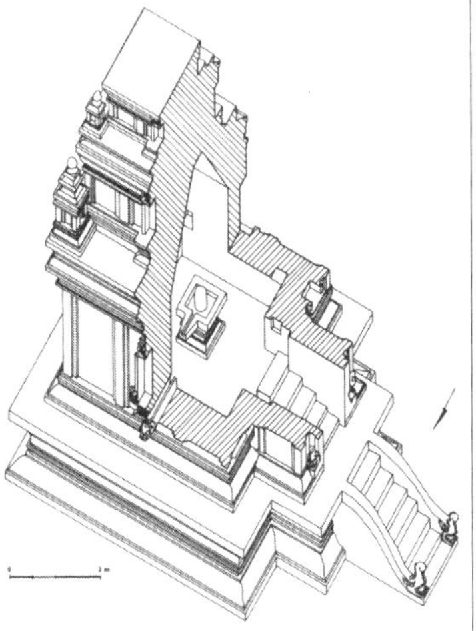

Fig. 13. Cella de type simple juché sur un haut soubassement : Candi Arjuna (Java, VIIIe s.). (Dumarçay, 1986)

la plus courante, généralement la seule, apportée au plan général extérieur du temple : mettant en valeur l'entrée de la cella, cet élément sert à l'occasion d'abri pour ceux qui se tiennent à sa porte ou de chapelle à la monture du dieu normalement placée face au dieu sur l'axe de la porte (*e. g.* le Taureau pour Śiva). Moins fréquente, celle d'éléments analogues sur les faces latérales et arrière (ouvertes ou aveugles) du temple va toujours de pair avec celle d'un avant-corps sur la face principale : elle est souvent liée à une tendance à l'homogénéisation des façades qui se manifeste dès le rez-de-chaussée et qui est générale pour les parties hautes (ci-dessous).

Porche ouvert ou fermé débouchant directement sur l'extérieur ou bien vestibule assurant la jonction avec un pavillon, l'avant-corps d'accès possède un toit plat ou galbé à double pente et il est alors pourvu d'un pignon occupé par une image. L'architecture khmère a développé un dispositif suggérant que plusieurs avant-corps s'empilent sur une façade, bien qu'il n'y ait en réalité qu'un seul volume intérieur : ainsi à P'imai (fig. 14) où les deux avant-corps suggérés à l'extérieur ne correspondent qu'au volume unitaire d'un seul vestibule ; qui plus est, le sol est plat de la porte extérieure au seuil de la cella.

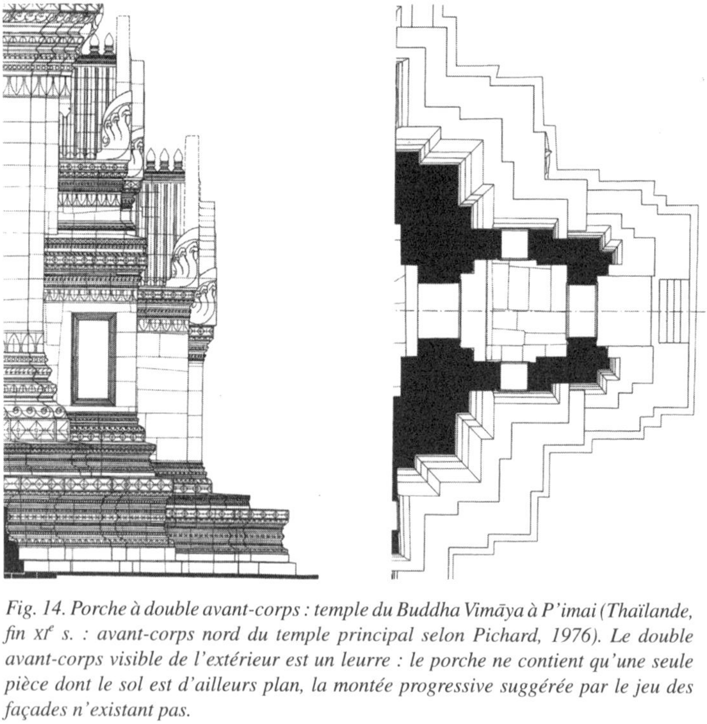

Fig. 14. Porche à double avant-corps : temple du Buddha Vimāya à P'imai (Thaïlande, fin XIe s. : avant-corps nord du temple principal selon Pichard, 1976). Le double avant-corps visible de l'extérieur est un leurre : le porche ne contient qu'une seule pièce dont le sol est d'ailleurs plan, la montée progressive suggérée par le jeu des façades n'existant pas.

Les éléments similaires qui se retrouvent à l'occasion au milieu des faces latérales et arrière du rez-de-chaussée correspondent à des accès secondaires à la cella, accès réels ou potentiels selon qu'ils conduisent à des portes vraies (comme à P'imai) ou fausses (cas très fréquent au Cambodge, *e. g.* le temple de Thommanon à Angkor, XIIe s.) ; dans un cas comme dans l'autre, ils peuvent être semblables à l'avant-corps de la face principale, ou au contraire en être simplement une image sculptée, souvent à peine saillante.

- Avant-corps chapelles ou pseudo-chapelles

Très importants dans l'articulation globale des façades du parti pseudo-hypostyle, les avant-corps de cette catégorie se présentent comme des saillants, localisés essentiellement aux angles du corps principal et au centre de ses façades lorsqu'il n'est pas occupé par une structure d'accès.

Ces avant-corps se prolongent verticalement au-dessus de l'entablement du rez-de-chaussée par des édicules qui oblitèrent partiellement les façades du premier faux-étage (fig. 15B). Ils constituent des chapelles parfois réelles (*e. g.* au Kailāsanātha à Kancipuram où ils contiennent des cellas, fig. 15A) mais plus souvent feintes : ils sont alors massifs mais portent des niches à images sur leur façade ; l'image du dieu placée dans la niche figure la statue de ce même dieu vue par la porte d'une cella (fig. 15B).

Déambulatoire et autres structures hors-œuvre

Le déambulatoire hors-œuvre que l'on rencontre parfois est lui aussi une structure adossée au corps principal dont il enveloppe cette fois-ci tout le rez-de-chaussée : limité sur l'extérieur par un mur rideau dont la hauteur correspond à celle du rez-de-chaussée, couvert par un plafond plat ou

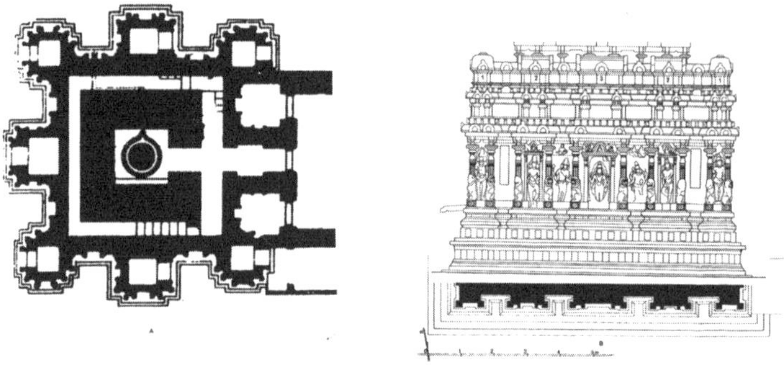

Fig. 15. Avant-corps chapelles et pseudo-chapelles.
A : Temple de Śiva Kailāsanātha (Kancipuram, Tamilnad, VIIIe s.) : aux angles et au milieu des façades un avant-corps fortement saillant enferme une cella abritant une image ; la cella principale est occupée par un énorme Liṅga et le déambulatoire dans-œuvre qui l'entoure comporte un escalier d'accès à un niveau supérieur.
B : Temple de Śiva Kailāsanātha (Tirupattur, Tamilnad, VIIIe s., Pichard, 1995) : façade articulée en cinq saillants verticaux, chacun étant coiffé d'un édicule carré ou allongé, à toit centré (angles) ou en carène (ailleurs).

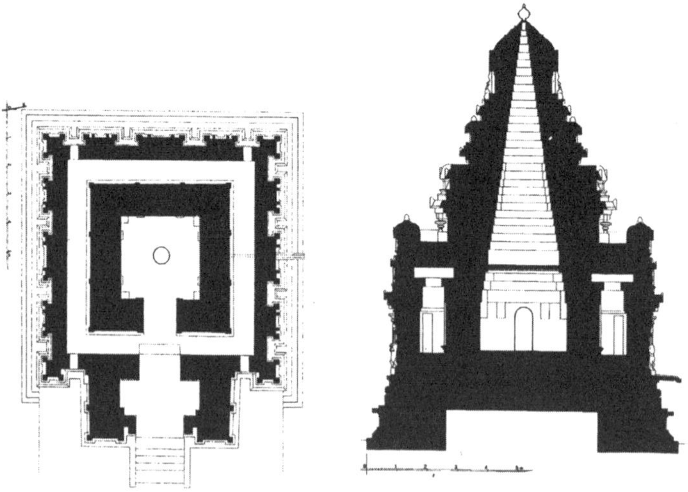

Fig. 16. Déambulatoire hors-œuvre éclairé par des meurtrières : temple de Śiva Kailāsanātha (Tirupattur, Tamilnad, VIIIe s.) (Pichard, 1995). La circulation suggérée au 1er étage n'est pas accessible.

légèrement incliné (fig. 16), il peut être éclairé par des fenêtres axiales (*e. g.* temple dit de Pārvatī à Nachna, Madhya Pradesh, VIe s.) ou par de simples meurtrières comme au temple de Śiva à Tirupattur (fig. 16) ou celui de Śiva Vijayālayacolīśvara à Narttamalai[3].

La concordance entre le plan extérieur et celui du corps central comporte quelques exceptions : ainsi le temple de Narttamalai dont le corps central circulaire mais cantonné par quatre piles est enveloppé par un déambulatoire à plan extérieur carré. Au Kerala le déambulatoire est couvert par le bas du toit enveloppant et fermé sur l'extérieur par un mur rideau ou une cloison en bois à claustras (ci-dessous, p. 300-301 et fig. 57).

Une variante intéressante au dispositif à déambulatoire se rencontre fréquemment sous la forme de ce que nous appellerons « temple à pavillon enveloppant » : le corps central du temple se dresse dans la moitié arrière d'un vaste pavillon oblong que sa tour surplombe ; cette position détermine d'une part un passage formant déambulatoire le long des faces latérales et arrière de ce corps central et de l'autre, une vaste salle hypostyle, située devant lui, qui joue le rôle normalement dévolu au pavillon attaché à la façade principale du corps central (fig. 17 et ci-dessous, p. 125-126).

Cette composition est surtout connue au Karnataka[4] et en Andhra Pradesh[5] où elle connaît différentes variantes (*e. g.* le plan à abside du temple « Durga » à Aihole), mais on en rencontre également ailleurs : ainsi au Madhya Pradesh ; le

3. Meister & Dhaky, 1983, t. I, fig. 66.
4. Michell, 1975.
5. Dagens, 1984.

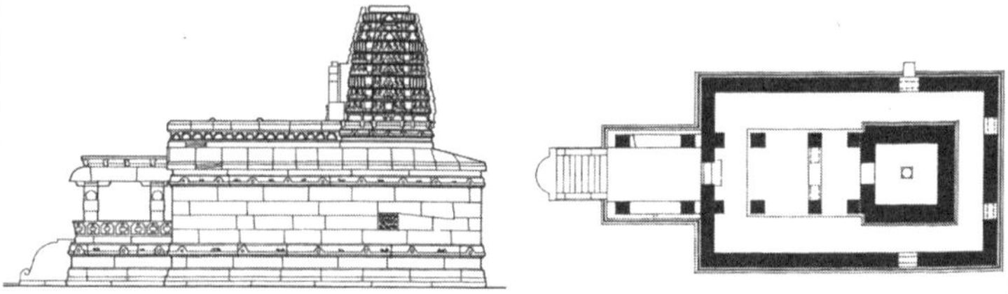

Fig. 17. « Temple à pavillon enveloppant » :
temple de Śiva dit Huccimalli (Aihole, Karnataka, VII-VIIIe s.) (Michell, 1975).

temple de Kaṇḍarīya Mahādeva de Khajuraho suit un parti analogue ; la structure qui enferme le déambulatoire possède un avant-corps prolongeant le déambulatoire le long des faces latérales du vestibule du corps central.

La couverture du temple

Généralités

Selon le schéma théorique du *prāsāda*, la couverture correspond aux trois niveaux supérieurs de l'élévation, surélevés, dès que le temple atteint une certaine ampleur, par une superstructure d'allure répétitive dont les façades reprennent le couple des niveaux habillant le rez-de-chaussée. Cette couverture est en matériaux lourds, comme le reste du temple : le « toit » est donc feint, comme le sont l'attique (« cou ») qui a généralement l'aspect d'un niveau habitable (sans l'être), et les « étages » éventuels qui sont de « faux-étages ».

Certains des éléments prévus dans le schéma théorique de l'élévation du temple peuvent être omis, ce qui donne en définitive les quatre possibilités suivantes (fig. 18) : un type

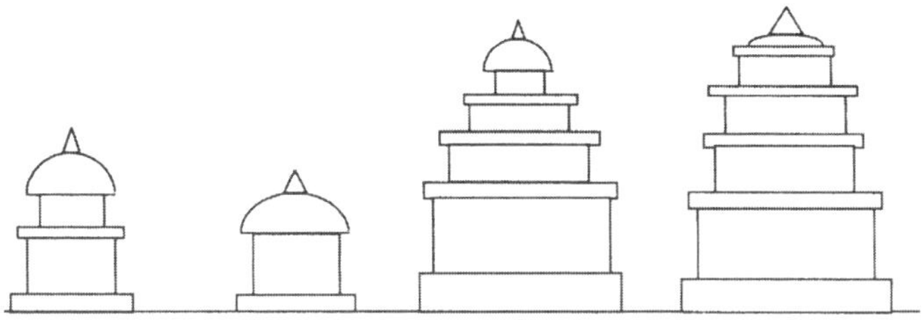

Fig. 18. Les différents modes de couverture.

de base correspondant au schéma théorique (n° 1), un type analogue avec omission de l'attique (n°2 et fig. 8), le type de base agrandi par l'insertion d'une superstructure (n°3) et enfin un type à superstructure omettant l'ensemble attique/toit et développant la base du motif de couronnement (n°4).

À cela s'ajoute le cas peu connu hors du Kerala des « toits enveloppants » (ci-dessus) qui, bien réels, culminent par un motif de couronnement ; des dispositifs analogues sont signalés à Java (*e. g.* Candi Sambisari, temple śivaïte du milieu du IXe s.[6]). Enfin, sauf exception, le toit en terrasse (« toit plat ») est la marque d'une construction sommaire ou le témoignage de l'inachèvement ou de la ruine de l'édifice (voir l'encadré de la page suivante).

Plan de la couverture

Le plan de la couverture n'est pas toujours le même sur toute sa hauteur ; les changements éventuels se manifestent normalement à la base et/ou au sommet de l'attique, ou au sommet de la superstructure (lorsqu'il n'y a pas

6. Dumarçay, 1993, pl. XLIII.

Le problème des temples à toit plat

La terrasse est la couverture minimum, celle du prototype où les contraintes de portée ne sont pas considérables et où il s'agit avant tout de fermer vers le haut un volume intérieur ; elle est alors construite avec des dalles de pierre recouvertes ou non par un lit de maçonnerie, ou encore par de la maçonnerie soutenue par des poutres (qui interviennent parfois sous les dalles) ; sa face inférieure constitue le couvrement de la cella. La surface supérieure qui est ordinairement légèrement bombée pour faciliter l'écoulement des eaux de pluie, peut être bordée par un auvent qui forme larmier.

Dès qu'il ne s'agit plus de temples sommaires proches du prototype, ce qui apparaît comme une couverture en terrasse n'est le plus souvent qu'une surface d'attente destinée a supporter une couverture plus complexe qui n'a pas été construite ou qui a disparu. Il y a des monuments dont l'état d'inachèvement ou de destruction est patent ; dans d'autres, il l'est moins : c'est le cas en particulier des plus anciens temples construits qui nous soient conservés (Sanchi), ce qui avait conduit à supposer que l'on avait affaire à des temples « à toit plat ».

Cette hypothèse a conduit à son tour à diverses théories dont certaines, s'appuyant sur l'antériorité ainsi « attestée » de la couverture en terrasse, ont voulu prouver qu'il fallait chercher l'origine du temple indien du côté des grottes ou des dolmens. Sans contester la possibilité de telles origines, il faut souligner que, comme l'a montré il y a longtemps Odette Viennot, la grande majorité (sinon la totalité) des exemples choisis pour appuyer ces théories concernent des temples dont le toit plat est « accidentel », n'étant que la base d'une structure disparue ou prévue et non construite (Viennot 1968).

Dans ces conditions il vaut mieux dire que, quel que soit le modèle sur lequel on a construit les « premiers » temples, il y a eu à toute époque des temples plus ou moins élaborés : ce que nous nommons « prototype » est sans âge. Dans la même optique on peut signaler que l'on construit encore des temples aux murs faits de dalles dressées et fichées en terre, comme des dolmens : nous en avions noté de bons exemples en Andhra-Pradesh, et il doit y en avoir ailleurs. Enfin on rappellera que le « dolmen » souvent invoqué comme prototype du supposé temple à toit plat n'est pas une structure à toit plat mais l'enveloppe lithique d'une pièce, enveloppe destinée à disparaître dans un tumulus.

d'attique). Une rupture peut se faire sentir exceptionnellement à mi-hauteur de la superstructure (ci-dessous à propos de Gangaikondacolapuram), mais jamais à sa base qui est nécessairement conforme au rez-de-chaussée. À quelque niveau qu'elle se produise la rupture se traduit toujours par une multiplication des faces ou par le passage d'un tracé polygonal à un tracé arrondi. Dans le cas le plus fréquent, le rez-de-chaussée et la superstructure – si elle existe – sont carrés, l'attique octogonal, le toit et le motif de couronnement circulaires. Ces ruptures ne bouleversent pas la cohérence de l'élévation qui se manifeste par la reprise (plus ou moins simplifiée) de certaines des inflexions du plan du rez-de-chaussée sur les parties hautes de l'édifice.

Le toit et le motif de couronnement

Les premiers temples construits étaient pourvus de toits réels comme l'attestent les rares exemples exploitables tels que le temple à abside de Sonkh[7] ou le temple elliptique de Besnagar, ou encore les copies rupestres que nous connaissons à Barabar et ailleurs. Le passage aux matériaux lourds a commencé très tôt et les toits réels sont alors devenus l'exception. Les couvertures en maçonnerie ont reproduit des modèles de toits réels sans doute empruntés à l'architecture civile ou domestique contemporaine ; il s'est établi un corpus de formes feintes qui a pcu varié jusqu'à nos jours et qui réunit des toits à plan centré, à deux versants et enfin à croupe(s). On note le succès rencontré par les versants courbes ou galbés, censés traduire plusieurs variétés de charpentes à cerces, avec une grande

7. Haertel, 1993.

diversité de profils ; un autre point notable est l'importance des fausses-lucarnes : sur les toits centrés elles soulignent les axes cardinaux et éventuellement intermédiaires, mais elles se voient également sur les toits à deux versants. Enfin la souplesse de l'architecture déguisée permet de créer des formes peu envisageables en architecture réelle comme par exemple ces toits imitant des stūpas ou des Liṅga que l'on voit en Indonésie (p. 201-202).

Le passage d'un matériau à l'autre s'est accompagné d'un changement dans les contraintes d'emploi liées aux propriétés techniques des toits, fort différentes selon qu'ils sont réels ou feints. Les toits feints en pierre ou en briques offrent une grande souplesse pour la traduction des formes galbées comme pour l'adjonction d'éléments adventices, telles les fausses-lucarnes qui ne sont plus que décor sculpté alors que leur mise en place sur un toit charpenté complique le dispositif interne. En revanche, creux ou massifs, ces mêmes toits feints sont lourds et, de plus non homogènes lorsqu'ils sont appareillés, cas le plus fréquent. Leur portée, nettement plus réduite que celle des structures qu'ils imitent, entraîne une diminution de la surface couverte sans support intermédiaire et une réduction de la saillie de tous les éléments en porte-à-faux (avant-toits, etc.).

L'emploi de grands monolithes dont l'homogénéité permet d'accroître la portée pose rapidement un problème de surpoids. Nous avons vu que différents artifices sont utilisés pour atténuer les effets des inconvénients techniques liés au matériau : mise en place de l'attique et/ou d'une superstructure pyramidale utilisant la technique de l'encorbellement. Mais il n'y a guère de solution pour les avant-toits et autres éléments en saillie : leur surplomb en architecture feinte reste toujours faible ; taillés dans la pierre les « aisseliers » (*e. g.* temples des Hoyśala) ou les autres appuis analogues censés « supporter » les extrémités des « chevrons » sont, comme ces derniers, des éléments feints au rôle purement décoratif, contrairement à ce qui se passe au Népal, l'une des rares régions qui utilise systématiquement le bois (p. 300-301 et fig. 58).

Rappelons enfin que le motif de couronnement est toujours conservé même lorsque le toit est omis ; dans ce dernier cas, pour faciliter sa mise en place au sommet de la superstructure on a introduit un élément de raccord, généralement côtelé (« *amalaka* » de l'Orissa et de l'Inde du Nord) ou encore lotiforme (en particulier au Cambodge).

L'attique et l'édicule sommital

L'attique, dont on a souligné le rôle technique dans l'allègement des parties hautes du temple, est sans doute un bel exemple de la capacité à imiter en maçonnerie un modèle d'architecture légère qui, au demeurant, n'a sans doute jamais existé. D'un point de vue formel, il constitue avec le toit et le motif de couronnement une sorte d'édicule qui couronne le corps de bâtiment au sommet duquel il semble comme posé ; la similitude est souvent soulignée par la présence sur l'attique de niches à images (ou de fausses portes) au-dessus desquelles les tympans des fausses-lucarnes du toit jouent le rôle de pignons d'avant-corps ; de la même façon, le bahut mouluré qui lui sert de base est traité comme le soubassement de l'édifice qu'il semble figurer. Enfin sa position en retrait détermine autour de lui un terrasson aux angles duquel se trouvent parfois des images de la monture du dieu. Le dispositif que l'on vient de décrire se trouve avec des toits de toutes formes : centré, à deux versants, à croupe(s).

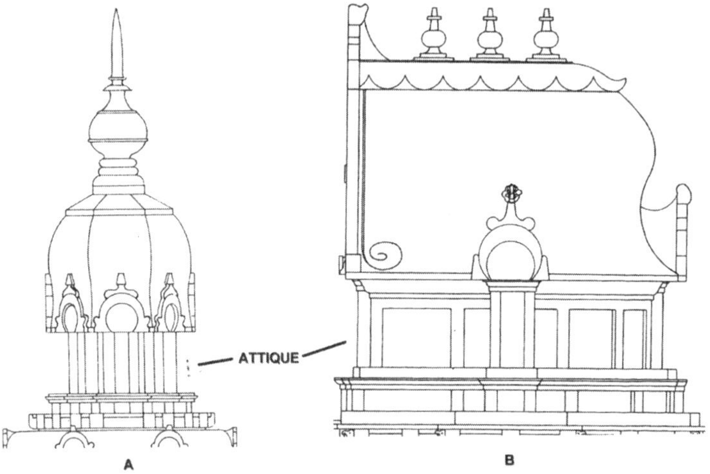

Fig. 19. L'édicule sommital (Dumarçay et L'Hernault, 1975).
A : édicule sommital octogonal
(Temple de Śiva dit Shore temple, Mahabalipuram, Tamilnad).
B: édicule sommital à abside (Temple de Śiva Vīraṭṭaneśvara, Tiruttani, Tamilnad).

La raison pour laquelle on en est venu très tôt à traiter l'élévation de l'ensemble attique/toit/motif de couronnement comme celle d'un édicule venant coiffer le temple, n'apparaît pas clairement sinon que le procédé entre dans ce parti général qui consiste à décorer le temple avec le temple. Au-delà d'un simple décor, il s'agit peut-être comme l'avait proposé Stella Kramrisch[8] d'une projection verticale du temple réduit à l'essentiel (dans notre terminologie à un « prototype ») dont le toit et le motif de couronnement seraient ceux du temple, tandis que ses murs et son soubassement seraient l'attique et le bahut qui lui sert de base. Le plus curieux est que les traités traditionnels indiens consi-

8. Kramrisch, 1946, t. I, p.194.

dèrent toujours ces différents niveaux de l'élévation du temple comme des entités nettement distinctes, sans établir entre eux la relation qui est à la base de la théorie de Stella Kramrisch et qui frappe de prime abord l'observateur le moins averti. On verra également que cet édicule sommital figurant le temple semble un élément important de la composition d'ensemble du sanctuaire (ci-dessous, p. 277).

La superstructure : généralités

Nous appliquons ici le terme de « superstructure » à des réalités très différentes : une tour dont la masse écrase le rez-de-chaussée ou, au contraire, une couverture aux dimensions fonctionnelles en parfaite proportion avec celles du reste de l'édifice. Dans un cas comme dans l'autre, elle surélève l'ensemble attique/toit ou se substitue à lui.

En se fondant sur leur élévation, nous avons réparti les superstructures des temples indiens en trois grands types – « à faux-étages », « à degrés », « curvilinéaire » – selon une distinction typologique qui ne va à l'encontre ni d'une très probable origine commune, ni de l'existence de types intermédiaires, ni non plus d'ailleurs d'une grande unité de composition. En effet, l'élévation de ces superstructures indiennes est toujours constituée par la répétition de niveaux horizontaux : minces et nombreux dans le cas des superstructures à degrés ou curvilinéaires, ils sont épais et en nombre plus réduit pour celles à faux-étages ; dans tous les cas cependant ils s'analysent comme des éléments binaires reprenant plus ou moins clairement le couple niveau-des-piliers/entablement. Ces compositions soulignent un parti pris d'horizontalité qui atteste que la superstructure du temple indien ne traduit nullement, contrairement à la flèche par exemple, un passage de l'horizontale à la verticale et cela même si certains aménagements décoratifs peuvent en donner plus ou moins l'illusion : le découpage en bandes verticales des superstructures curvilinéaires ou la superposition de pièces d'accent sur des superstructures à faux-étages cambodgiennes suggèrent ainsi des directrices verticales.

Le plan et l'extension horizontale de la base de la superstructure sont les mêmes que ceux du rez-de-chaussée ; ce n'est qu'au-dessus que peuvent se produire les modifications déjà signalées. Le tracé de détail du plan est déterminé, comme celui du rez-de-chaussée, par les éléments adventices qui habillent l'élévation, soulignant généralement l'individualité de chacun des niveaux horizontaux. Cependant, par le biais de leur répétition à l'identique à chacun de ces niveaux et donc de leur superposition, ces éléments adventices mettent aussi en valeur des directrices verticales qui partent du rez-de-chaussée. Le cas est fréquent lorsque ces éléments sont dans le prolongement vertical de ceux qui viennent modifier le plan de ce rez-de-chaussée. Utilisés parfois pour étirer en hauteur une superstructure, par le biais d'effets perspectifs, ces procédés peuvent aussi contribuer à atténuer ou à gommer son horizontalité foncière.

Édicules et pièces d'accent

Les ***édicules*** se voient sur tous les types de superstructure ; ils sont cependant très spécifiques des superstructures à faux-étage et singulièrement de celles dont l'élévation suit le parti hypostyle. Sauf cas exceptionnel, ce sont des images de temples élémentaires dont l'élévation se réduit à un soubassement (plus ou moins visible) surmonté par un niveau des piliers, un toit et un motif de couronnement. Sur les superstructures curvilinéaires ou à degrés, ils prennent l'aspect correspondant avec un couronnement en bulbe côtelé et aplati.

Sur les superstructures à faux-étages, ils sont carrés et pourvus d'un toit centré à versants droits ou galbés ou bien encore carrés ou barlongs avec un toit à double pente ; il arrive aussi qu'ils aient un toit et un plan à abside (ils sont alors souvent vus de face mais parfois de profil comme à Gangaikondacolapuram). Les éléments de galerie qui les relient parfois sont couverts d'un toit galbé à double pente. Ils sont placés aux angles et éventuellement entre ces derniers (il n'existe pas à ma connaissance de dispositif avec édicules de façade et sans édicules d'angles). Ceux des angles sont systématiquement de plan carré et pourvus d'un toit centré alors que ceux qui sont pourvus d'un toit à double-pente ou dont le plan est à abside sont placés sur les façades entre les angles.

Pour les élévations à faux-étages, les édicules sont installés sur le terrasson dégagé par la position en retrait des faux-étages ; leur nombre et leur disposition varient en fonction de différents facteurs (largeur du faux-étage, sa position sur l'élévation etc.) mais l'arrangement sur une façade est toujours symétrique par rapport au centre ; de plus il se retrouve sur les quatre faces d'un même étage ou faux-étage, avec éventuellement des aménagements sur la façade d'entrée ou dans le cas d'un plan rectangulaire. La disposition est toujours dictée par le plan du terrasson, Chaque édicule est le couronnement d'un des saillants/avant-corps (ci-dessus) qui, réels ou feints, rythment la façade du rez-de-chaussée pour les édicules qui entourent le premier faux-étage, et celle d'un faux-étage pour ceux des faux-étages supérieurs (voir par exemple la fig. 15).

On a attribué aux édicules un rôle technique de contrepoids destiné à éviter le basculement vers l'intérieur des parois de la cheminée d'encorbellement (Hoeckveld-Meijer, 1981). La chose est possible, mais ne doit pas dissimuler leur importance décorative et symbolique. Ils jouent ainsi un grand rôle dans la mise en place d'effets perspectifs (fig. 7) et dans la décoration du temple avec sa propre image. Dans le domaine symbolique, ils participent à l'accueil de la population divine du temple et à sa multiplication (ci-dessous, p. 197) ; de plus entourant le corps principal du temple, ils figurent des « cercles » de chapelles analogues aux cercles virtuels de divinités entourant le dieu principal lors du « culte des cinq cercles » (*pañcāvaraṇapūjā*) ; dans la même optique les éléments de galeries miniatures qui réunissent ordinairement les édicules situés à un même niveau sont de parfaites représentations des enceintes concentriques qui entourent le temple.

Les ***pièces d'accent*** sont une caractéristique des superstructures khmères à partir du dernier quart du xe siècle. Leur tympan, bordé par l'arcature de feuillage stylisé plus ou moins ogivale, porte une image divine ou un simple motif décoratif végétal ; en angle droit lorsqu'elles surmontent un angle, plates ou légèrement bombées dans les autres cas, elles soulignent, comme les édicules, les inflexions des façades du niveau qu'elles surmontent. Elles jouent aussi un rôle important dans la transformation visuelle du profil des élévations à faux-étages en profil curvilinéaire (fig. 27, p. 117). Participant elles aussi à l'enrichissement de la population divine du temple, elles apparaissent souvent comme une alternative à la présence d'images sur les murs de la superstructure.

La superstructure à (faux-)étages

La superstructure « à faux-étages » possède un ou plusieurs étages, généralement feints d'où le nom que nous lui donnons et auquel ne correspond aucune appellation technique traditionnelle : les traités se contentent, à son sujet, de parler d'étages sans préciser leur nature. L'élévation de ces étages – faux ou vrais – reprend le dispositif des façades du rez-de-chaussée, en le simplifiant et en diminuant les dimensions de façon plus ou moins progressive. Chaque (faux-)étage est donc en retrait par rapport à celui qu'il surmonte, ce qui se traduit par la présence à sa base d'un terrassons, occupé ou non par des éléments décoratifs, (édicules, pièces d'accent, images). Le profil est celui d'une pyramide à degrés culminant par un ensemble attique/toit ou par un simple couronnement développé.

Les prototypes de cette superstructure sont peut-être à rechercher vers le nord (Madhya Pradesh ou Uttar Pradesh) où domine ensuite le type curvilinéaire, mais le mauvais état des monuments interdit toute certitude à ce sujet (*e. g.* Sanchi, temple N.45). Actuellement on la rencontre en Inde et en Asie du Sud-Est (Cambodge ancien, Champa, Indonésie). En Inde même, le type est d'usage pratiquement exclusif au Tamilnad depuis que les temples sont apparus dans cette région au début du VIIe siècle. On le trouve à la même époque au Karnataka et en pays Andhra, mais il y est utilisé concurremment avec les dispositifs à degrés et curvilinéaire. Il en existe quelques exemples plus au nord, en Inde occidentale (*e. g.* le Kailāsanātha d'Ellora déjà mentionné), très directement apparentés à leurs homologues de l'Inde du Sud. Enfin le type se retrouve au Népal, caractérisé par un toit et des auvents de faux-étages montés sur des charpentes en bois (fig. 58, p. 301).

Les variantes régionales sont nombreuses : elles portent sur le parti décoratif choisi, les proportions des faux-étages, l'existence d'étages habitables, la présence ou non d'édicules et/ou de pièces d'accents et leur disposition sur les terrassons, pour ne rien dire des visages qui occupent la superstructure de monuments khmers des XIIe-XIIIe siècles (fig. 21).

Si le nombre des étages est normalement fonction de l'importance de l'édifice et de la hauteur de la superstructure, on note de fortes différences d'une région à l'autre et même à l'intérieur d'une même région. Le Karnataka (*e. g.* Pattadakal, fig. 20B) se caractérise par des faux-étages peu nombreux mais d'une grande hauteur relative, alors que le Tamilnad tend plutôt à les multiplier et à les amincir ; cela étant, les superstructures de Tanjore et de Gangaikonda-

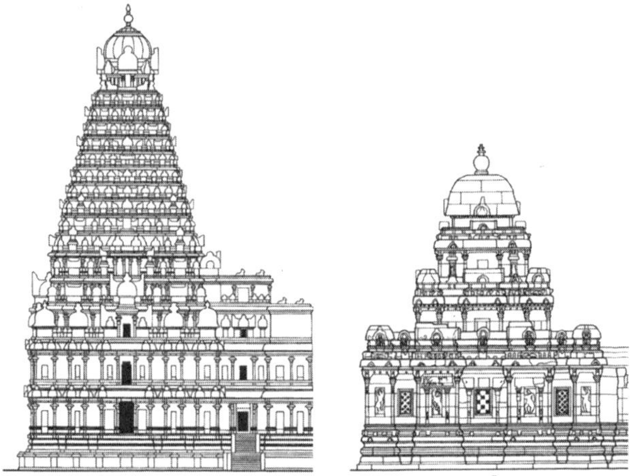

Fig. 20. Superstructures à faux-étages en Inde du Sud.
A : Tamilnad : temple de Śiva Rājarājeśvara à Tanjore (Pichard, 1995).
B : Karnataka : temple de Śiva Saṅgameśvara à Pattadakal (Michell, 1975).

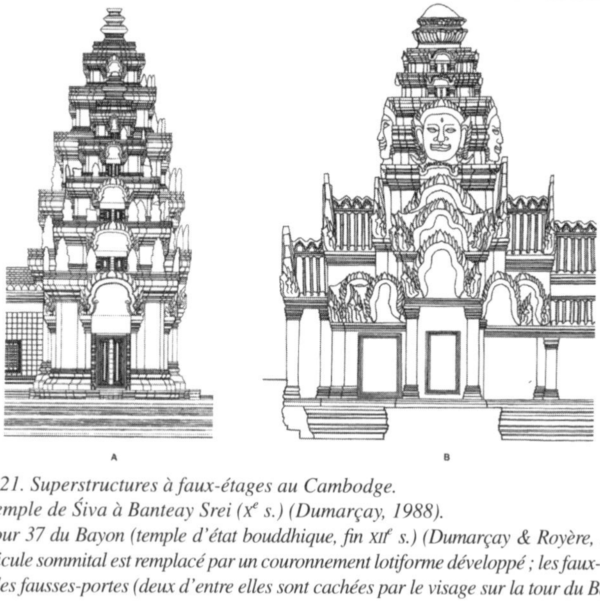

Fig. 21. Superstructures à faux-étages au Cambodge.
A. Temple de Śiva à Banteay Srei (Xe s.) (Dumarçay, 1988).
B. Tour 37 du Bayon (temple d'état bouddhique, fin XIIe s.) (Dumarçay & Royère, 2001). L'édicule sommital est remplacé par un couronnement lotiforme développé ; les faux-étages ont des fausses-portes (deux d'entre elles sont cachées par le visage sur la tour du Bayon).

colapuram, de hauteurs presque identiques et construites à peu d'intervalle dans le même contexte culturel et politique, ont treize faux-étages pour la première et seulement sept pour la seconde.

La superstructure à faux-étages suit globalement le même parti décoratif que le rez-de-chaussée qu'elle surmonte. Certains aménagements vont très généralement de pair avec le choix du parti hypostyle : ainsi la présence, au sommet, de l'ensemble attique/toit, ou encore les édicules reliés les uns aux autres par des éléments de galerie miniature, la présence d'un auvent à chaque étage ou faux-étage ou même l'existence (au demeurant très rare) d'étages habitables. L'adoption du parti qui traite le temple comme une construction massive en maçonnerie se traduit le plus souvent par un couronnement développé, des faux-étages à bandeau formant larmier, et enfin par la présence sur les terrassons de pièces d'accent, les édicules n'apparaissant que rarement.

Selon le parti décoratif adopté, le corps de chaque étage est décoré ou non de pilastres, les uns corniers, les autres venant scander les inflexions – réelles ou suggérées – de son plan. Une fausse-porte axiale dont le pignon vient éventuellement mordre sur l'entablement semble de règle avec le parti non-hypostyle. Ailleurs elle est souvent remplacée par celle de l'édicule allongé qui occupe le milieu de la façade du faux-étage. Quant à l'entablement qui marque la limite supérieure de l'étage, il est plus ou moins complexe, parfois simple bandeau, parfois auvent galbé ou rectiligne ; dans les pays de toits réels l'auvent est fortement saillant et son versant est rectiligne ; au Népal, il s'agit fréquemment d'un véritable auvent à charpente réelle.

La superstructure à degrés

La superstructure à degrés est constituée par la superposition de minces ensembles binaires formés chacun d'un élément inférieur en retrait et d'un élément supérieur formant auvent. Elle apparaît comme un intermédiaire typologique entre celle à faux-étages (qui ici seraient réduits en taille, simplifiés et multipliés) et celle dite curvilinéaire (elle serait marquée par la grande importance des lignes horizontales et par la simplicité des éléments horizontaux qui les traduisent). Le profil général reste celui d'un tronc de pyramide surmonté par un ensemble attique/toit (*cf.* le temple de Gop, ci-dessous) ou bien par un couronnement développé.

Très répandue en Inde centrale et occidentale et plus encore dans l'Inde méridionale non-tamoule (Andhra Pradesh et Karnataka[9]), elle se voit en Asie du Sud-Est concurremment avec celle à faux-étages au tout début de la période préangkorienne (VIIe s. : Sambor Prei Kuk, Phnom Bayang[10]) puis disparaît.

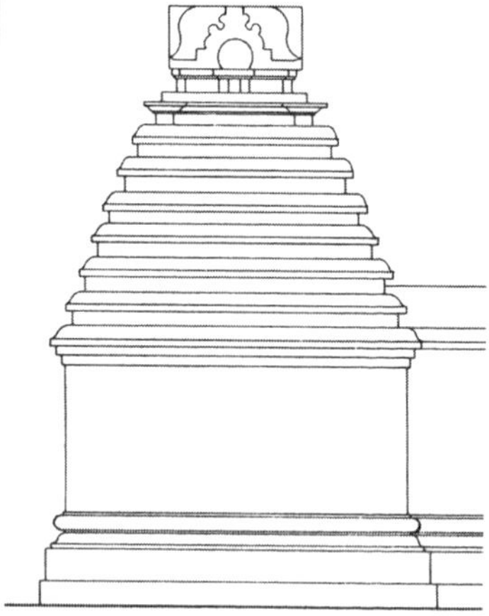

Fig. 22. Superstructure à degrés : temple de Śiva à Pratakota, Andhra Pradesh XIe s. (Dagens, 1984). Le motif de couronnement a disparu ; les façades suivent ici le parti non hypostyle.

Le plan est carré ou rectangulaire, exceptionnelle-

9. Dagens, 1984 et Michell, 1995 (en particulier p. 29, fig. 4).
10. Parmentier, 1927.

ment octogonal (Sambor Prei Kuk) ; les degrés sont rectilignes ou comportent des décrochements correspondant à des saillants généralement peu marqués du plan du rez-de-chaussée. La façade principale est traitée comme les faces latérales et arrière, mais la superstructure de l'avant-corps formant porche vient le cas échéant s'appuyer contre elle. L'élévation du rez-de-chaussée suit le plus souvent un parti non-hypostyle mais le type hypostyle se rencontre parfois sur des temples anciens ou récents. En dehors des éventuelles images du rez-de-chaussée et de celle située sur le pignon du porche, l'iconographie se réduit aux images contenues éventuellement dans les fausses-lucarnes des auvents et du toit.

Le matériau est la pierre, beaucoup plus rarement la brique, chacun des deux éléments des degrés correspondant de façon quasi générale à une assise en encorbellement de la cheminée intérieure. L'élément saillant est traité normalement comme un auvent reproduisant fidèlement celui de l'entablement du rez-de-chaussée. L'élément en retrait est vertical et sa hauteur est inférieure ou égale à celle de l'élément supérieur ; sa surface est lisse ou cloisonnée par des dés verticaux ou des petits pilastres régulièrement espacés ; elle peut être aussi traitée comme une rangée d'abouts de poutres très rapprochés les uns des autres. Dans ce dernier cas cet élément inférieur est le plus souvent très mince par rapport à l'auvent qui peut alors se développer sur plusieurs assises comme le montre le bel exemple du temple de Gop (env. VIIe s.) au Gujarat dont la superstructure ne comporte que deux degrés à auvent oblique très élevé avec profil droit et grandes fausses lucarnes, l'élément en retrait étant décoré d'abouts de poutres (fig. 23). Ce que l'on voit à Gop pourrait être la reproduction d'une couverture à charpente à toits multiples soutenus par un jeu d'armatures superposées, ou un type original et très cohérent de couverture en matériaux lourds : une traduction fidèle de l'encorbellement progressif intérieur, avec un décor d'auvents assurant une protection des très courtes plages verticales et des terrassons qui marquent le passage d'un degré à un autre.

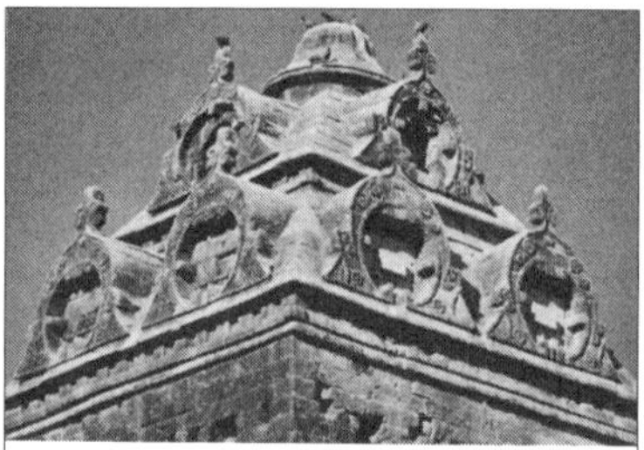

Fig. 23. Superstructure à degrés : temple de Gop, détail (d'après Nanavati & Dhaky 1969). La corniche de chacun des deux degrés porte de grandes fausses lucarnes ; on distingue à sa base un rang d'abouts de poutres ; les saillants sont très limités. Le toit feint est petit, circulaire et galbé.

D'autres temples de la même région combinent des édicules d'angles au dispositif de Gop (*e. g.* temple n°1 de Sonkhamsari) ; il semble s'agir de l'assemblage maladroit de formes hétérogènes, mais le nombre d'exemples connus est surprenant pour ce qui ne serait qu'une maladresse[11].

La superstructure curvilinéaire : traits généraux et distribution

Le profil général de la superstructure curvilinéaire est convexe avec des variantes qui vont de la courbe continue prenant son point de départ au-dessus de l'entablement du rez-de-chaussée (Karnataka, Gujarat, Madhya Pradesh) à la montée verticale s'infléchissant très fortement dans la partie haute de la superstructure (Orissa).

Les niveaux horizontaux, minces ou très minces, sont regroupés en sous-ensembles plus ou moins complexes ;

11. *Cf.* Nanavati & Dhaky, 1969.

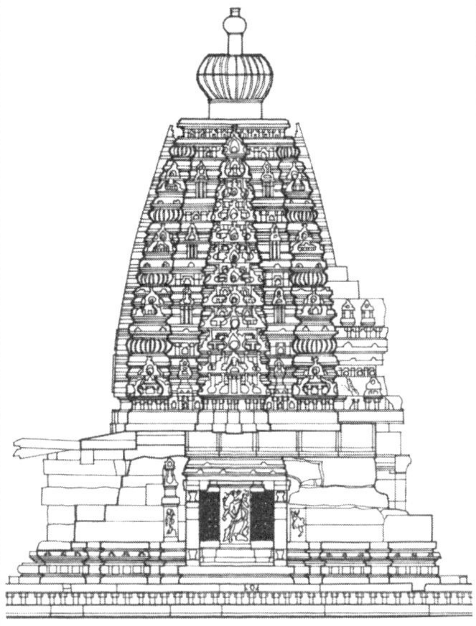

Fig. 24. Superstructure curvilinéaire (Karnataka) : temple de Galaganātha (VIIIe s.) à Pattadakal (Michell, 1975).

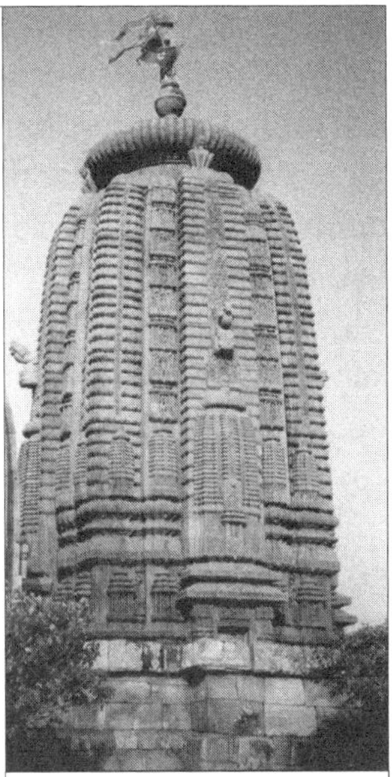

Fig. 25. Superstructure curvilinéaire (Orissa) : temple de Brahmeśvara (XIe s.) à Bhubaneshwar (photo de l'auteur).

au sommet on trouve fréquemment un couronnement développé, plus rarement un toit. Enfin, l'impression est souvent celle d'une tour massive hors de proportions avec le rez de chaussée qu'elle surmonte et qu'elle semble parfois englober, contrairement à ce qui se passe avec des faux-étages qui ne sont que la répétition simplifiée d'un rez-de-chaussée plus important que chacun d'eux, tandis que la superstructure à degrés est aussi différente du rez-de-chaussée correspondant qu'un toit peut l'être de murs.

La caractéristique première de l'élévation curvilinéaire est l'importance des directrices verticales menant du rez-de-chaussée à la base du motif de couronnement. Le profil est déterminé par l'alignement extérieur des éléments saillants des niveaux horizontaux dont les éléments en retrait ont l'air d'être creusés dans le volume de la tour. En pratique des monuments inachevés montrent des tours montées sans aucune saillie horizontale mais déjà pourvues de leur profil définitif sur lequel il ne reste plus qu'à sculpter en l'évidant le décor[12].

Au Bengale on voit apparaître au XVIIIe siècle des superstructures curvilinéaires influencées par l'architecture gothique occidentale ce qui se traduit par des formes particulièrement étirées en hauteur et se terminant en pointe[13].

D'éventuels éléments adventices hors-œuvre (ou suggérés tels) participent aussi à la verticalité suggérée de l'ensemble. Lorsqu'ils sont réellement hors-œuvre et contribuent à la modification du plan au sol du temple, ils ont une superstructure particulière, généralement une réduction de celle du corps principal sur laquelle elle s'appuie à moins qu'elle n'y soit engagée : cela se manifeste sur le profil général par des courbes dont le raccord très adouci avec celles du corps principal atténue encore l'horizontalité suggérée par le détail du décor (*e. g.* Kaṇḍarīya Mahādeva à Khajuraho, fig. 20). Ces adjonctions peuvent aussi ne se manifester qu'au niveau de la superstructure, se limitant à des superstructures secondaires engagées dans la superstructure principale (*e. g.* le temple n° 1 de Miyani[14]).

Notablement absente dans la partie la plus méridionale de la péninsule indienne (Tamilnad et Kerala), la forme curvilinéaire se répartit ailleurs en Inde, sous la forme de

12. Nanavati & Dhaky, 1969.

13. Datta, 1975 à propos des temples de Bhāndīśvara, 1754 ; voir aussi ci-dessous, fig. 61, p. 318.

14. Nanavati & Dhaky, 1969, pl. 51.

types régionaux dont les mieux caractérisés se voient au Karnataka, en Orissa, en Inde centrale ou au Gujarat, avec de fréquentes interférences[15]. En Asie du Sud-Est on ne la retrouve réellement qu'en Birmanie à l'époque de Pagan où, empruntée visiblement à l'Orissa, elle sert concurremment au stūpa à coiffer des temples bouddhiques (fig. 26).

Au Cambodge et en Thaïlande les choses sont visiblement plus complexes. On constate tout d'abord à la fin du XIe siècle à P'imai et plus visiblement encore dans la première moitié du XIIe à Angkor Vat, que les pièces d'accent de la superstructure sont conçues et disposées de façon à donner un profil général convexe au dispositif à faux-étages qu'elles garnissent (fig. 27). Cette transformation visuelle

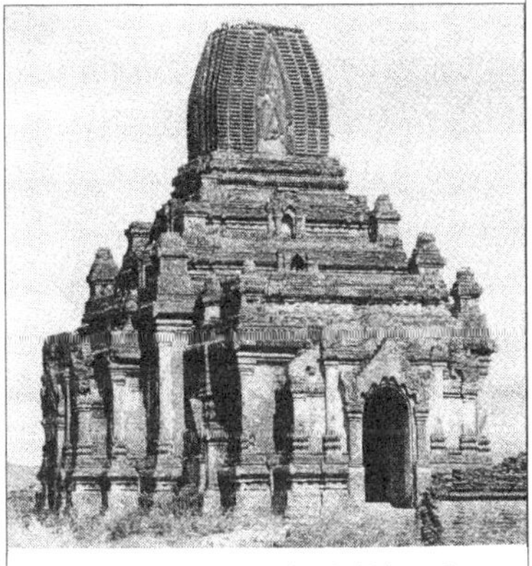

Fig. 26. Pagan, temple n° 664 (XIIIe s.). (Pichard, 1992-2001, t. 3) La superstructure curvilinéaire se combine ici avec un dispositif à degrés (ou faux-étages) et édicules d'angle.

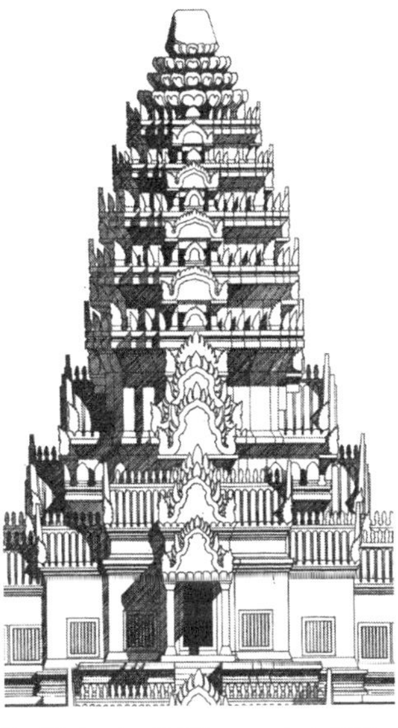

Fig. 27. Angkor Vat Tour centrale (XIIe s.) (Nafilyan, 1969). Les pièces d'accent atténuent les lignes horizontales ; au centre des façades les arcatures marquent l'emplacement des fausses-portes (au premier plan, on voit le pavillon d'entrée de la 1re enceinte).

15. Karnataka : cf. Michell, 1975, en Orissa (Donaldson, 1985-1987), Inde centrale (Viennot, 1976) ou Gujarat (Nanavati & Dhaky, 1969).

traduit sans doute un effort d'adaptation à des formes indiennes différentes de celles qui avaient été suivies jusque là avec plus ou moins d'indépendance : on peut penser à une influence de l'Orissa qui se serait manifestée au Cambodge, peut être *via* la Birmanie. Un siècle et demi plus tard, les architectes de Sukhothai s'inspirent du modèle d'Angkor Vat lorsqu'ils créent le *prang*, ce monument bouddhique né de la fusion du stūpa et du temple khmer, sans doute pour adapter ce dernier à un contexte religieux renouvelé : celui du bouddhisme theravāda qui accorde on le sait une grande place au stūpa.

La superstructure curvilinéaire : structure et organisation

La superstructure curvilinéaire semble l'habillage parfaitement adéquat d'une cheminée d'encorbellement dont les flancs réguliers et légèrement concaves se rapprochent très progressivement pour se rejoindre au sommet. Cependant la conformité est loin d'être toujours aussi nette dans la réalité, comme le montrent, par exemple, les temples où un blocage interne se dissimule derrière les murs de parement de la tour curvilinéaire[16].

Ce type de superstructure est normalement construit sur un rez-de-chaussée à plan centré (carré ou étoilé). Les rares exemples de plan barlong se trouvent, à notre connaissance, en Orissa et vont de pair avec des toits en carène : tous semblent correspondre à des temples de la Déesse pour laquelle le plan barlong est, nous l'avons vu, canonique[17]. La pré-

16. Viennot, 1976.
17. Donaldson, 1985 : Vaithal Deul, etc.

sence d'un toit est en elle-même remarquable puisque ce type de superstructure ne porte habituellement qu'un couronnement développé.

Le point majeur de l'élévation de ces superstructures curvilinéaires est une organisation des façades en un nombre variable, mais toujours impair, de panneaux verticaux alternativement saillants et rentrants, avec une symétrie centrée sur le panneau médian, normalement le plus important. Un type simple, fréquent en particulier au Karnataka (*e. g.* fig. 28), comporte cinq panneaux délimités par des lignes incurvées : le panneau médian, très saillant culmine en pointe ; il est séparé des panneaux d'angles (saillants et d'une largeur à peu près constante sur toute leur hauteur) par des panneaux intermédiaires en léger retrait. La saillie marquée du panneau médian est soulignée par la présence en son milieu d'une série d'avancées empilées les unes contre les autres et correspondant à des décrochements du plan du rez-de-chaussée. Ce type d'adjonctions conduit à une multiplication des panneaux, et renforce l'impression de saillie que donne le panneau central majeur ; il diminue l'importance relative des panneaux d'angles et écrase les panneaux intermédiaires d'origine.

Sans entrer dans le détail ici (voir l'encadré de la page suivante), on indiquera que les trois panneaux verticaux saillants dont nous venons de parler correspondent en réalité à la représentation simplifiée de rangées verticales d'édicules, tout à fait semblables en définitive à ceux que l'on voit sur les façades des superstructures à faux-étages. Ici, sur le panneau médian il s'agit d'édicules allongés dont le pignon central se voit généralement attribuer une importance considérable ; les panneaux d'angles portent les édicules carrés d'angles souvent couronnés d'un bulbe côtelé (comme l'est très souvent

Analyse des superstructures curvilinéaires (fig. 28)

L'analyse du découpage n'est pas toujours simple, surtout en ce qui concerne les panneaux en retrait : généralement minces et peu visibles entre les panneaux saillants, il leur arrive, de plus, d'être partiellement recouverts par les éléments hors-œuvre ; on a vu que ces retraits sont parfois « sculptés » après achèvement du montage et n'apparaissent pas sur les superstructures inachevées. Une autre difficulté est due à l'accumulation des éléments hors-œuvre sur le panneau médian qui tend à accroître considérablement la saillie de ce dernier.

La division en niveaux horizontaux des façades apparaît dominée par des empilements d'auvents interrompus sur les panneaux d'angles par des bulbes aplatis et côtelés disposés à intervalles réguliers. L'analyse doit se faire à partir des panneaux en retrait, c'est-à-dire des seules parties apparentes des façades du corps principal de la tour : le panneau saillant du milieu correspond à des édicules et/ou à des avant-corps plaqués contre cette façade et ceux des angles à des édicules carrés : on constate que la présence de ces édicules d'angles est très souvent soulignée par un bulbe côtelé, image de celui qui couronne la plupart des superstructures curvilinéaires.

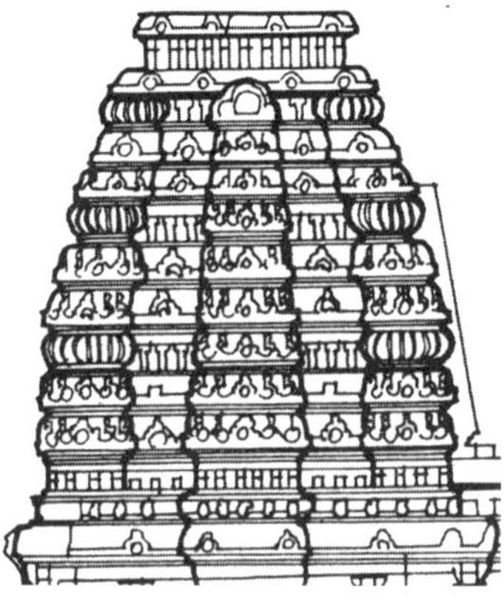

Fig. 28. Superstructure du temple de Śiva Jambuliṅga à Pattadakal (Michell, 1975).

Le dispositif du panneau saillant médian est plus confus : on peut y reconnaître un empilement d'édicules allongés de plus en plus étroits au fur et à mesure que l'on s'élève. Ce qui frappe surtout cependant c'est l'importance donnée aux fausses-lucarnes centrales : de grande taille, elles sont de plus bien mises en évidence par des demi-pignons latéraux qui les encadrent en contre bas, l'ensemble suggérant l'avant-corps d'entrée latéral d'un édifice allongé.

la superstructure elle-même) ; quant aux panneaux en retrait intermédiaires ils correspondent aux éléments de galerie miniatures. Même lorsqu'on a affaire à un type plus élaboré, comme le Liṅgarāja de Bhubaneshwar, on constate cependant que cette superstructure – en dépit de la puissance des lignes verticales qui en font la singularité – conserve la marque indubitable de sa parenté avec les deux autres, parenté fondée sur l'empilement de niveaux horizontaux traduisant une construction en encorbellement.

La chose est aussi sensible au Kaṇḍarīya Mahādeva à Khajuraho, en dépit de la multiplication des superstructures secondaires engagées dans la tour, traduisant ainsi en masses architecturales la position prééminente du dieu du temple au milieu de son entourage et donnant tout son sens à l'assimilation faite fréquemment entre le temple et le corps du dieu : chacune de ces superstructures engagées – une bonne dizaine par façade – suggère la présence d'une chapelle et donc d'une cella abritant un assesseur, inexistante l'une et l'autre ; le parti n'est pas unique – voir également à Khajuraho le temple de Laksmaṇa ou dans une moindre mesure en Orissa ceux de Brahmeśvara (fig. 25) ou de Rājaraṇi à Bhubaneshwar – mais c'est sans doute au Kaṇḍarīya Mahādeva qu'il atteint sa plus belle expression (voir ci-dessous, p. 197).

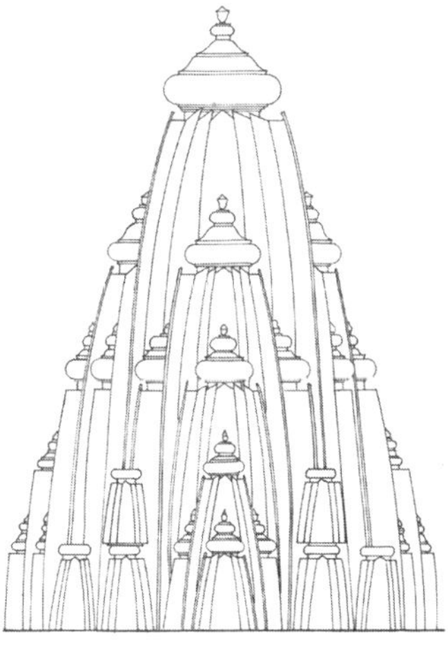

Fig. 29. Superstructure du temple de Kaṇḍarīya Mahādeva à Khajuraho (Dumarçay, 1983).

Le programme iconographique du type curvilinéaire est restreint, comme celui des superstructures à degrés et pour les mêmes raisons. Cependant les flancs souvent très redressés et offrant des surfaces quasi-continues en raison de la minceur des éléments en retrait, il est relativement facile d'y réserver des zones hors du parti général pour y placer des images qui s'ajoutent à celles des fausses-lucarnes et surtout du pignon d'avant-corps. Ajoutons que le rez-de-chaussée peut être littéralement couvert d'images, comme si l'on avait voulu compenser le vide iconographique des parties hautes de l'édifice.

Les superstructures : habillage et technique

Les temples pourvus des trois grands types de superstructure peuvent tous être interprétés on l'a vu comme des édifices à étages multiples, étages qui sont feints avec une simplification plus ou moins grande. Simultanément ces temples sont caractérisés par le souci d'assurer la couverture de la cella avec le prolongement vertical de ses murs, chacun apparaissant comme le résultat d'une approche particulière du problème. Les faux-étages proprement dits suggèrent une succession d'encorbellements séparés par des éléments à parois verticales, tandis que les degrés semblent traduire un encorbellement continu dont la pente relativement faible est pratiquement rectiligne et que les tours curvilinéaires représentent le parfait habillage d'une cheminée aux parois presque verticales et sans décrochements.

Dans la pratique les choses ne sont pas aussi nettes, des superstructures à faux-étages étant bâties autour de cheminées à la pente intérieure très régulière et des superstructures curvilinéaires enfermant des étages, qui marquent des décrochements dans le profil du volume intérieur[18]. L'adaptation d'un parti unique d'élévation à différents modes de construction a donc conduit à l'apparition de trois partis différenciés qui, une fois fixés et normalisés, ont servi à l'habillage non seulement des volumes auxquels ils étaient destinés initialement mais aussi des autres.

Le problème non résolu est celui de la raison qui a poussé à faire du temple un édifice à étages ou supposé tel et qui a été suffisamment contraignante pour que l'on retrouve toujours la trace plus ou moins claire de ces étages et ce, quel que soit le mode de couverture adopté. La solution proposée par Stella Kramrisch qui fait du dispositif un mode d'exaltation du temple sous la forme du «higher temple » ne se conçoit que si le couronnement de l'édifice est constitué par l'ensemble attique/toit/motif de couronnement, c'est-à-dire par une image du temple. Elle ne peut guère s'appliquer dans le cas fréquent où deux éléments de cette image – l'attique et le toit – sont volontairement omis.

Vers un bâtiment complexe

Un complément normal au corps de bâtiment contenant la cella est un pavillon qui vient s'accoler devant sa porte principale. Il se rattache directement au corps principal ou

18. Sauf cas de ruine ou de démontage, il est difficile d'examiner l'intérieur des superstructures. Pour l'Inde les relevés précis sont rares ; les coupes publiées montrent souvent un profil intérieur conventionnel et/ou approximatif : une coupe du temple de Kaṇḍarīya Mahādeva à Khajuraho donnée dans plusieurs ouvrages montre une multitude de séparations horizontales aussi incompréhensibles qu'invraisemblables.

à son avant-corps formant porche ou bien y est relié par un passage couvert (*antarāla*), éventuellement éclairé par des claustras ou pourvu de deux accès latéraux (*e. g.* Tanjore, Gangaikondacolapuram, Darasuram, etc.). La chose est banale en Inde comme en Asie du Sud-Est ; de plus, il arrive fréquemment en Inde qu'un second pavillon soit disposé en enfilade, en avant de celui dont on vient de parler.

Les pavillons

Le « pavillon » (skt. *maṇḍapa*) est décrit dans la littérature technique comme une construction hypostyle ; le plus souvent sans étage, il peut être bordé d'un portique et ouvert sur l'extérieur ou au contraire fermé par des murs. Techniquement, il est défini par son élévation qui comporte les trois premiers niveaux (soubassement, niveau des piliers et entablement/couverture en terrasse) ; dans la pratique si les couvertures en terrasse sont les plus courantes, on rencontre aussi des toits feints ou réels, ou même des superstructures à degrés surbaissées. La structure hypostyle qui simplifie les problèmes de couverture, permet la création de pavillons très vastes par simple multiplication des rangées de piliers : les grands sanctuaires de l'Inde du Sud s'enorgueillissent souvent de leur « pavillon à mille piliers » érigé généralement durant ou après la période de Vijayanagar.

Le pavillon est le type même de l'édifice « à tout faire » qui peut abriter des activités très variées[19] ; dès qu'un sanc-

19. Le *Mayamata* qui consacre un chapitre aux pavillons donne une liste des usages que l'on peut en faire et qui n'est certainement pas limitative (25. 3-5) : « pavillon d'habitation, pavillon sacrificiel, pavillon destiné aux consécrations (etc.), pavillon pour la danse, pavillon nuptial (pour les mariages divins lors de la fête *ou* pour les mariages humains), pavillon

tuaire a une certaine importance il s'en trouve facilement plusieurs dans sa ou ses cours. De nombreuses cérémonies entraînent la construction de pavillons temporaires à structure simplifiée (souvent baptisés *prapā*, « abri léger ») ; leurs piliers, habituellement en bambou, reposent à même le sol sans soubassement et leur couverture est faite de paillottes ; ce sont aussi bien des abris à 12 ou 16 piliers destinés souvent à des rites oblatoires que de vastes espaces couverts sur le sol desquels sont dessinés de grands diagrammes pour disposer les vases utilisés dans les « grands bains » (jusqu'à 1 000 vases ou plus) ; des structures analogues sont établies pour protéger du soleil les grandes foules qui se réunissent lors des fêtes solennelles.

Un complément à la cella

Le pavillon qui est placé devant la porte de la cella (*mukhamaṇḍapa* : litt. « pavillon sur la face (du temple/du dieu ?) » offre un espace intérieur nettement plus vaste que cette cella elle-même (fig. 30). Sa finalité est multiple. D'un point de vue purement liturgique c'est là qu'ont lieu certains rites ou certaines parties du culte quotidien qui ne peuvent pas se dérouler dans la cella elle-même : le rituel du feu qui nécessite un ou plusieurs « creusets » (*kuṇḍa*) où le feu est allumé et reçoit les offrandes oblatoires ou encore la cérémonie de la danse exécutée devant le dieu ; c'est là aussi que sont préparés rituellement et disposés sur un diagramme les vases qui vont servir aux ondoiements de l'objet de culte.

des alliances (*maitra[-maṇḍapa]* ?), pavillon pour l'initiation, pavillon d'audience (pour le dieu lors de la fête *ou* pour le roi) , pavillon pour la revue des troupes, pavillon pour les négociations, pavillon pour la coupe des cheveux et pavillon destiné aux repas et aux plaisirs ».

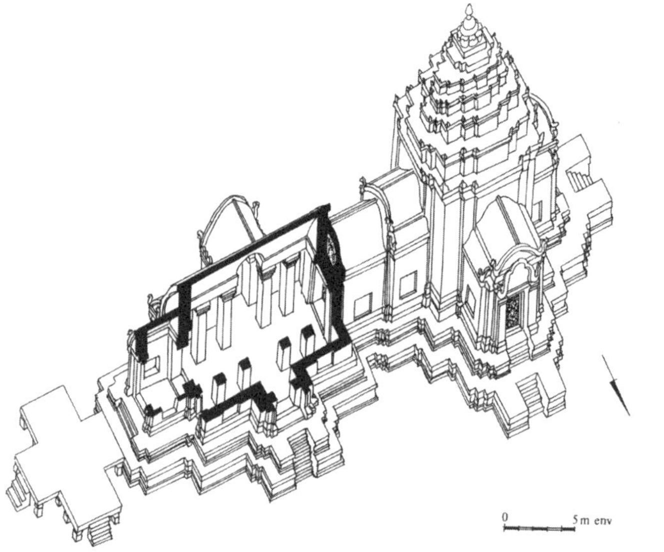

Fig. 30. Le temple de Nang Sida avec son pavillon (Laos, XII*e s.) (Dumarçay, 1998). Placé dans l'axe de la cella à laquelle il est relié par un passage couvert, le pavillon, comme souvent dans le monde khmer, a une travée centrale couverte d'une voûte en encorbellement et séparée par deux rangées de piliers des bas-côtés, eux-mêmes couverts par des demi-voûtes analogues. Les trois portes donnant sur l'extérieur sont chacune pourvue d'un porche comme les portes latérales et arrière de la cella.*

Enfin, situé à proximité immédiate de la cella et, comme elle, fermé sur l'extérieur, donc relativement « sûr », le pavillon sert souvent à ranger les accessoires du culte, parfois même les parures du dieu (normalement conservées dans une pièce spéciale, le « trésor ») et les images portatives en métal utilisées dans les processions. D'un autre côté, contrairement à la cella qu'il précède, ce pavillon est ouvert aux fidèles (ou, plus exactement, à certains d'entre eux) : c'est de là qu'ils pourront le mieux *voir* le dieu à travers la porte de la cella, assister au culte et enfin recevoir des mains de l'officiant le « prasadam », offrande qui, entrée en contact avec le dieu, permet de participer à sa divinité.

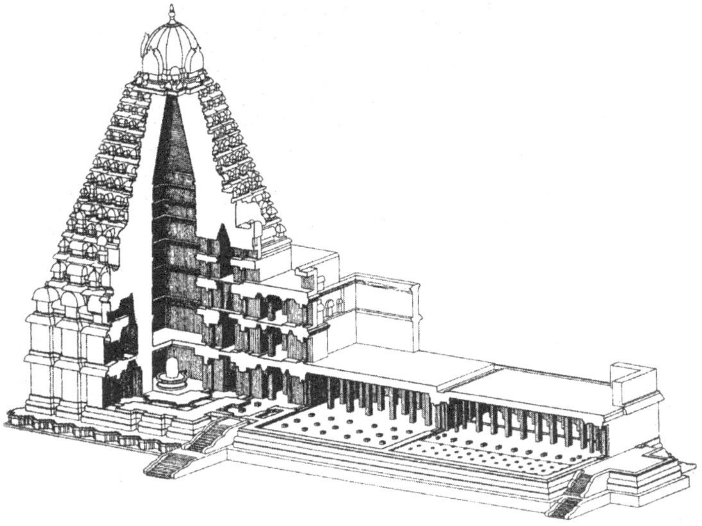

Fig. 31. Temple de Śiva Rājarājeśvara (temple d'état, Tanjore, début XIe s.) (Pichard, 1995). Les deux pavillons sont séparés de la cella par un vestibule important ; il était prévu dès le départ plusieurs niveaux, mais ils ont été remaniés, sans doute aux XVIIe-XVIIIe s.

Aspect et variations

Généralement, le pavillon rattaché au corps principal du temple suit le même parti décoratif que ce dernier et règne en élévation avec ses trois premiers niveaux. Cela peut se traduire par des façades redentées pourvues de niches à image, etc. Cependant, contrairement à la cella, il est souvent décoré à l'intérieur, en particulier sur son plafond et aussi sur ses piliers dont l'iconographie est parfois très riche. Ce pavillon peut avoir un seul accès (dans l'axe de la cella) ou être pourvu également de porches latéraux (fig. 30).

Lorsque deux pavillons sont disposés en enfilade devant l'entrée de la cella, il est fréquent que le premier soit clos par des murs alors que le second est entièrement hypostyle (mais ce n'est pas toujours le cas). Le cas est banal mais se multiplie à l'époque de Vijayanagar.

Au XIIe siècle on voit apparaître au Tamilnad des temples de Śiva à deux pavillons dont le second (entièrement hypostyle) reçoit l'aspect d'un char ; l'exemple de Darasuram (fig. 32), l'un des mieux conservés, a permis à Françoise L'Hernault de montrer qu'il s'agissait du char de Śiva et à Gerd Mevissen que c'était Śiva Tripurāntaka partant au combat[20]. Ce pavillon-char est fermé par un mur sur sa face nord et ouvert à l'est et au sud. Le char est dirigé vers le sud comme en témoigne la position des roues et des chevaux, comme celle d'ailleurs de Brahmā son cocher (au moins à Darasuram). Cela aboutit à la création d'un axe nord-sud perpendiculaire à l'axe ouest-est qui est celui du temple : l'existence de ce nouvel axe est soulignée par le fait que c'est également au sud que se trouvent les escaliers qui permettent d'accéder à ce pavillon et au pavillon fermé puis à la cella. En dépit de cette disposition en apparence anormale, l'ouverture de la face est du pavillon-char permet cependant au regard du dieu et à sa puissance de rayonner sur l'univers à partir de la cella. Ajoutons qu'à Darasuram, le corps de bâtiment contenant la cella et les deux pavillons en enfilade sont certainement les éléments d'un programme unique qui prévoyait donc le dispositif à deux axes. La chose est très probable pour les autres temples de la même série. Le cas est donc très différent d'un détournement de l'axe majeur lié à un changement d'obédience.

20. L'Hernault, 1987 et Mevissen, 1996.

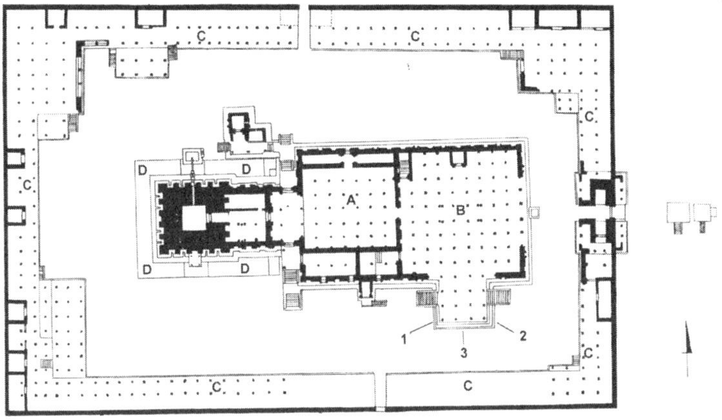

Fig. 32. Darasuram : Première enceinte du temple de Śiva Airāvateśvara (Dumarçay, 2001). A : premier pavillon (fermé) ; B : pavillon-char ; C : galerie périphérique (voir p. 162-163) ; D : bassin de réflexion (p. 270-272).
Le pavillon-char est ouvert à l'est et au sud mais la position des chevaux et des roues (1 et 2) comme celle de l'image du cocher, Brahmā (3), indique que c'est vers le sud qu'il est censé se diriger. L'accès aux pavillons depuis la cour du temple se fait par les escaliers de la face sud du pavillon-char ou encore par ceux qui aboutissent entre la cella et le premier pavillon.

Quant au char de Tripurāntaka, il est finalement assez semblable à celui du Soleil à Konarak[21]. Il est différent en revanche de ceux que l'on verra apparaître par la suite dans la cour de temples généralement vichnouites : ce sont alors des imitations en pierre des lourds chars de bois utilisés lors des fêtes solennelles pour promener le dieu. Le réalisme de la copie peut y être poussé très loin : ainsi les roues tournent librement sur leur axe, ce qui est bien dans l'esprit des tours de force auxquels se sont livrés si souvent les sculpteurs de l'époque de Vijayanagar à qui l'on peut attribuer ces monuments ; l'un de ces « chars » se trouve d'ailleurs à Vijayanagar même dans la cour du temple de Vithala,

21. Dagens, 2009c.

mais un autre, situé dans la cour du temple de Kṛṣṇa à Guruvayur (Kerala) est sans doute un peu postérieur. Le parti est totalement différent et ce type de char participe en un sens à la « pétrification de la fête », ce qui semble être le cas aussi du « porche-char » de la chapelle de Skanda à Tanjore (ci-dessous, fig. 56, p. 283).

Conclusion

Le développement d'un édifice plus ou moins complexe autour de la cella marque le passage du *programme* du temple à un *projet architectural* cohérent avec le « milieu » – à tous les sens du terme – puis à la *traduction matérielle* de ce projet. L'ensemble qui s'est développé autour de la cella est certes concentrique mais aussi fortement orienté : cela se traduit très souvent par l'allongement du temple sur l'axe de la porte de la cella, et donc du dieu, et par son inscription dans un rectangle oblong ; la cella et le dieu ont ainsi devant eux un vaste espace couvert constitué par le(s) pavillon(s). Ce schéma rectangulaire se transmet le plus couramment à tout le sanctuaire.

Un autre aspect de ce développement est son caractère ambigu, à la fois « fini » et susceptible d'extensions ou de modifications. Le corps central forme un ensemble non modifiable sauf en cas d'inachèvement. En revanche les corps secondaires ne font pas nécessairement partie du projet initial ; même s'ils en font partie, ils sont susceptibles d'être complétés, voir agrandis.

Du point de vue du fonctionnement du temple, on a vu que celui-ci peut commencer dès que le dieu est installé, même si en tant qu'édifice le temple n'est normalement inauguré qu'une fois son corps central terminé et le motif de couronnement mis en place. Il faut ajouter que cette inauguration officielle est parfois repoussée pour des raisons astrologiques – le choix d'une date propice – ou économiques : les autorités du temple, commanditaires ou autres, attendent le moment où ils disposeront des fonds suffisants pour qu'elle soit célébrée avec le faste nécessaire.

IV

Le sanctuaire et l'espace du temple

Le « sanctuaire » est d'abord une notion cadastrale puisqu'il correspond, rappelons-le, au terrain délimité attribué au dieu et sur lequel est bâti le temple ; il relève de la troisième des catégories de développement que nous avions définies et son étendue comme son organisation interne sont susceptibles de varier ultérieurement à la fondation du temple. Domaine du dieu, il est intégré à une notion beaucoup plus vaste et en même temps un peu floue, celle d'un « espace du temple » : il en constitue la partie centrale et en même temps la seule qui soit clairement délimitée et définissable[1]. C'est que la présence du dieu, et donc celle du temple, se fait sentir au-delà des limites du sanctuaire. Il s'agit parfois d'une simple extension hors les murs, nécessaire au déroulement de certaines cérémonies, en particulier les fêtes solennelles, et qui correspond éventuellement à un espace social déterminé, ville ou village. De manière beaucoup plus générale, le principe dominant régissant l'expansion éventuelle de l'espace du temple est celui du « rayonnement » de la puissance divine : plus ou moins quantifiable et plus ou moins maté-

1. Sur différents aspects de cet espace du temple, voir les études regroupées sous ce titre par Jean-Claude Galey (1985-1986).

rialisé, il peut se combiner à celui du pouvoir très humain qui a commandité la fondation du temple et/ou commandite son fonctionnement. Réservant pour notre seconde partie la question de l'interprétation et de la « mise en scène » de ces différentes formes d'espace, on s'efforcera ici de les définir en s'aidant des données des textes théoriques, puis de présenter deux exemples concrets, empruntés l'un à l'Inde du Sud et l'autre au Cambodge, et marqués l'un et l'autre, mais de façon différente, par une forte composante historique.

Définitions

Un espace sacré et limité

Le sanctuaire peut se définir comme un espace « sacré » centré d'une façon ou d'une autre sur le temple proprement dit. Plutôt que « sacré », le terme à employer pourrait souvent être « consacré », ce qui soulignerait d'ailleurs le rôle de la nécessaire préparation rituelle du site ; cela étant, les discours relatifs au choix du lieu d'un futur temple insistent sur la recherche d'un emplacement déjà sanctifié. Cet espace divin s'oppose à celui qui l'entoure, qui est par essence « extérieur ». Extérieur au divin donc humain ou mondain, voire démoniaque, il est aussi, on le verra au stade de l'interprétation, extérieur à l'univers dont le sanctuaire est l'image. Quant à la séparation entre ces deux espaces, elle est normalement matérialisée par un mur formant péribole, complété éventuellement par une douve

- Variations sur l'enceinte

Cette première définition appelle quelques remarques dont les premières sont liées à ce qu'on peut appeler la

« géométrie variable » du sanctuaire. Tout d'abord, la position « centrale » du temple est souvent rigoureuse mais ce n'est pas une nécessité et, de plus, différentes raisons peuvent conduire au déplacement de ce « centre ». L'histoire peut modifier son identification parmi les constituants du sanctuaire et donc sa localisation précise. En effet un ensemble religieux n'est pas forcément ce pourquoi il a été établi à l'origine : une divinité initialement secondaire peut en devenir le dieu principal sans que la position, géométriquement excentrée de sa maison dans le sanctuaire, n'en soit modifiée, comme ces sanctuaires de Śiva où ce dernier a été supplanté par Skanda, son fils (p. 78).

La limite du sanctuaire n'est pas, elle non plus, nécessairement stable et immuable. Des circonstances historiques diverses, touchant aussi bien au statut du temple dans le paysage religieux qu'à son rôle politique, sont susceptibles de faire varier son étendue ; elles se traduisent alors par la construction d'une nouvelle enceinte formant péribole. Dans le cas le plus fréquent, il s'agit d'une extension du sanctuaire liée au « succès » du temple et à la croissance de son prestige, le cas est banal en Inde du Sud, on y reviendra. En revanche le Bayon d'Angkor a vu son sanctuaire réduit par la construction d'un mur, qui cerne le temple à quelques mètres à peine de son soubassement et coupe même la terrasse qui lui donnait accès à l'est, cela sans doute moins d'un siècle après la disparition de son fondateur.

Ajoutons enfin qu'il existe des cas de temples sans enceinte. Le cas a été noté au Népal[2] : il y concerne la grande majorité des temples situés dans les villes de la val-

2. Juramie, 2001.

lée de Kathmandu où l'enceinte, quand elle existe, se réduit souvent à peu de choses ; les deux explications proposées – que l'enceinte du temple soit celle de la ville ou qu'elle soit constituée par les bâtiments qui limitent la cour du temple – sont parfaitement possibles mais, comme le fait remarquer Anne-Claire Juramie, aucune logique d'ensemble ne se dégage. On en conclura comme elle que l'enceinte du temple ne semble avoir au Népal qu'une importance limitée.

Ailleurs les choses ne sont pas toujours très claires. On rencontre un peu partout des ensembles assez vastes qui réunissent en un apparent désordre, et à l'intérieur d'une enceinte souvent incertaine, un grand nombre de temples parmi lesquels il est difficile de déterminer quel est le principal. Le sanctuaire de Papanasanam, à proximité d'Alampur en Andhra Pradesh, est assez caractéristique du phénomène : celui-ci s'explique ici par le fait que l'on a affaire à un lieu saint (*tīrtha*) autrefois très populaire (X^e^-XIe s. en particulier[3]). Nous retrouverons ci-dessous un cas différent à Tiruvannamalai où les « temples » disposés autour de la montagne doivent être considérés comme de simples chapelles, annexes de la montagne elle-même (ci-dessous, p. 174).

- La densité du sacré

Sauf les cas « anormaux » qu'on vient de signaler, l'espace sacré et limité que constitue le sanctuaire est structuré, organisé et hiérarchisé de façon à la fois concentrique et orienté, ce qui se traduit le plus souvent, on l'a déjà signalé, par un étirement de l'ensemble sur l'axe majeur du temple et par un décalage du temple vers l'arrière de la composition. L'un des éléments de son organisation paraît être ce qu'on

3. Dagens, 1984, t. II, pl. XI.

peut appeler la « densité » du sacré, qui n'est pas la même partout : assez naturellement, elle est d'autant plus marquée que l'on se rapproche du centre, c'est-à-dire du temple et du dieu, mais aussi de l'axe majeur qui est celui du regard du dieu. On verra dans notre seconde partie l'importance sociale du phénomène, liée au fait que l'approche du sacré est, dans le monde indien, inséparable du rang social de ceux qui peuvent ou veulent y participer (chap. VI). On verra aussi, à un autre propos, que ses premières manifestations dans l'organisation d'un espace religieux sont peut-être apparues dans un contexte bouddhique (ci-dessous p. 295). Dans l'immédiat on peut noter qu'il est sans doute à rapprocher du « culte des cinq cercles » (*pañcāvaraṇapūjā*) – déjà mentionné à propos des édicules – marqué par une organisation du panthéon autour du dieu principal parfaitement concentrique et hiérarchique. Ici, il se fait déjà sentir dans la distribution de la société divine qui, multiple et diverse, se répartit autour du dieu principal, en fonction de divers critères où la hiérarchie se combine à d'autres éléments tels que l'orientation qui suit des règles particulières pour chacun de ses membres. De plus, chacun des dieux assesseurs subordonnés au dieu principal, est lui-même à la tête d'un système hiérarchique : la matérialisation de son entourage peut conduire à la création d'un sanctuaire secondaire délimité par un péribole à l'intérieur même du sanctuaire du dieu principal (voir ci-dessus à propos de la Déesse). Cela étant, et selon un processus assez semblable à celui que l'on a signalé à propos de Papanasanam, l'organisation structurée de certains sanctuaires importants est oblitérée par la multiplication des fondations secondaires attirées par le prestige du monument principal (*e. g.* en Orissa les sanctuaires du Liṅgarāja à Bhubaneshwar ou de Jagannātha à

Puri), ou encore par l'abondance des bâtiments de service nécessités par l'importance des foules drainées par le haut-lieu (*e. g.* le sanctuaire de Viṣṇu Veṅkateśvara à Tirupati en Andhra Pradesh).

Un espace hors-les-murs mais « nécessaire »

Certaines cérémonies, liées le plus souvent aux fêtes solennelles, nécessitent que le dieu sorte de son domaine, en d'autres termes du sanctuaire. Il s'agit, par exemple, d'atteindre un emplacement doté de qualités bien définies qui ne se rencontrent pas dans l'espace sacré délimité du sanctuaire : c'est souvent le cas du point d'eau (*tīrtha*) où l'on se rend en procession pour le bain marquant l'apogée de la fête solennelle de Śiva, ou encore du lieu « sauvage » où se déroule la « chasse », autre cérémonie importante de cette fête[4]. Dans un cas comme dans l'autre le lieu choisi et l'itinéraire qui y conduit forment une extension du sanctuaire. Une extension non « limitée » matériellement et très souvent temporaire, dans la mesure où son caractère « sacré » est lié à la célébration solennelle au cours de laquelle il en est fait usage.

Les sorties festives conduisent aussi dans l'espace social. C'est le cas par exemple des processions dans lesquelles est emmené le dieu (transporté souvent dans un char) à travers l'agglomération ou autour de celle-ci, souvent par la « route du char » qui fait le tour du sanctuaire par l'extérieur. Il s'agit à la fois que le dieu se montre à ses fidèles et qu'il prenne possession de l'espace social et donc de l'univers, ou plus exactement, qu'il réitère à l'occasion de cette cérémonie solennelle une prise de possession qui remonte à

4. Barazer-Billoret, 1999, p. 156.

son installation. Les choses peuvent être plus complexes : à Bénarès, un circuit long de « cinq lieues » (c'est le sens de son nom, Pañcakrosa) inscrit la mythologie de Śiva dans l'espace en reprenant sa circumambulation de la ville sainte à l'issue de l'errance expiatoire à laquelle l'avait condamné le meurtre de Brahmā, son père. À Panauti (Népal) la rencontre de processions venues de temples respectifs d'un dieu et de sa parèdre traduit la réitération de l'union de ces deux divinités[5]. On verra plus loin qu'à Tiruvannamalai, la fête solennelle du temple de Śiva sort de l'espace social pour une circumambulation de la colline au sommet de laquelle a été allumé le Liṅga de feu et qui est ainsi intégrée à l'espace immédiat du temple, dont elle représente l'un des éléments mythologiques fondateurs.

Signalons enfin une variante à cet espace « nécessaire », intéressante dans la mesure où elle repose sur une notion centripète de l'espace du temple (ci-dessous, p. 252). Elle concerne le temple de Śrīśailam situé en Andhra Pradesh, dans un massif montagneux et couvert de forêts qui domine la rive sud de la Krishna. Ce temple possède une enceinte au mur décoré de bas-reliefs historiés mais la tradition lui attribue quatre « portes », beaucoup plus lointaines, situées aux directions cardinales à bonne distance de Śrīśailam : il s'agit de quatre bourgades abritant des lieux saints, qui peuvent être considérées comme le point de départ du pèlerinage conduisant à ce célèbre temple de Śiva. Ces quatre « portes » déterminent ainsi une sorte d'extension virtuelle du territoire du dieu, bref de son sanctuaire, dont elles seraient les pavillons d'entrée de l'enceinte extérieure (voir aussi p. 276).

5. Barré *et al.*, 1981.

Un espace large et théoriquement illimité

Au-delà de cet espace « nécessaire », celui du temple peut se prolonger très loin mais de manière beaucoup moins saisissable. Il s'agit désormais de la zone sur laquelle le dieu fait sentir son autorité, son influence et sa puissance ; elle dépasse les limites plus ou moins ritualisées dont on a parlé jusqu'à présent et on pourrait même dire qu'elle débute au-delà d'elles. La communauté qui se réfère au dieu y est souvent discontinue mais les nombreux dévots plus ou moins lointains sont susceptibles de devenir des pèlerins « venus d'ailleurs ».

Cet espace « large » n'a normalement pas de limite précise : pour le définir et tenter de connaître son étendue approximative, il faut juxtaposer et/ou additionner les indications fournies par différentes sortes de marqueurs. Parmi eux il y a des données très matérielles, voire statistiques, comme par exemple la distribution géographique des fondations charitables (gîtes d'étapes, hôpitaux, etc.) qui sont gérées à partir du temple[6], celle des propriétés foncières qui ont été offertes au dieu ou encore l'origine des pèlerins qu'attire le temple lors des grandes fêtes[7]. On a aussi des éléments non quantifiables tels que, par exemple, la dévotion particulière d'un souverain, d'un puissant ou d'une communauté suscitée initialement par un évènement dont le souvenir est perdu. Le cas le plus clair dans ce domaine est sans doute celui des temples d'état dont on reparlera ultérieurement (p. 241 et suiv.) : leur espace large se confond

6. Dagens, 2003, à propos du Cambodge ancien.
7. Guilmoto *et al.*, 1990, à propos de Tiruvannamalai.

plus ou moins avec celui du royaume. Cependant la base politique des temples de cette catégorie limite souvent leur longévité autre qu'archéologique, et naturellement celle de l'espace large qu'ils peuvent générer. De nombreux cas de figures se présentent, parmi les plus remarquables on notera ceux du temple de Jagannātha à Puri ou d'Angkor Vat : leur vie active s'est poursuivie jusqu'à nos jours, en dépit d'un bouleversement des cadres politiques d'origine et même, pour le second, d'un changement d'obédience religieuse. Il arrive aussi que le rayonnement change d'origine, n'émanant plus tellement du dieu, lorsqu'il est encore en culte, mais du temple lui-même devenu objet de fierté plus que de dévotion (*e. g.* Tanjore ou encore les temples de Khajuraho).

Données théoriques et réalités pratiques

S'agissant du « sanctuaire », les traités techniques le désignent parfois par un terme (*bhavana*), dont l'emploi dérive sans doute de son application dans les mêmes ouvrages au « palais », considéré comme l'ensemble complexe d'édifices où se trouve la demeure du roi, ce qui souligne le parallèle souvent établi entre le dieu et le souverain. En revanche, ces mêmes traités ne semblent pas disposer de terme pouvant rendre la pluralité des notions dont on vient de voir qu'elles sont englobées dans l'expression « espace du temple ». Cette lacune apparente ne les empêche cependant pas de s'y intéresser à différentes occasions et dans différents contextes. À propos de la construction du temple, il s'agit d'abord de l'espace dans lequel s'inscrit le temple à construire, puis de celui étroit et limité que génère ce temple une fois construit, et qui correspond au sanctuaire. Lorsqu'ils abordent des rites et cérémonies qui ne sont pas confinés à la cella et à ses annexes immédiates, ces mêmes ouvrages font allusion à l'espace où ils se déroulent, qu'il s'agisse de l'espace « nécessaire » que nous avons défini plus haut ou de l'espace « limité » du sanctuaire : c'est dans ce dernier que se déroulent la plupart des rites, cependant que son caractère sacré conduit à en réglementer l'accès qui n'est pas nécessairement un droit ouvert à tous.

L'espace dans lequel s'inscrit le futur temple

Les données relatives à l'espace dans lequel doit s'inscrire un temple projeté sont pour la plupart regroupées dans des chapitres traitant du choix du site et de l'urbanisme[8].

- Critères de choix

Le choix du site d'un temple est guidé par des critères de « sainteté », de « pureté » et d'une façon plus générale de « normalité ». Les développements théoriques, relatifs à cette question, débutent souvent par une sorte de géographie religieuse de l'Inde : une liste de lieux saints, les uns relevant de l'obédience dont relève le traité, les autres plus universels comme par exemple le Kurukṣetra où s'est déroulé la grande bataille du *Mahābhārata* et que le premier vers de la *Bhagavad Gītā* définit comme le « champ de la norme » (*dharmakṣetra*). Dans tous les cas il s'agit de « proposer » des sites dont la sainteté avérée rend l'installation d'un temple particulièrement fructueuse. Globalement panindiennes, même si quelques haut-lieux mentionnés ont un rôle surtout régional, les listes nominatives sont complétées

8. Dagens, 2009.

par l'énumération de types de lieux considérés comme très appropriés (*e. g.* forêts, confluents), énumération dont on peut se dire qu'elle est sans doute d'un intérêt beaucoup plus immédiat que celle des lieux saints reconnus, mais plutôt lointains.

Les notions de pureté et de normalité sont souvent abordées simultanément ; elles impliquent des examens approfondis du site proposé, examens dont certains peuvent être considérés comme fournissant réellement des données techniques (établissement du caractère perméable ou imperméable du sol, ou encore de sa nature compacte ou foisonnante) : un examen purement visuel concerne l'aspect du site (orientation de la pente, présence de certains arbres, forme, etc.) tandis que l'étude des qualités du sol nécessitera de creuser un trou de préférence au centre du site. On s'intéressera aussi aux êtres qui fréquentent le site et d'une façon plus générale ce qu'on peut appeler son « voisinage » : ainsi il faut s'assurer qu'il n'est pas touché par l'ombre d'un bâtiment socialement impur (maison d'un hors caste, d'un souteneur, etc.). Une remarque à propos de ces prescriptions : en dépit de quelques constantes elles varient beaucoup d'un texte à l'autre.

- Localisation dans et hors de la ville

La localisation des temples dans une cité répond à des principes assez précis. Cependant le temple n'est jamais, à notre connaissance, présenté comme le point central autour duquel peut s'organiser une ville, rôle qui est en revanche attribué au palais royal dans les exposés concernant une « capitale ». La chose est intéressante et même surprenante, car les villes-temples que l'on connaît bien dans la réalité du sud de l'Inde (*e. g.* Madurai, Srirangam, Tiruvannamalai, etc.) ne semblent donc pas avoir suscité de discours normatif. Si les traités nous parlent bien de temples à nombreuses enceintes concentriques (ci-dessous) ils ne suggèrent même pas, à notre connaissance, le glissement du sanctuaire à la ville si sensible dans les exemples cités ci-dessus. Cela pourrait s'expliquer par le fait que ce type de ville n'est sans doute jamais qu'une excroissance accidentelle du temple autour duquel elle s'est constituée, excroissance directement liée au « succès » du lieu saint. Cependant une telle explication reste du domaine de l'hypothèse et ne semble pas pouvoir s'appliquer à l'Asie du Sud-Est où existent de très bons exemples dans lesquels la ville et le temple (qui en marque le centre géométrique) relèvent du même projet et sont parfaitement complémentaires (*e. g.* Angkor Thom autour du temple d'état du Bayon, la ville de P'imai autour du temple du Buddha Vimāya qui lui a donné son nom, ou encore le grand ensemble du Prah Khan de Kompong Svay).

Pour en revenir à l'insertion des temples dans le tissu urbain telle que la suggèrent les traités indiens, ceux-ci l'abordent surtout par le biais de questions liées à l'orientation et à l'affectation à telle ou telle divinité de tel ou tel secteur de la ville. Signalons enfin que la plus ou moins grande centralité des temples a été utilisée dans des querelles sectaires mais que rien n'indique que la hiérarchie *de facto* qu'en déduisent les protagonistes ne soit autre chose qu'une spéculation *a posteriori* sur une situation établie. Ram Raz, l'un des premiers chercheurs à s'être intéressé aux traités techniques sur le temple (ci-dessous p. 319), mentionne dans son étude, parue en 1834, un ouvrage sectaire qui justifie la supériorité du vishnouisme sur le śivaïsme par le fait que certains traités placent le temple de Viṣṇu vers le centre de la ville et celui de Śiva sur sa périphérie. Cela étant, il est bien évident que cette répartition doit beaucoup plus à la nature même de ces deux dieux qu'à la supériorité de l'un sur l'autre : Viṣṇu est beaucoup plus « urbain » que Śiva, la mythologie rattachant souvent ce dernier à des errances en milieu sauvage.

Enfin, on précise à propos de certaines divinités violentes que leurs temples doivent être hors des agglomérations et même assez loin de ces dernières. C'est le cas de Viṣṇu Narasiṃha (l'Homme lion), des Mātṛkā (ces « Mères » dont on fait aussi des dévoreuses d'enfants) ou encore de Śiva Bhairava Kṣetrapāla (une forme terrible et meurtrière, opportunément désignée comme « Gardien du champ »). Cette position « à l'écart » a sans doute une double justification : d'une part, la volonté de placer ces divinités en position de gardiens « dominant » l'ensemble du territoire qu'elles ont la charge de protéger (c'est ainsi le cas d'un des temples de la Déesse de Tiruvannamalai situé au nord de la ville) et de l'autre, le souci de placer à l'écart ces personnages dangereux, même pour leurs fidèles

- Définition et délimitation

L'espace sur lequel va être établi le temple est « préparé » par des opérations rituelles et techniques, souvent menées de pair avec celles qui marquent l'examen du site (ci-dessus). L'une des premières sera un labour qui, avec l'ensemencement qui le suit, permet de vérifier et d'attester la « fertilité » du site qui annonce celle du futur temple. L'opération est d'ailleurs réitérée symboliquement, au début de chaque grande cérémonie, par un rituel au cours duquel des graines semées dans des récipients doivent germer dans un délai très bref (généralement un jour) pour que la cérémonie soit fructueuse.

L'orientation du site est plus technique même si ses motivations sont multiples. Effectuée à l'aide d'un gnomon, elle conduit à une véritable mutation du terrain choisi qu'elle transforme en un espace orienté, donc extensible à l'univers : il s'agit en effet de préparer l'installation dans cet espace d'un Seigneur (*īśvara*), dont on dira souvent qu'il est un Seigneur de l'univers (*lokeśvara*). Cette opération est normalement accomplie au centre du futur temple (c'est-à-dire au centre géométrique de la cella principale, là où se trouvera théoriquement le dieu), ce qui n'est pas sans poser d'éventuels problèmes techniques lors de la construction : selon les cas il faudra à intervalles réguliers soit reporter ce centre en hauteur, soit procéder au report des éléments d'orientation sur la périphérie. L'important est que le point ainsi déterminé est aussi le centre (pas forcément rigoureusement « géométrique ») de l'ensemble plus ou moins complexe qui va se développer autour du temple. On passe donc de la simple notion d'un « terrain à bâtir » à celle d'une réduction de l'univers, définie par son orientation, et par son centre où siégera le dieu.

Les notions de limite et de périphérie, encore assez floues à ce stade, vont être introduites par le biais d'un diagramme (*maṇḍala*) : implanté sur le site une fois orienté, il le couvre théoriquement tout entier (fig. 33). Sa fonction immédiate est de faciliter l'immobilisation sur le sol d'un personnage chtonien dangereux, mais assez mal défini, que l'on appelle « Esprit du site » (*vāstupuruṣa*) : il habite dans le sol du site et ses soubresauts risquent de mettre en péril les futures constructions. Pour y remédier on convoque des dieux qui seront chargés de le maintenir en place et dont chacun a sa place affectée sur le diagramme tandis que l'on installe sur la périphérie externe du même diagramme huit divinités

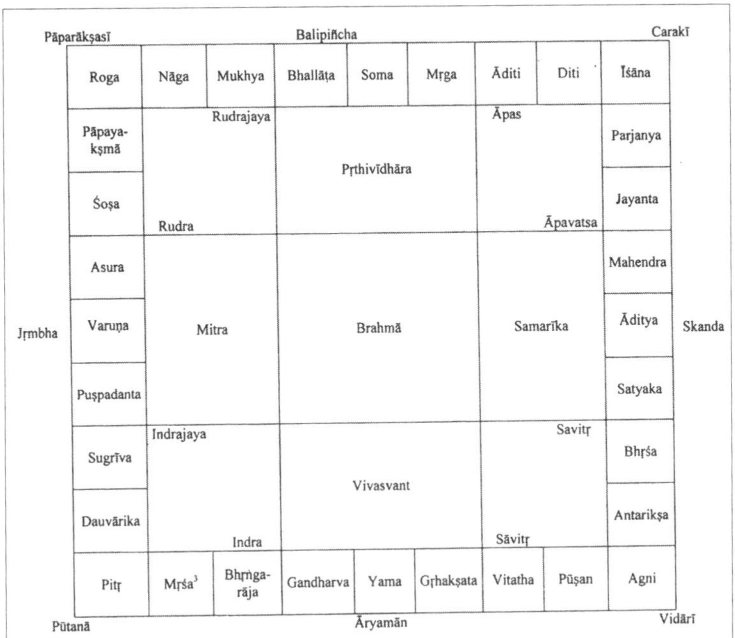

Fig. 33. Diagramme du site (d'après le Dīptāgama*).*

terribles ou malfaisantes simultanément expulsées du site et chargées de sa protection rapprochée.

Ce diagramme a aussi un rôle très pratique puisqu'il va désormais servir de grille de référence pour organiser matériellement le sanctuaire et pour en implanter les différents éléments dont naturellement le temple : ces éléments seront localisés par le nom de la/des divinité(s) affectée(s) à la/aux case(s) correspondante(s) (sans aucun lien, autre qu'accidentel, entre la case affectée à un dieu et la localisation éventuelle de son temple, ou plus exactement de celui d'un dieu du même nom).

Un nouveau diagramme du même genre sera d'ailleurs tracé à l'emplacement de chacun de ces éléments (et, au premier chef, du temple), il jouera au niveau de cette construction particulière le même rôle que le premier au niveau du site, qu'il s'agisse de l'immobilisation du *vāstupuruṣa* propre à cet emplacement ou de la mise en place des différents composants de la construction envisagée.

La notion de limite qui est ainsi introduite par le biais du diagramme implique celle de mesure, ce qui n'est pas sans importance puisque, dans la tradition indienne, la racine verbale « mesurer » (MĀ) a également le sens de « bâtir » [9]. Arriver au stade où l'on mesure, c'est donc passer du choix du site du temple à la construction de ce dernier.

Espace engendré par le temple : le sanctuaire

- Un espace limité, mesurable et mesuré

Le sanctuaire s'arrête sur la face externe de son péribole, que celui-ci soit son enceinte unique ou, dans le cas d'un dispositif à enceintes concentriques, la plus extérieure de toutes. Dans les traités, cette limite est toujours définie en termes de mur, ce qui est le cas aussi dans la pratique indienne courante et il n'y a qu'au Cambodge angkorien que ce mur est normalement doublé d'une douve, qui vient remplacer ou compléter le bassin-réservoir assurant normalement l'alimentation en eau du temple et aussi du village voisin.

À l'intérieur de l'espace ainsi enclos, l'organisation théorique du sanctuaire repose sur un jeu complexe de relations mesurables et mesurées dont le point de départ est toujours le « centre », en d'autres termes le temple, élément principal et seul à être vraiment indispensable. Les dimensions de

9. Staal, 1992.

La douve du temple

La douve qui au Cambodge entoure la plupart des temples est une particularité ignorée de la pratique indienne, comme des traités lorsqu'ils décrivent le temple alors qu'ils considèrent qu'une telle douve est un élément défensif indispensable pour une forteresse. Cette innovation khmère résulte de la rencontre de la tradition régionale des « villes rondes » avec une nécessité rituelle indienne – pourvoir le temple d'une réserve pérenne d'eau – et une vision cosmologique indienne également – celle d'un univers à structure concentrique où alternent chaînes de montagnes et océans.

Les « villes rondes », fréquentes en pays môn dans l'actuelle Thaïlande, sont en réalité de vastes espaces qu'occupaient des villages et des rizières ; plus ou moins arrondies (souvent elliptiques), elles sont délimitées par une large douve qui peut prendre l'aspect discontinu d'une série de bassins allongés placés bout à bout (*e. g.* Dagens, 2005, p. 299). Sans fonction défensive, cette douve est un dispositif destiné à stocker l'eau destinée à l'alimentation des villages et à l'irrigation des rizières (situés les uns et les autres aussi bien à l'intérieur qu'à l'extérieur de la « ville »).

Les Khmers ont emprunté à leurs voisins cette forme très fonctionnelle, quitte à l'adapter à leur propre vision des choses, en la faisant passer d'une forme grossièrement annulaire à un tracé orthogonal et orienté. Tout en réinventant ainsi l'alimentation en eau du temple indien, les Khmers ont également matérialisé le schéma cosmologique bien connu qui place au centre de l'Univers le mont Meru ; à son pied se trouve le continent central béni des dieux, le Jambudvīpa (qui n'est autre que l'Inde) et bordé aussi par l'Océan. Dans la composition khmère, le Meru est la tour du temple ou sa pyramide centrale ; les cours et les dépendances qui l'entourent sont le Jambudvīpa ; enfin la douve est l'Océan qui borde ce continent.

De plus, maîtres dans l'art d'accumuler les images symboliques, les Khmers ont, dès le IXe siècle, bordé les chaussées franchissant cette douve par des balustrades en forme de serpents. Comme Paul Mus l'a montré autrefois dans un article éblouissant, ces serpents sont dans la tradition khmère des arcs-en-ciel, arcs-en-ciel qui, dans la tradition indienne cette fois-ci, sont des ponts reliant le monde des hommes à celui des dieux (Mus, 1936) !

tous les éléments secondaires de ce sanctuaire – annexes, espaces non bâtis, murs d'enceintes et pavillons d'entrée mais aussi images, autels à offrandes, etc. – sont régies par un système de proportions unique dont l'unité de référence est fixée en fonction du temple principal, lui-même étant en proportions avec l'objet de culte que contient sa cella.

Dans les traités, les dimensions de la cour du temple ou des cours concentriques seront déterminées à partir de la largeur du temple principal, largeur désignée pour l'occasion par le terme fort approprié de *daṇḍa* puisqu'il est appliqué normalement au « module », mesure relative fondée sur la largeur du pilier comme dans les traités occidentaux. Dans la pratique les rapports proportionnels, lorsqu'ils sont vérifiables, sont parfois très complexes et mettent éventuellement en relation des dimensions horizontales et verticales. Tanjore en fournit un très bon exemple : comme le montre la figure 34, l'organisation du sanctuaire (dimensions des enceintes, position du taureau, dimensions des pavillons d'entrée) est intégrée dans un système unique de références renvoyant à la hauteur du temple[10]. Un schéma analogue se retrouve quelques années plus tard à Gangaikondacolapuram.

Les indications relatives aux dimensions sont accompagnées d'instructions sur la façon de les mettre en œuvre ; très précises mais aussi très ouvertes, elles laissent une grande latitude à cette mise en œuvre. Ainsi les valeurs fournies pour la longueur d'un mur d'enceinte peuvent être appliquées à sa face intérieure ou extérieure ou à son axe longitudinal médian ; de la même manière toutes les dimensions fournies sont susceptibles d'être légèrement

10. Pichard, 1995.

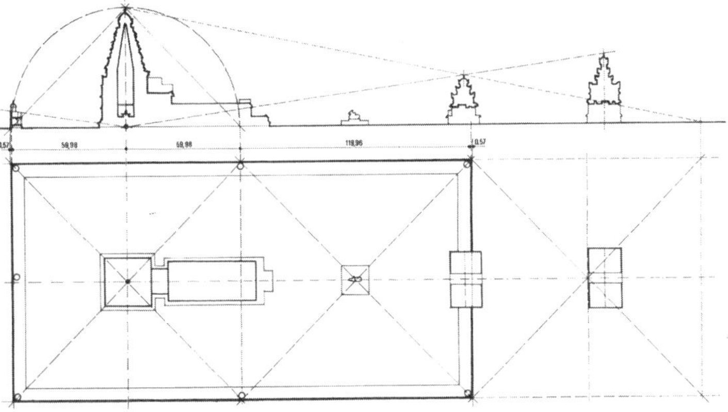

Fig. 34. Jeu de proportions dans l'organisation du sanctuaire du temple de Śiva à Tanjore (Pichard, 1995).

modifiées afin d'être mises en conformité avec des calculs complexes se terminant par une division dont le reste doit correspondre à un nombre faste pour que la construction soit heureuse[11].

- Un espace occupé et peuplé

La description du sanctuaire ajoute à ses développements sur les murs et pavillons d'entrée, des listes plus ou moins longues et plus ou moins précises d'éléments de diverses natures qui doivent être placés dans la ou les cours du temple, complétés par les structures temporaires installées à l'occasion de certaines cérémonies et dont les caractéristiques sont fournies dans les chapitres de rituel.

Les éléments permanents du sanctuaire sont d'abord les chapelles d'assesseurs et les bâtiments de service, structures indépendantes ou au contraire installées dans des

11. Schildt, à paraître.

galeries adossées au(x) mur(s) d'enceinte et formant cloître (ci-dessous). C'est à propos des chapelles que les indications sont les plus précises et les plus constantes d'un texte à l'autre (position et orientation, type d'édifice quand c'est une structure indépendante, etc.). Les bâtiments de service sont d'abord des pavillons à usage rituel : pavillon sacrificiel (pour les oblations) mais aussi pavillon pour la danse, pavillon d'audience (destiné à recevoir les images mobiles utilisées dans les processions), pavillon pour le mariage du dieu et de la déesse, etc. ; à cela s'ajoutent un trésor pour les parures du dieu, des abris pour les instruments rituels, un grenier, une cuisine pour préparer les repas du dieu et les réserves diverses qui l'accompagnent, une salle pour écouter les lectures pieuses et une école, etc.[12] Sont mentionnés également des points d'eau – puits, bassins – ainsi que, à l'occasion, l'étable pour l'éléphant du temple, les jardins et vergers pour fournir les fleurs, fruits, noix de coco, bananes et autres qui seront offerts quotidiennement au dieu ; etc.

En dehors de ces édifices et aménagements, il existe divers compléments quasi-indispensables du temple. Les autels à offrandes servent lors des rites quotidiens (en particulier lors de la procession désignée comme la « fête quotidienne », *nityotsava*) et sont placés sur l'axe majeur du temple entre la porte de la cella et le pavillon d'entrée. Sur le même axe on trouve aussi le mât de l'étendard que les traités mentionnent surtout à propos des fêtes solennelles dont le début et la fin sont marqués par le lever et la descente de cet étendard ; les textes précisent que le mât est dressé avant la fête et ajoutent parfois qu'il est détruit après.

12. Dagens, 1977/1984, § 5.9-10.

Dans la pratique on constate que c'est un élément permanent qui, de plus, sert de repère dans la hiérarchisation sociale de l'espace du temple (ci-dessous, p. 228).

L'implantation de ces éléments, leurs proportions, leur orientation, etc. sont codifiées avec précision (même si les prescriptions peuvent varier d'un traité à un autre). Comme on l'a vu précédemment la localisation est fréquemment donnée par référence à un diagramme implicite ; quant aux dimensions elles sont en proportions avec celles du temple tandis que l'organisation générale se fonde sur des schémas orientés et concentriques eux aussi à partir du temple. L'orientation se traduit par l'affectation à des directions précises des assesseurs dont les chapelles font normalement face au temple, du moins celles qui se trouvent à proximité immédiate du temple. Des principes analogues concernent certaines annexes, en particulier le puits qui se trouve toujours dans le quart nord-est du sanctuaire et la cuisine située dans le quart sud-est.

De la théologie à l'architecture ou l'organisation concentrique du sanctuaire

- Les témoignages archéologiques

Le dispositif concentrique sur lequel se fonde au moins implicitement l'organisation du sanctuaire peut se matérialiser par un découpage architectural de l'espace qui sépare le temple du péribole. La chose peut se limiter à l'organisation de rangées concentriques de chapelles homogènes comme par exemple à Candi Sewu en Indonésie, où les deux premières rangées de chapelles sont ouvertes vers l'extérieur du dispositif et non vers le temple central. En revanche en Inde du Sud et dans le Cambodge ancien l'organisation s'articule de façon beaucoup plus nette mais sous des formes le plus souvent différentes et mises en œuvre également selon des modalités différentes. En effet, ce découpage se traduit selon les cas par la présence d'enceintes intermédiaires entre le temple et son péribole ou par celle d'une pyramide à degrés au sommet de laquelle se trouve le temple, ou par la combinaison de ces deux types d'aménagement. Les murs d'enceinte concentriques et les pavillons d'entrée qui permettent de les franchir sont de hauteurs croissantes au fur et à mesure que l'on s'éloigne du temple, ou au contraire sont tous semblables. Enfin le dispositif est souvent le résultat d'un processus dynamique pouvant s'étaler sur plusieurs siècles.

L'Inde du Sud ignore la pyramide et n'utilise que le dispositif à enceintes et pavillons d'entrée de taille croissante, qui est d'ailleurs théorisé dans la littérature technique sanskrite de cette région. Il y fait son apparition dans les premières années du XIe siècle (à Tanjore) et par la suite devient de règle pour tous les temples de quelque ampleur, mais il semble le plus souvent le résultat d'un phénomène historique d'extension du sanctuaire : l'enveloppement d'un ensemble existant par un nouveau péribole dont les murs et les pavillons d'entrée sont à chaque fois plus hauts que dans le cas précédent. Cet aspect dynamique, totalement ignoré des présentations théoriques (ci-dessous) se voit parfaitement à Tiruvannamalai : dans le dispositif initial (début du XIe s.) le temple n'a qu'*une seule* enceinte et ce n'est que par étapes qu'on arrive au XVIIe siècle à la composition actuelle à cinq enceintes concentriques (fig. 35 et ci-dessous, p. 174). Des constatations analogues peuvent être faites à propos de monuments moins bien documentés tels que Srirangam, Madurai ou Cidambaram, pour ne citer que quelques uns des plus importants.

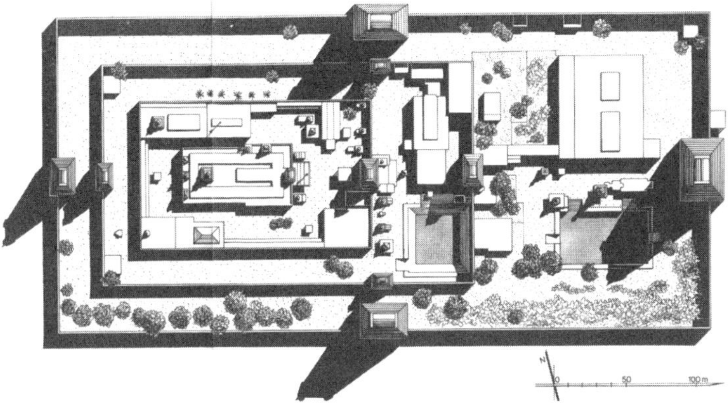

Fig. 35. Tiruvannamalai : Temple de Śiva Aruṇācaleśvara (plan des toitures de Pierre Pichard in Tiruvannamalai *2).*
A : 1e et 2e enceintes presqu'entièrement couvertes ; B, C et D : 3e, 4e et 5e enceintes. La double enceinte centrale n'a qu'un seul pavillon d'entrée (à l'est), les autres en ont quatre.

De son côté le Cambodge utilise deux dispositifs, celui à pyramide à degrés d'une part et, de l'autre, celui à enceintes multiples mais à peu près homogènes. Ils apparaissent tous les deux sans doute dès le IXe siècle (peut-être un peu avant). Caractéristique des temples d'état (*alias* « temples-montagnes »), la pyramide à degrés trouve sa première forme parfaitement achevée au Phnom Bakheng (fin du IXe s.) (fig. 37 de l'encadré p. 157) ; les principales étapes de son histoire, dont on trouvera le détail ci-dessous, sont ensuite marquées par le temple de Ta Kèv (fin Xe s., apparition de la galerie du 2e étage) (fig. 38 de l'encadré p. 157), puis par Angkor Vat (XIIe s.) (fig. 46, p. 179) qui marque l'apogée du type.

Quant au dispositif à enceintes multiples il semble faire son apparition au Cambodge à Prah Ko (courant IXe s.) où deux enceintes concentriques entourent le groupe de six tours qui constitue le centre de ce temple aux ancêtres. La fin du Xe siècle voit l'adoption du dispositif à enceintes et pavillons d'entrée de taille croissante au temple de Śiva à Banteay Srei (temple à plat inauguré en 967) : la chose, sans lendemain au Cambodge, fait cependant de ce monument *khmer* le plus ancien exemple de ce type de composition dans tout le monde indien ; il est, en particulier, antérieur d'une quarantaine d'années au temple de Tanjore considéré comme la première réalisation bien caractérisée du genre en Inde. Par la suite c'est le dispositif à enceintes concentriques homogènes qui se perpétue et débouche sur les grands ensembles des XIIe-XIIIe siècles (Beng Mealea, puis Ta Prohm et les autres fondations de Jayavarman VII).

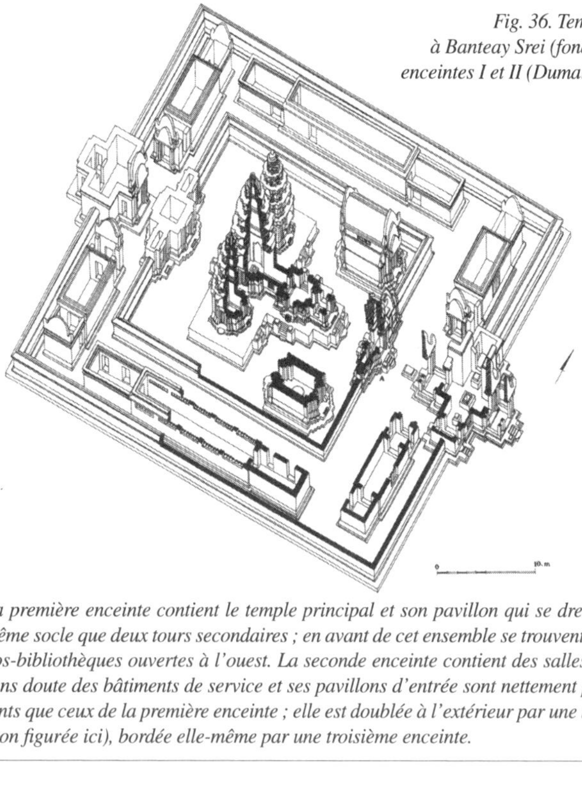

Fig. 36. Temple de Śiva à Banteay Srei (fondé en 967) : enceintes I et II (Dumarçay, 1988).

La première enceinte contient le temple principal et son pavillon qui se dressent sur le même socle que deux tours secondaires ; en avant de cet ensemble se trouvent deux pseudos-bibliothèques ouvertes à l'ouest. La seconde enceinte contient des salles allongées, sans doute des bâtiments de service et ses pavillons d'entrée sont nettement plus importants que ceux de la première enceinte ; elle est doublée à l'extérieur par une large douve (non figurée ici), bordée elle-même par une troisième enceinte.

Temples-montagnes du Cambodge et enceintes concentriques

Après Ak Yum et surtout le Bakong, premier temple-montagne bien déterminé, le temple d'état du Phnom Bakheng marque une première étape avec sa pyramide à degrés couverte de tours (fin IXe s.). Le temple principal y est en effet entouré de 108 chapelles réparties régulièrement sur les cinq degrés et au pied de la pyramide dont des effets perspectifs amplifient la hauteur. Au niveau supérieur, le temple principal et les quatre chapelles les plus importantes forment un quinconce.

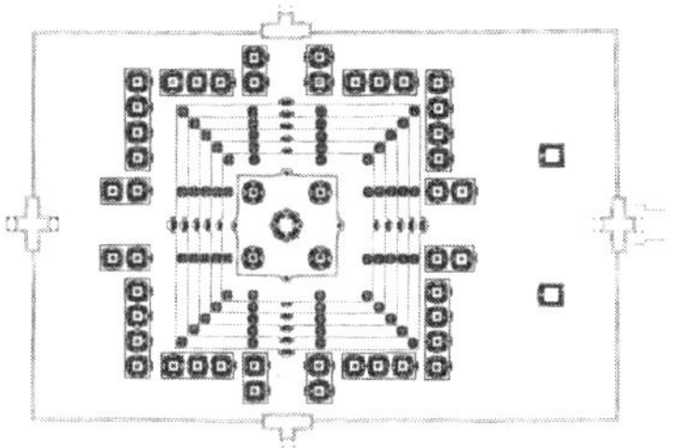

Fig. 37. Temple de Śiva, Phnom Bakheng (temple d'état, Angkor fin IXe s.) (Dumarçay, 1972). La pyramide comporte cinq degrés sur chacun desquels il y a douze tours, abritant chacune un Liṅga.

Le Xe siècle voit le début de la combinaison de la pyramide à degrés et du dispositif à enceintes multiples (Pre Rup, inauguré en 961).

C'est ensuite une nouvelle étape majeure avec la construction du temple-montagne de Ta Kèv (fig. 38), qui, entreprise vers l'époque de la fondation de Banteay Srei (donc aux environs de 967), se poursuit jusqu'aux premières années du XIe siècle (le temple ne sera jamais

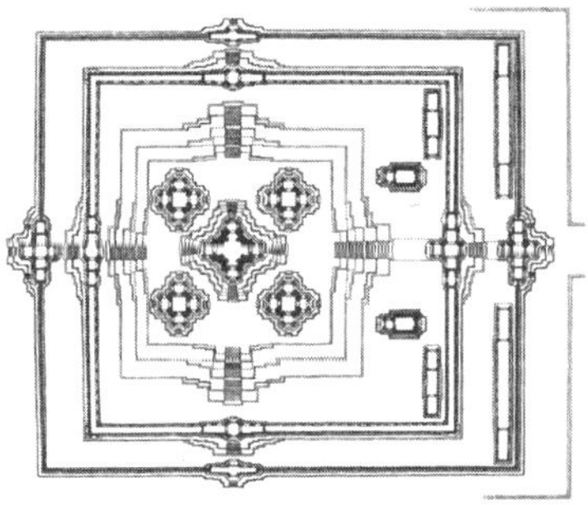

Fig. 38. Temple de Śiva, Ta Kèv (temple d'état, Angkor, 2nde moitié du Xe s.) (Dumarçay, 1971). Le dispositif est beaucoup plus épuré qu'au Phnom Bakheng ; un énorme soubassement à trois degrés remplace les trois étages supérieurs de la pyramide ; le 1er étage est bordé par un mur et le 2nd par une galerie non accessible avec des fenêtres ouvertes sur sa face intérieure et des fausses-fenêtres sur sa face extérieure.

achevé). La pyramide a trois degrés, le premier est bordé par un mur d'enceinte mais la grande nouveauté du monument (où les effets perspectifs ont une grande importance) est la présence au deuxième étage de la pyramide d'une galerie-enceinte délimitant une cour au centre de laquelle se dresse l'énorme soutènement à trois niveaux du troisième étage où se retrouve le quinconce de tours du Phnom Bakheng, devenu la parfaite expression du quintuple aspect de Śiva. Cette galerie est aveugle sur sa face extérieure (décorée de fausses-fenêtres) et ouverte par des fenêtres à barreaux sur l'intérieur de la cour, suggérant ainsi qu'elle est destinée à isoler l'espace qu'elle enferme. Précisons que sa fonction ne peut être que symbolique ou esthétique puisqu'aucune porte ne permet d'y pénétrer.

Les trois siècles suivants, les derniers de la période angkorienne, voient le dispositif de la pyramide à galeries se perfectionner au Baphuon pour atteindre son apogée à Angkor Vat : le découpage en zones concentriques alternativement ouvertes et fermées organise de façon remarquable la partie centrale du sanctuaire (voir ci-dessous, p. 180-182). On retrouve la galerie du deuxième étage de Ta Kèv (mais cette fois-ci c'est une circulation accessible) ; quant au quinconce du troisième étage qui n'avait plus guère de sens théologique dans un contexte vichnouite, il voit ses quatre tours secondaires transformées en couronnement des pavillons d'angle d'une galerie pourtournante ouverte sur ses deux faces. Le dernier représentant de la série, le Bayon d'Angkor, reprend sous son aspect baroque certaines des innovations d'Angkor Vat (galerie du deuxième étage) mais supprime la galerie périphérique du troisième étage où le quinconce est remplacé par une structure à la fois plus complexe et plus unitaire.

Pour en revenir à Banteay Srei, il faut remarquer que ce temple est marqué aussi par un important renouvellement de l'iconographie et l'apparition d'images nouvelles dont l'origine ne peut être que l'Inde du Sud (*e. g.* celle de Kāreikkālammeiyār, poétesse tamoule dévote de Śiva) ;

on peut penser que l'idée des enceintes de taille croissante était alors « en l'air » en Inde du Sud et qu'elle a fait partie d'un ensemble de concepts nouveaux dont le fondateur de Banteay Srei, un savant brahmane, avait eu connaissance et mis en application dans ce temple.

- La mise en théorie du dispositif concentrique

Si l'on se tourne maintenant du côté des traités normatifs, on constate que le dispositif à enceintes concentriques de hauteurs croissantes est le seul qu'ils connaissent et que, de plus, c'est pour eux le dispositif « normal » : le sanctuaire parfait est toujours défini comme celui qui possède le nombre maximum d'enceintes prévues par le traité concerné. Dans cette optique un temple entouré d'une seule enceinte n'est que le terme inférieur d'une série plus ou moins continue qui va jusqu'au modèle parfait. Des explications assez confuses sont d'ailleurs fournies à propos des temples qui n'atteignent pas le chiffre maximum d'enceintes et, en particulier, ceux qui n'en ont qu'une, l'idée générale semblant être qu'une enceinte unique doit être plus vaste que la première enceinte d'un ensemble complexe. Précisons enfin que, selon la tradition la plus répandue dans cette littérature technique, le maximum est de cinq enceintes. Quelques textes vichnouites réduisent ce nombre à trois, tandis que d'autres, plus nombreux et, semble-t-il, tous vichnouites également, dépassent le chiffre de cinq, sans doute dans le souci d'intégrer à la norme le temple de Srirangam, le plus vaste et l'un des plus vénérés des temples vichnouites dont le nombre d'enceintes est de sept ou huit selon le système adopté pour les compter[13].

13. Rao, 1967.

Ces présentations théoriques font donc du schéma à enceintes concentriques un projet architectural coordonné et destiné à être mis en place en une seule fois, quel que soit le nombre d'enceintes. Comme on l'a déjà dit, elles n'envisagent pas le phénomène dynamique d'une composition progressive sur le long terme qui, cependant, semble de règle en Inde où l'adjonction d'une ou plusieurs enceintes se fait toujours par enveloppement de l'ensemble existant et, jamais, sauf erreur de notre part, par intercalation d'une enceinte intermédiaire. La seule chose qui pourrait y faire penser est une formule très générale et peu claire que l'on trouve souvent à propos des rénovations ou des réparations et selon laquelle il faut reconstruire à l'identique ou plus grand, mais c'est bien mince.

Le cas du Cambodge est différent. Angkor Vat présente le cas remarquable d'un ensemble à quatre enceintes – trois sur les degrés de la pyramide, la quatrième jumelée avec une douve constituant le péribole – prévu et construit en une seule fois. Le Bayon est bâti sur le même schéma mais sa pyramide a été entourée tardivement par une enceinte intermédiaire formant un nouveau péribole plus restreint que celui d'origine. Certains temples à plat comme Ta Prohm ou Ta Som se sont vu rajouter une enceinte correspondant à une extension du sanctuaire et aboutissant à y enfermer le binôme douve-enceinte qui constituait à l'origine le péribole. Dans certains cas aussi on voit les traces de la mise en place d'une enceinte intermédiaire (entre les première et seconde enceintes d'origine à Prah Khan) sans qu'on sache s'il s'agissait d'un simple aménagement ou d'une volonté de diminuer le sanctuaire comme pour le Bayon.

En Inde ou ailleurs, les schémas concentriques intègrent dans leur composition deux types d'éléments architecturaux que possèdent aussi les sanctuaires à enceinte unique, mais qui là jouent un rôle tout à fait particulier ; on les présentera donc ici avant d'aborder la question de la finalité de ces schémas. Il s'agit des pavillons d'entrée qui permettent de franchir le péribole et les autres enceintes quand elles existent et des galeries ou des structures continues analogues qui viennent à l'occasion s'adosser à certains murs d'enceinte ou éventuellement se substituer à eux.

- Les pavillons d'entrée

Les pavillons d'entrée de temples connus en Inde sont de deux types : l'un est un édifice assez simple, couvert d'un toit plat et dépourvu d'étage ou de superstructure. Désigné par le terme *pratolī*, il est pratiquement inconnu au sud de la Krishna, en particulier en pays tamoul et n'entre pas dans la composition des schémas concentriques. On en a de bons exemples au temple de Nivṛttisaṅgameśvara (Saṅgameśvara, Andhra Pradesh) qui se trouve juste sur la Krishna et dont deux des quatre pavillons d'entrée sont de ce type, les deux autres étant du second (voir plan ci-dessous, fig. 50, p. 215).

Ce second type (fig. 39) est pourvu d'une couverture analogue à la superstructure à (faux-)étages que nous avons décrite à propos des temples, et d'ailleurs les traités prescrivent qu'il soit « comme un temple » (*prāsādavat*) ; techniquement il est désigné par le mot *gopura*, ce qui est ambigu puisque c'est à la fois le terme générique désignant ce type de pavillon d'entrée et le nom spécifique de celui de l'enceinte formant péribole dans les schémas concentriques[14]. Utilisé

14. *Gopura* s'applique également aux portes monumentales de l'architecture civile (villes et palais, voir J. Filliozat, 1959), comme *pratolī* qui est rarement appliqué aux sanctuaires ; la description de Laṅkā dans le *Rāmāyaṇa* mentionne les deux termes simultanément (*gopurāṭṭapratolīṣu caryāsu vividhāsu ca*/ VI.62.6ab).

dans des compositions concentriques ou non, on le trouve à peu près exclusivement en Inde du Sud et au Cambodge. En Inde, les étages de ces *gopura* sont accessibles par un escalier intérieur et leur hauteur peut être considérable : une soixantaine de mètres pour ceux de l'enceinte extérieure du temple de Madurai, par exemple. En revanche au Cambodge qui a, comme nous le verrons, réinventé ces *gopura*, ils sont caractérisés par un passage central traité en cella et par une superstructure non accessible et toujours de dimensions modestes (ci-dessous, p. 306-307 et fig. *ad loc.*).

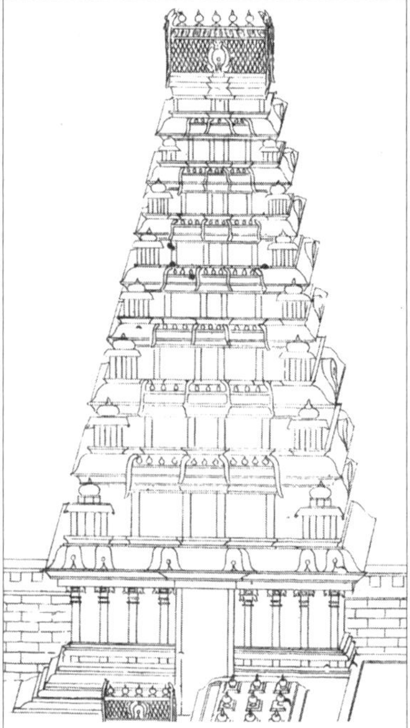

Fig. 39. Pavillon d'entrée (XVIIe s.) du péribole du temple de Tiruvarur (Tamilnad) (Ram Raz, 1834). Le pavillon d'entrée a huit paliers (y compris le rez-de-chaussée) ; les étages sont accessibles par un escalier intérieur. Le plan est rectangulaire ce qui se traduit par un toit en carène et cinq motifs de couronnement alignés sur la faîtière.

- Galeries et structures analogues

Il est assez fréquent qu'une galerie ou une structure analogue soit adossée à un mur d'enceinte ou encore qu'elle le remplace ; le dernier cas est courant au Cambodge où le mur du fond des galeries tenant lieu d'enceintes est percé de fenêtres, à moins que celles-ci ne soient remplacées par de fausses-fenêtres sur la face externe. La galerie peut se présenter comme un alignement de cellules ou de chapelles ou bien comme une circulation bordée par un portique ouvert ou par un mur percé de fenêtres. Elle est généralement ouverte vers le centre de la composition et forme alors cloître (sur la position inverse voir ci après). Comme on le verra à propos d'Angkor Vat, ces galeries peuvent jouer un rôle important dans l'organisation symbolique du sanctuaire soulignant avec force le caractère « fermé » ou « ouvert » de certaines zones.

Les alignements de chapelles adossées à un mur d'enceinte unique et faisant face directement au temple principal remontent sans doute à un modèle bouddhique où cellules de moines ou chapelles bordent la cour au centre de laquelle se dresse un stūpa (ci-dessous, p. 294-295). Le dispositif se répand assez tôt hors du bouddhisme et à travers toute l'Inde puisqu'on le voit aussi bien au Tamilnad au début du VIIIe siècle (Kailāsanātha de Kancipuram) qu'au Cachemire (temples d'Avantipur) dans le courant du IXe ; plus tard on le retrouve au Karnataka dans des monuments Hoyṣala (*e. g.* Somnathpur), etc. Quant à la galerie formant cloître entourant immédiatement le temple principal, elle existe en particulier dans les temples d'état de la période Cola en Inde du Sud (Tanjore, Gangaikondacolapuram, Darasuram) où, contenant éventuellement des statues ou des Liṅga, elle semble prendre la suite des chapelles du Kailāsanātha de Kancipuram. Un dispositif analogue se retrouve dans des temples d'état du Cambodge : à Ta Kèv puis à Angkor Vat et enfin au Bayon. Cette convergence semble en faire un élément de définition des temples d'état commun à ces deux régions (ci-dessous, p. 244). Au regard de ces galeries formant cloître relativement courantes, celles qui s'adossent à la face externe d'un mur d'enceinte sont plus rares ;

les exemples cambodgiens où elles abritent des bas-reliefs sont probablement les plus remarquables (Bayon et Angkor Vat ; ci-dessous).

- Finalité des schémas concentriques ?

On peut s'interroger sur la finalité des compositions concentriques et de leur agencement. Certes, elles matérialisent l'organisation implicitement hiérarchique de l'espace intérieur du sanctuaire, en créant des barrières jalonnant des niveaux de sacré qui sont aussi des niveaux d'interdit d'autant plus contraignants qu'on s'enfonce dans le sacré : on peut dire qu'il s'agit de renforcer la protection du dieu contre les pollutions possibles. Cette hypothèse explique parfaitement le découpage en zones concentriques présenté comme le résultat d'un projet unitaire ; on peut considérer qu'elle justifie aussi la création et la croissance d'un tel sanctuaire à l'échelle historique par l'adjonction successive d'enceintes enveloppantes où chaque enceinte supplémentaire renforce la protection du dieu contre les pollutions extérieures, tout en donnant plus de place pour multiplier les annexes du temple. En revanche, on ne comprend pas très bien comment peuvent s'expliquer dans une telle optique les dimensions croissantes au fur et à mesure que l'on s'éloigne du centre.

Pour justifier cette progression, on peut proposer une explication purement géométrique, ou si l'on veut purement architecturale : il s'agirait d'un essai pour garder constants, visuellement sinon exactement, les rapports de proportions entre la longueur des côtés de l'enceinte (qui va nécessairement en croissant) et la hauteur du mur ainsi que la taille des pavillons d'entrée. Simultanément on pourrait avoir l'image, à première vue géométrique elle aussi, d'un rayon lumineux qui va en s'élargissant au fur et à mesure qu'il s'éloigne de sa

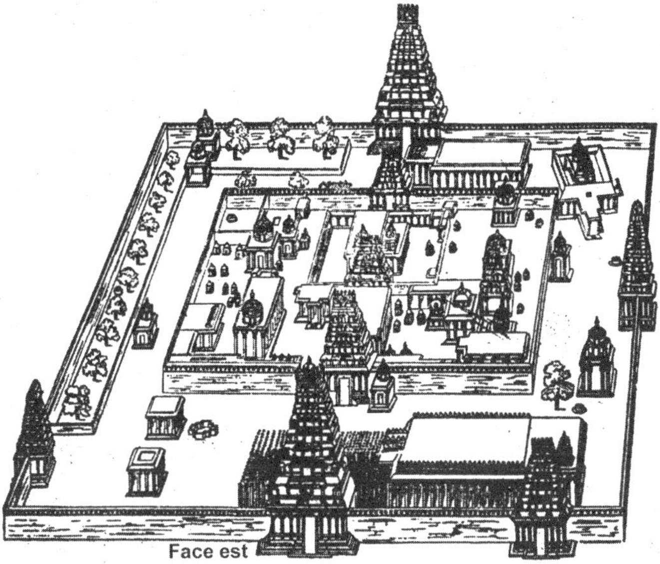

Fig. 40. Sanctuaire de Śiva à Tiruvarur (Tamilnad Xe-XVIIe s.) ; vue cavalière (Ram Raz, 1834).
Le sanctuaire a trois enceintes et c'est un double temple de Śiva qui se trouve dans l'enceinte centrale ; les pavillons d'entrée de la 3e enceinte sont disposés irrégulièrement : les trois principaux sont au centre des faces est, nord et ouest ; mais deux autres plus petits ont été ajoutés à l'est-nord-est et au sud-sud-est. On remarque dans l'est de la 3e enceinte (ici au premier plan) un pavillon aux mille-piliers. Enfin le temple de la Déesse se trouve dans l'angle nord-est (orienté à l'est mais légèrement désaxé).

source. Le rayon lumineux en question serait celui qui jaillit de l'œil du dieu : c'est là en effet une image banale, en particulier en ce qui concerne Śiva : on sait que c'est d'un rayon surgi de son troisième œil qu'il foudroie Kāma, le dieu de l'amour venu le troubler dans son ascèse. Plus pacifiquement, il y a le rayon lumineux qui jaillit du front du Buddha pour illuminer les mondes comme le racontent à l'envie de célèbres textes bouddhiques mahâyâniques. Dans un cas comme dans l'autre nous retrouvons la ligne directrice du temple, celle qui dans un mouvement centrifuge jaillit de la cella.

On remarquera en passant que par un effet perspectif *inverse* la composition aboutit dans cette optique à rapprocher les jalons qui marquent le tracé rectiligne de ce mouvement vers le monde extérieur : en effet la taille de plus en plus grande des pavillons d'entrée diminue fictivement leur éloignement depuis le centre, contrairement à ce qui se passe quand ils sont, comme au Cambodge, de dimensions homogènes (ce qui se traduit par une diminution visuelle de hauteur proportionnelle à l'éloignement réel). On verra plus loin qu'il est possible de retrouver la ligne directrice du temple de façon différente et peut-être plus satisfaisante si l'on se place dans l'optique plus logique de l'approche progressive du dieu par le dévot (p. 277)[15].

L'espace extérieur au sanctuaire

La littérature technique relative au temple s'intéresse peu à l'espace extérieur au sanctuaire. Consacrant souvent un chapitre à l'urbanisme, elle y traite à l'occasion de la position des temples ; ce faisant elle fournit quelques indications à travers la mention de certains interdits : la rue qui mène à la porte principale du temple est interdite aux intouchables et aux groupes considérés comme polluants, autant sans doute par ce qu'elle est peuplée de brahmanes que parce qu'elle mène au temple. Cette prise en compte de l'espace extérieur relève visiblement ici du domaine social comme on aura l'occasion de le vérifier à propos des principes qui régissent l'approche du temple et du dieu qui l'habite.

15. Pour une autre interprétation voir Pierre Pichard *in* L'Hernault *et al.*, 1990, p. 94-96.

Mis à part les cas de ce genre, les textes théoriques ne fournissent guère de précisions. Ils ignorent en particulier cet espace large que l'on peut définir comme la « zone de rayonnement » du temple, celle qui est son devenir puisqu'elle est normalement conséquence de son succès. La chose se comprend bien dans la mesure où ce succès va sans dire, si la norme que définit le traité a été suivie, la diversité de cette norme et les expiations proposées permettant d'éventuels écarts sans conséquences fâcheuses. À cela s'ajoute peut-être qu'il s'agit là (aux yeux des auteurs de traités sinon aux nôtres) de phénomènes non quantifiables, dont, de toute manière, la quantification théorique ne pourrait être que préalable et aboutirait donc à établir un cadre restrictif, inconcevable par principe, s'agissant de la puissance divine.

Tiruvannamalai : le temple et la ville

Un lieu saint bipolaire

Tiruvannamalai, ville du Tamilnad et lieu saint consacré à Śiva Aruṇācaleśvara, se caractérise par la juxtaposition d'un vaste sanctuaire et d'une montagne « sacrée ». Adossé à la montagne, le sanctuaire est situé au cœur de la ville qu'il a générée mais qui, grâce à sa position stratégique sur un grand axe commercial, est très tôt devenue un centre économique important. L'histoire archéologique et épigraphique du site se suit depuis la fin du IXe siècle mais des témoignages littéraires tamouls le concernant sont plus anciens et remontent sans doute aux VIIe et VIIIe siècles ; ces diverses sources permettent de constater la croissance régulière du sanctuaire et des autres monuments du Xe siècle au début du XVIIe.

Bien documenté grâce à une remarquable monographie à plusieurs voix (*Tiruvannamalai* 1 à 5), ce lieu saint permet d'envisager l'espace du temple dont nous avons vu quelques uns des aspects théoriques à travers une réalité monumentale à la fois très représentative et, en un sens, très ordinaire.

Les bases mythiques du lieu saint sont solides : c'est sur la montagne que Śiva serait apparu à Viṣṇu et Brahmā sous la forme d'une colonne de feu ce que commémore chaque année la grande fête du temple lors du mois de Karttikai (novembre-décembre) ; c'est aussi à Tiruvannamalai que Śiva et Pārvatī se seraient fondus en un seul être, le Seigneur-moitié-femme (*ardhanarīśvara*) et enfin c'est là qu'aurait eu lieu leur « sainte querelle amoureuse », célèbre en pays tamoul ; on ajoute même parfois que c'est à Tiruvannamalai que la déesse Durgā, mandatée par les dieux, aurait, sous sa forme de Mahiṣāsuramardinī, tué le démon buffle. Enfin dans la géographie sacrée du pays tamoul, Tiruvannamalai est le siège du Liṅga de feu, l'un des cinq « Liṅga des éléments » (ci-dessus, p. 29).

La combinaison d'un sanctuaire et d'une montagne dans un même lieu saint n'a rien d'exceptionnel dans le monde indien, mais une des particularités de Tiruvannamalai est que le cadre topographique a permis de donner à la montagne une « indépendance » par rapport au sanctuaire et, simultanément, d'y organiser lors des grandes fêtes autour de la colline un cycle de pratiques rituelles liées à celles qui se déroulent dans le sanctuaire construit : l'espace de la colline est d'un côté un prolongement de celui du sanctuaire, et de l'autre se substitue à lui au point que l'ensemble

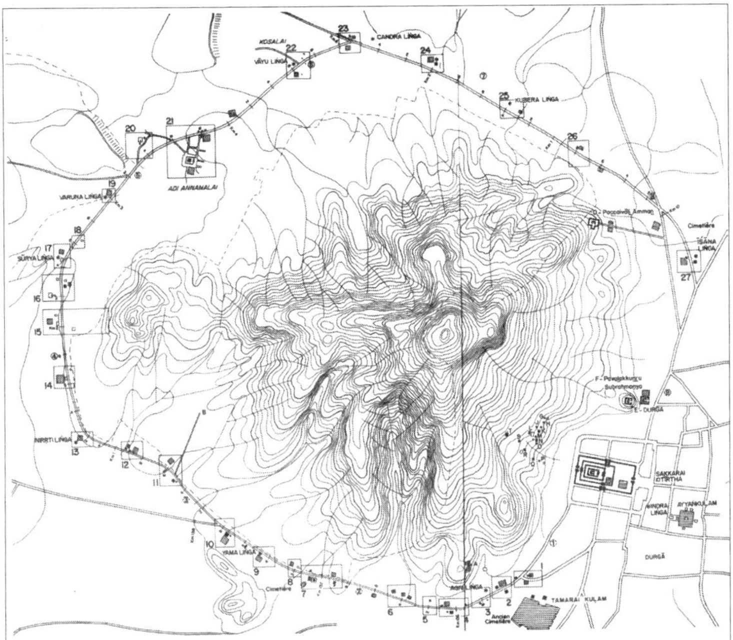

Fig. 41. Tiruvannamalai : ensemble du lieu saint (d'après Tiruvannamalai *2). La ville se trouve au sud-est de la montagne ; elle est construite autour du temple dont l'orientation est légèrement décalée et dont le péribole est entouré par la « route du char » utilisée lors des processions. La route qui fait le tour de la montagne est jalonnée de temples et reposoirs.*

construit peut apparaître comme un double de ce « temple » que constitue la colline et son entourage immédiat ; un bon exemple en est fourni au moment de la grande fête de Karttikai lorsque l'apparition de Śiva dans la colonne de feu est commémorée en allumant deux grands brasiers, l'un au sommet de la colline et l'autre devant le temple.

Le temple, son sanctuaire et la ville

Dans son premier état, antérieur à 1030, (le soubassement remontant sans doute au début du xe siècle), le temple était un édifice à corps unique et avant-corps formant vestibule d'entrée, le tout enclos par une enceinte unique ; des modifications et adjonctions s'étageant du XIe au XVIIe siècle ont abouti au dispositif actuel à cinq enceintes dont chacune correspond à une étape dans la croissance du sanctuaire (voir *Tiruvannamalai 2* et ci-dessus, fig. 35). La construction de la deuxième enceinte s'est traduite essentiellement par un allongement vers l'est du schéma initial, tandis que l'adjonction des autres a été accompagnée à chaque fois par une extension concentrique du sanctuaire (voir fig. 42) ; les pavillons d'entrée nord, sud et ouest qui soulignent bien cette croissance concentrique n'ont cependant fait leur apparition qu'à partir de la quatrième enceinte ; quant à la cinquième et dernière enceinte elle a visiblement été projetée en même temps que la quatrième, même si elle n'a été construite qu'un siècle plus tard.

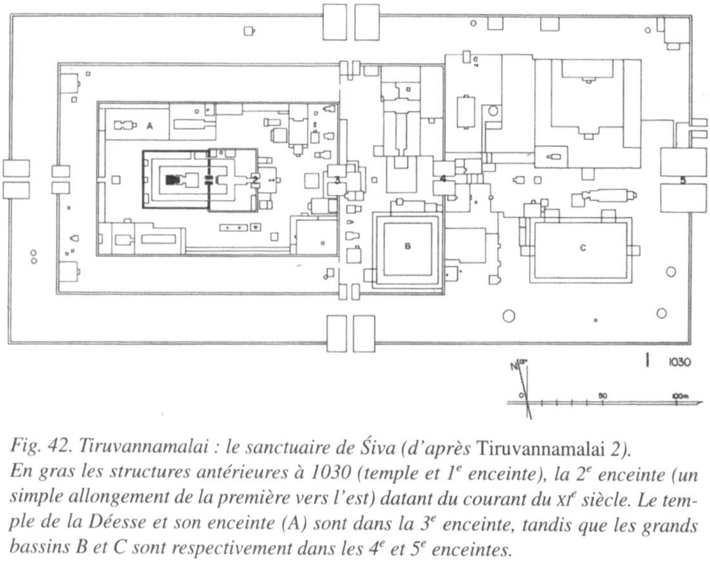

Fig. 42. Tiruvannamalai : le sanctuaire de Śiva (d'après Tiruvannamalai *2).*
En gras les structures antérieures à 1030 (temple et 1e enceinte), la 2e enceinte (un simple allongement de la première vers l'est) datant du courant du XIe siècle. Le temple de la Déesse et son enceinte (A) sont dans la 3e enceinte, tandis que les grands bassins B et C sont respectivement dans les 4e et 5e enceintes.

Le temple central a été, depuis le xe siècle, l'objet de travaux dont l'adjonction de deux pavillons fermés en enfilade devant la porte de la cella ; il n'en demeure pas moins une structure modeste qui tranche avec l'ampleur des pavillons d'entrée ou des pavillons de la cinquième enceinte. Les cours du sanctuaire sont actuellement encombrées par de nombreuses annexes (sauf dans les secteurs ouest, nord et sud des 4e et surtout 5e enceinte). On y note en particulier les structures hypostyles qui occupent une bonne partie de la 2e enceinte et de la moitié est de la 5e (c'est là que se situe le « pavillon à mille piliers ») ; on constate également la présence de deux grands bassins (au sud-est des 4e et 5e enceinte). La troisième enceinte abrite des annexes rituelles importantes : pavillon sacrificiel (au nord-est), cuisine (sud-est) ou encore pavillon où l'on célèbre le mariage du dieu et de la déesse (sud-ouest). Relativement nombreuses, les chapelles sont distribuées dans toutes les enceintes et, comme souvent, celle de la Déesse est un sanctuaire secondaire enchâssé dans l'angle nord ouest de la 3e enceinte.

Au delà de la 5e enceinte du sanctuaire, s'est développée la ville à laquelle le temple de Śiva a donné naissance comme le montre le tracé orthogonal des rues du centre et de leur élément le plus marquant, la « route du char » qui, faisant le tour du sanctuaire, est empruntée par les grandes processions festives. Ce tracé orthogonal s'infléchit lorsqu'on s'éloigne du centre pour devenir rayonnant le long des grands axes qui quittent la cité, soulignant ainsi comment une dominante commerciale et mondaine a pris le relais des activités liées au temple dans le développement périphérique de la ville. L'organisation générale de celle-ci est marquée par l'existence de quartiers au peuplement relativement homogène et marqués chacun par la dominance de telle ou telle communauté sociale, cependant que de nombreux temples, bassins et « pensions pour pèlerins » constituent des pôles secondaires ou jalonnent des itinéraires.

La ville ainsi constituée apparaît comme une extension du sanctuaire au-delà de son péribole. La route du char est un élément caractéristique de ce que nous avons pu désigner comme l'espace « nécessaire » pour le déroulement de grandes cérémonies hors-les-murs ; les nombreux temples viennent compléter l'important panthéon qu'abritent le temple principal et le sanctuaire. De façon plus subtile, les quartiers traduisent une organisation sociale concentrique où les castes « pures » se situent à proximité du centre et les « impures » sur la périphérie, ce qui souligne bien que la notion de

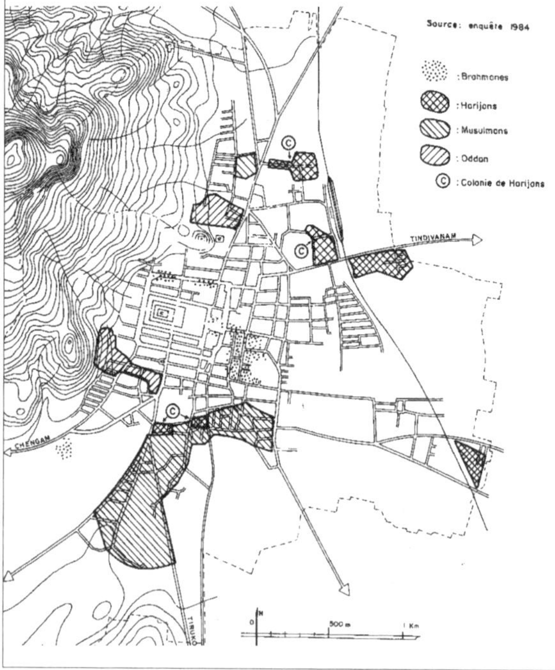

*Fig. 43. Tiruvannamalai : hiérarchie des castes dans la ville (*Tiruvannamalai *5). Sur cette carte ne sont localisés que les quartiers brahmanes (pointillés, nord et est du temple et périphérie sud-ouest) et ceux des catégories inférieures (hors-castes [harijan, oddan] et musulmans) marqués par des traits obliques et situés en périphérie. Le petit groupe de maisons brahmanes en périphérie au sud-ouest est installé à proximité de l'ermitage d'un saint homme.*

« densité » du sacré se fait sentir aussi fortement autour du sanctuaire qu'à l'intérieur de ce dernier autour du temple.

Cela étant, la ville apparaît dans son ensemble comme un espace mixte, mi-religieux et mi-laïque. Du point de vue religieux elle une sorte d'espace intermédiaire où le sacré est bien présent mais de façon diffuse dans la mesure où le dieu n'y habite pas, même s'il y passe dans ses déplacements d'un pôle à l'autre.

La montagne

La montagne (fig. 41), massive et nettement isolée, est cernée à sa base par une route qui, empruntée deux fois l'an par de grandes processions, l'est aussi à longueur d'année par les circumambulations de dévots solitaires qui espèrent en tirer des mérites incalculables.

À côté de cette route dont elle est le pivot, la montagne elle-même apparaît peu fréquentée. Piédestal et temple hypèthre du Liṅga de feu que l'on allume lors de la fête du mois de Karttikai (décembre), elle est à la fois le support et la maison du dieu, et, à ce titre, on peut dire son corps. Sa nature divine se manifeste aussi dans son rôle de château d'eau d'où coulent les ruisseaux qui alimentent les bassins du sanctuaire et de la ville : ces ruisseaux sont en effet autant de Gange (*alias* la déesse Gaṅgā) descendant de la tête de Śiva, selon un mythe célèbre et souvent illustré sous différents aspects. Visible de loin, c'est un gigantesque signal de la présence du dieu, selon une composition qui n'est pas sans rappeler celle de Vat Phu au Laos où le sanctuaire de Śiva se trouve sur le flanc de « la montagne qui est un Liṅga » (*liṅgaparvata*, ci-dessus, p. 29-30).

Élément majeur et permanent du site, la route circulaire est à la fois une voie divine et la matérialisation du péribole du sanctuaire contenant la montagne. Elle constitue un itinéraire de 14 km, jalonné à intervalles plus ou moins réguliers par 27 stations où se trouvent bassins et reposoirs, etc. où font étape les processions ; souvent fondés par des communautés, les reposoirs permettent à leurs membres de « voir » le dieu au cours de son périple. À cela s'ajoutent de nombreux temples situés sur la route ou dans sa proximité immédiate. Certains sont liés aux processions et à certains mythes qui leur sont sous-jacents. Parmi les autres, huit sont disposés approximativement aux directions cardinales et intermédiaires et abritent chacun un Liṅga portant le nom de la direction concernée : ils « orientent » le sanctuaire de la montagne. Ils présentent l'intérêt de faire tous face à celle-ci et d'être tous également dépourvus d'enceinte : ils apparaissent ainsi comme de simples chapelles dépendant de la montagne et soulignent bien son rôle de « temple », mentionné plus haut.

En guise de conclusion

L'espace de Tiruvannamalai est, en ce qui concerne le temple et son sanctuaire, marqué par une forte composante historique mais dans laquelle le rôle du politique a été discontinu. Son action s'est manifestée par des interventions ponctuelles même si elles sont parfois importantes comme à la fin du XIIIe siècle (sous le dernier des Hoyṣala, Ballala III, 1291-1342) ou surtout au XVIe siècle avec les grands travaux menés en particulier dans la cinquième enceinte par Kṛṣṇadevarāyā, roi de Vijayanagar (voir aussi p. 239). Si ces interventions royales ont marqué des étapes importantes dans la croissance du sanctuaire, il apparaît évident cependant que le caractère continu de cette croissance est avant tout le fruit de la conjonction des efforts des différents groupes d'une communauté locale, urbaine, très diverse et très hiérarchisée, et en même temps unie autour d'un dieu en qui tous voyaient le Seigneur, maître de l'univers.

Angkor Vat : le temple, la ville et l'état

Angkor Vat – le « monastère (*vat*) » qui est une « ville (*angkor*) » – est comme l'antithèse même de Tiruvannamalai. L'opposition se marque dans l'architecture naturellement, même si paradoxalement le sanctuaire khmer avec sa pyramide et le vaste espace de sa quatrième enceinte regroupe en une seule entité les composantes du lieu saint indien : le temple, la montagne et la ville (qui se trouve d'ailleurs dans le nom donné au temple depuis le XVIe siècle). Elle se marque aussi dans l'histoire architecturale : en face de la croissance et l'aggiornamento continus qui caractérisent le temple indien, on a ici un monument qui n'a pour ainsi dire pas changé depuis sa construction au XIIe siècle : quelques travaux d'appropriation à la fin de ce même XIIe siècle par Jayavarman VII l'un des proches successeurs du fondateur ; viennent ensuite la fermeture de la cella principale (XVe ou XVIe siècle ?) et, au XVIe siècle, l'achèvement de certains bas-reliefs et quelques aménagements sommaires et très ponctuels (en particulier au troisième étage), travaux menés par le pouvoir khmer réinstallé pour quelques années à proximité ; vers cette époque également un stūpa en latérite est édifié sur le terre plein central à l'est du temple. Si l'on ajoute pour terminer les travaux de conservation et de restauration à l'identique menés depuis le début du XXe siècle, on a tous les éléments de la bien modeste histoire technique d'un monument qui cependant n'a probablement jamais cessé de fonctionner depuis son inauguration.

De ce côté-là aussi l'opposition est complète, même si Tiruvannamalai connaît aussi une même activité continue. En effet, fondé par Sūryavarman II comme temple d'état dédié à Viṣṇu, confirmé dans cette obédience par Jayavarman VII à la fin du XIIe siècle, c'est sans doute au XVIe siècle, mais peut-être avant, qu'Angkor Vat bascule vers son obédience actuelle, le bouddhisme *theravādin* (*alias* « Petit Véhicule »), et cela pour ainsi dire sans la moindre modification de l'architecture, sinon de son mode d'occupation. En effet la cella est alors fermée et le centre du culte passe dans les galeries cruciformes du premier étage, tandis que deux monastères s'installent dans la cour de l'enceinte extérieure au sud et au nord du terre-plein central ; ces monastères qui apparaissent déjà sur le plan d'Angkor Vat levé par un pèlerin japonais au XVIIe siècle, existaient encore en 1970.

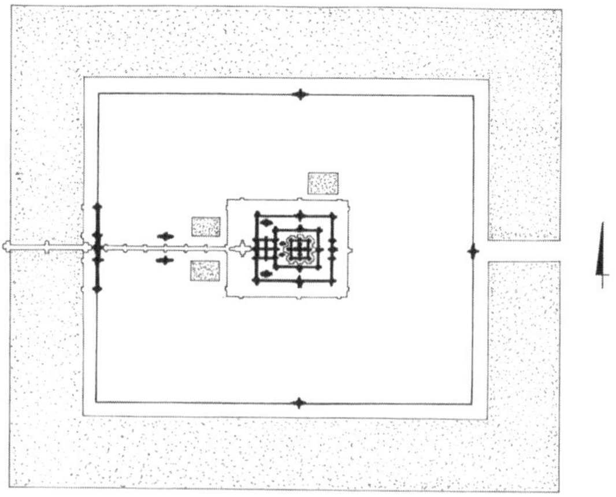

Fig. 44. Angkor Vat : plan d'ensemble (Dumarçay, 1983). L'entrée principale est à l'ouest où le pavillon d'entrée allongé est une image du groupe central ; à l'ouest de ce groupe central se trouvent les deux bassins miroirs où se réfléchit la pyramide.

Les éléments du sanctuaire

Orienté à l'ouest, le sanctuaire est délimité par une enceinte rectangulaire (1000 x 800 m. env.) doublée par une douve de 200 m de large aux berges parementées. L'enceinte est interrompue par trois pavillons d'entrée à simple corps au nord, à l'est et au sud. À l'ouest, c'est une structure complexe avec une partie centrale à triple corps prolongée latéralement par deux galeries ouvertes vers l'extérieur et à l'extrémité desquelles se trouvent deux entrées charretières ; on détaillera plus loin cet ensemble dont on verra qu'il est destiné à annoncer le groupe central (ci-dessous, p. 218). La douve n'est franchie que par deux chaussées et celle de l'est est restée inachevée ; les pavillons d'entrée nord et sud débouchent sur les berges de la douve.

Les axes du sanctuaire partent des portes de la cella principale située au centre de la pyramide et c'est sur eux que sont

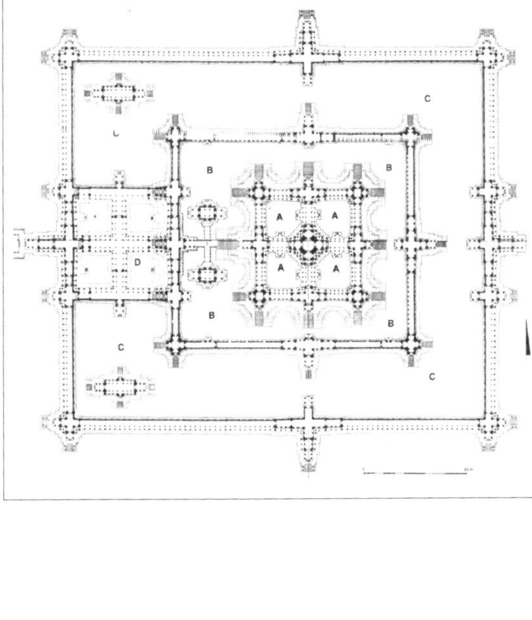

Fig. 45. Angkor Vat : plan du groupe central (Dumarçay, 1983).

A : 3e étage ;

B : 2e étage ;

C : 1er étage ;

D : galeries cruciformes du 1er étage.

situés les pavillons d'entrée des trois étages de la pyramide et ceux de l'enceinte formant péribole. La vaste cour qui occupe la plus grande partie de cette enceinte autour du terre-plein central est actuellement vide de tout vestige remontant au monument initial à l'exception de deux annexes et de deux bassins miroirs encadrant la chaussée axiale.

Le groupe central à structure pyramidale repose sur un vaste terre-plein (340 x 250 m env.) relié au pavillon d'entrée occidental par une chaussée surélevée passant entre deux bassins-miroirs et deux bâtiments annexes. La pyramide est à trois étages, les deux premiers rectangulaires et le troisième carré. Le premier étage (*alias* 3e enceinte) est bordé d'une galerie ouverte sur l'extérieur par une double colonnade (« galerie des bas-reliefs ») ; cette galerie est interrompue par des pavillons d'entrée à triple corps à l'ouest et à l'est et à simple corps au nord et au sud, ainsi que des pavillons d'angles à croisées de voûtes. Le pavillon d'entrée ouest est relié à son homologue du deuxième étage (*alias* 2e enceinte) par un système cruciforme de galeries. La cour intérieure de ce premier étage est encadrée par les façades aveugles du revers de la galerie des bas-reliefs et de la galerie du deuxième étage (ci-dessous), façades portant un décor de fausses-fenêtres (à vrais barreaux) (ci-dessous et p. 267-268). Dans les angles sud-ouest et nord-ouest de cette cour se trouve une annexe pourvue d'un soubassement très élevé qui la rend visible par-dessus la voûte de la galerie du premier étage.

Fortement surélevé par un très haut soubassement, le deuxième étage est bordé d'une galerie à la façade externe aveugle (ci-dessus), la façade ouverte sur l'intérieur étant pourvue de fenêtres à barreaux de pierre. Cette galerie est interrompue par des pavillons d'entrée à couverture en berceau ; ils sont à triple corps sur la face ouest et à simple corps sur les trois autres ; les pavillons d'angles sont traités en tours à faux-étages et pourvus d'escaliers menant à la cour du premier étage. Dallée, la cour intérieure du deuxième contient le massif de base du troisième précédé à l'est par deux pseudo-bibliothèques.

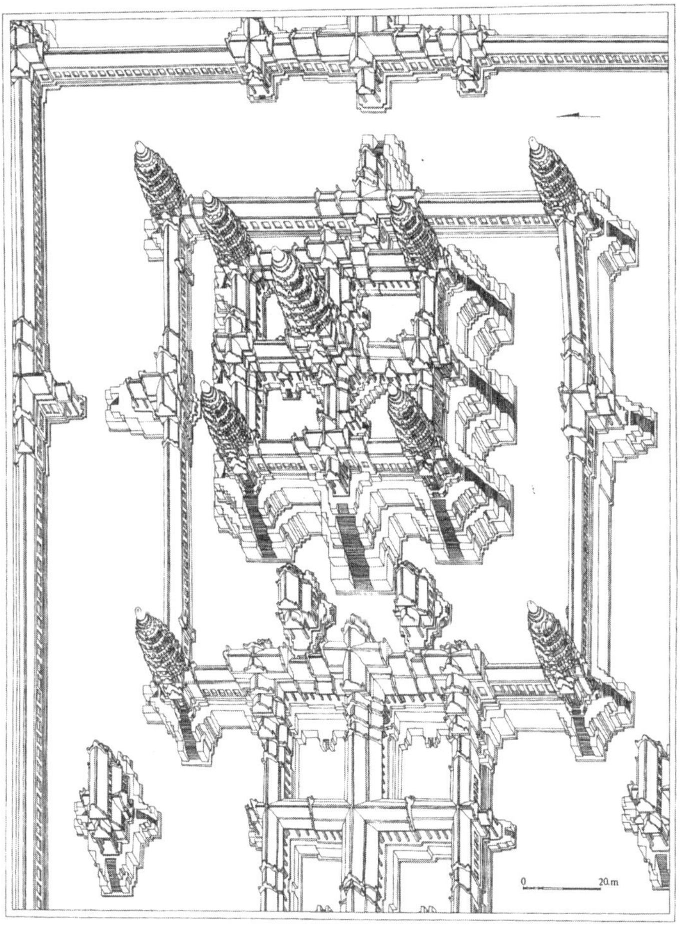

Fig. 46. Angkor Vat : axonométrie du groupe central (Dumarçay & Royère, 2001).

Enfin porté par un double soubassement à la modénature très puissante, le troisième étage (*alias* 1re enceinte) est de plan carré mais une légère dissymétrie est introduite par l'escalier central de sa face ouest plus important et plus saillant que les autres. Il est bordé par une galerie qui, pourvue de fenêtres à barreaux sur ses faces externes et internes, est interrompue par quatre pavillons d'entrée à simple corps ; ses pavillons d'angle sont, comme au deuxième étage, couronnés par une superstructure à faux-étages. La tour centrale contenant la cella possède quatre portes dont chacune est reliée au pavillon d'entrée correspondant par un élément de galerie sur piliers. Ces éléments délimitent avec la galerie périphérique quatre courettes profondes dans lesquelles on descend par quelques marches et que les archéologues du début du XXe siècle avaient prises à tort pour des bassins.

Organisation de l'espace

Nous sommes assez mal renseignés sur la façon dont « fonctionnaient » réellement les temples du Cambodge ancien. L'abandon depuis six ou sept siècles des croyances brahmaniques et du bouddhisme mahâyânique au profit d'un bouddhisme *theravādin* dont les pratiques sont bien différentes a coupé les lignes de transmission traditionnelles. Les bases théoriques des pratiques cultuelles sont bien connues à travers la littérature technique indienne, mais autre chose est d'imaginer le détail de leur mise en œuvre dans le contexte social et culturel khmer. Cela étant, l'ordonnancement des masses architecturales d'un monument tel Angkor Vat permet déjà de restituer quelques éléments de l'organisation hiérarchique du lieu. Cette organisation se fait à la fois sur le plan horizontal où elle est à la fois concentrique et orientée et sur le plan vertical où elle est articulée par les degrés soulignés par leur galeries-enceintes périphériques, galeries qui matérialisent le statut ouvert ou fermé des zones concentriques de l'édifice.

Le premier point remarquable est sans doute l'unité architecturale extrêmement puissante du troisième étage. Il est évident qu'arrivé devant lui, tout donne l'impression qu'on est aux pieds de l'inaccessible : son tracé parfaitement carré, sa position isolée au milieu de la cour du deuxième étage dont le plan rectangulaire permet un léger décentrement vers le fond et enfin la hauteur considérable de son soutènement et la raideur des escaliers, à peine moins prononcée pour celui de l'axe majeur qui devient ainsi passage obligé. Au sommet de ce même troisième étage, l'impression est toute différente : l'unité demeure mais exprimée d'une autre manière à travers l'abondance des circulations que le regard traverse, en particulier la galerie périphérique ; le temple lui-même est certes imposant, mais les quatre tours d'angle qui lui font écho atténuent cette impression.

Cette singularité du massif du troisième étage se comprend mieux si l'on se rappelle ce qui a été dit sur le jeu des galeries formant cloître ou similaires que l'on voit autour du temple principal simple ou multiple en Inde du Sud dès le VIIe siècle ou au Cambodge à partir de la construction de Ta Kèv au Xe (ci-dessus, p. 162-163). On a vu en effet que la galerie qui borde ce troisième étage ne le « ferme » nullement, alors que la cour du deuxième étage et la base du troisième étage qui se dresse en son centre sont isolées du monde extérieur par la double barrière que constituent et la galerie du deuxième étage (aveugle sur l'extérieur) et la cour intérieure du premier qui se présente comme une sorte de no man's land entre des murs aveugles. Ajoutons que seul le passage obligé par les galeries cruciformes permet de franchir cette double barrière pour pénétrer cette fois-ci dans le monde parfaitement ouvert sur l'extérieur du premier étage.

En définitive le sanctuaire d'Angkor Vat s'organise en trois grandes zones clairement différenciées. Au bas de la pyramide c'est le vaste espace de la quatrième enceinte complété par le premier étage de la pyramide dont les bas-reliefs sont offerts à la vue de tous ceux qui sont admis dans cette vaste cour. Cet espace public se termine par les galeries cruciformes qui sont de plein pied avec ce premier étage. Au bout de ces galeries l'ascension des escaliers qui mènent au pavillon d'entrée ouest du deuxième étage marque le passage dans la zone aveugle du deuxième étage.

De cette zone aveugle cependant surgissent plusieurs éléments qui, dépassant les voûtes des galeries, constituent une troisième zone à nouveau visible de tous. Il y a d'abord la tour du temple central – corps du dieu – qui est encadrée de celles des pavillons d'angle du troisième étage comme le dieu l'est par ses assesseurs. Ce premier ensemble est encadré par les deux bâtiments annexes de la cour aveugle du premier étage juchés sur leurs énormes soubassements et dans lesquels devaient se dérouler des rites que nous ne connaissons pas mais qui eux aussi faisaient partie du domaine visible.

Réorganisation de l'espace après le passage au bouddhisme

Nous avons vu qu'Angkor Vat passe du brahmanisme au bouddhisme sans aucune modification réelle de l'architecture. La fermeture des portes de la cella principale s'accompagne alors du transfert de l'essentiel de l'activité cultuelle des deuxième et troisième étages aux galeries cruciformes qui, au premier étage, se trouvent à l'arrière de la galerie des bas-reliefs mais toujours dans ce qui était et demeure le domaine ouvert du sanctuaire. Cette disposition correspond beaucoup mieux aux pratiques bouddhiques marquées par une célébration communautaire de la divinité (ci-dessus chap. II, p. 49). Elle n'entraîne pas la disparition de la zone supérieure qui demeure toujours visible par-dessus les galeries ; la fermeture du temple a cependant transformé ce dernier en une sorte de stūpa (ou de *prang*) : bref, le corps du dieu qui n'est plus Viṣṇu mais le Buddha n'en demeure pas moins visible aux yeux de tous.

Conclusion

À travers les exemples que l'on vient de présenter, le sanctuaire apparaît dans deux contextes extrêmement différents comme une unité cadastrale à géométrie mobile. Pour Tiruvannamalai, si la variation historique s'est traduite par l'agrandissement de la superficie du domaine du dieu, la géométrie variable du lieu saint tient surtout à son caractère bipolaire : le centre de son activité passe d'un pôle à l'autre en fonction du moment festif. À Angkor Vat, l'histoire s'est traduite par un basculement du centre de l'activité rituelle du troisième étage vers le premier, en d'autres termes de la zone fermée à la zone ouverte du sanctuaire dans son organisation telle qu'elle avait été prévue initialement. Simultanément le sanctuaire, domaine du dieu, n'a pas varié de taille.

Pour le reste, il apparaît que l'idée d'une inaccessibilité de plus en plus marquée du temple au fur et à mesure qu'on y pénètre est bien matérialisée dans la pratique quotidienne actuelle à Tiruvannamalai. Cette idée se retrouve dans l'organisation architecturale d'Angkor Vat avec la rupture brutale que marque la cour intérieure du premier étage, encadrée par deux murs aveugles à fausses-fenêtres ; on sait que c'est là le développement d'un dispositif probablement caractéristique des temples d'état en Inde du Sud comme au Cambodge, au point d'y être inclus dans le projet initial. Si l'on se tourne à nouveau du côté de Tiruvannamalai, on constate que le mur limitant la double enceinte centrale n'est franchi que par un seul pavillon d'entrée, ce qui souligne le caractère fermé de cette zone ; ce caractère fermé se manifeste aussi dans la couverture à peu près complète de la cour par des structures hypostyles ajoutées au cours des siècles. Tout cela aboutit à la création d'un espace « privé » au cœur du sanctuaire, espace qui, bien que moins grandiose que le dispositif d'Angkor Vat, est en fait analogue. On peut se demander si cette création *à posteriori* n'est pas une conséquence de la montée en prestige du temple de Tiruvannamalai et un témoin de l'ambition de ses responsables d'en faire alors l'égal d'un temple « royal ».

SECONDE PARTIE

L'USAGE DU TEMPLE

V

Le miroir du dieu

Au fur et à mesure de la construction du temple, son caractère divin et sa nature d'être vivant se façonnent progressivement et simultanément. Complémentaires, ils vont se combiner à l'occasion des cérémonies complexes qui marquent sa mise en service – installation, consécration inaugurale, etc. – pour, finalement, en faire le dieu lui-même. Mais, ainsi construites par les rites, divinité, nature vivante et identification avec le dieu sont également « affichées » de façon beaucoup plus matérielle. Différents procédés – on y a fait allusion à plusieurs reprises – sont utilisés, qui concernent l'architecture du temple, son iconographie ou l'organisation du sanctuaire. Leurs résultats sont plus ou moins visibles, ce qui se justifie par leur double finalité. Leur but le plus tangible est certainement d'utiliser le temple pour montrer le dieu au monde extérieur et rendre sa présence matériellement perceptible même à ceux qui, par volonté, nécessité ou autre facteur, ne peuvent l'approcher mais en ont cependant cette vision directe et matérielle qui est un des instruments de la dévotion. Leur autre finalité est plus subtile puisqu'il s'agit de transposer dans l'espace la réalité de la personnalité du dieu, de sa théologie, de sa mythologie, etc., ce qui n'est jamais qu'une façon de rendre compte de sa consubstantialité à l'univers qui va de pair avec celle du temple[1].

La construction rituelle du temple

Du point de vue rituel, les choses commencent dès le choix du site. Si dans ce domaine, comme d'ailleurs dans celui de la construction proprement dite, de très nombreuses règles sont communes à toutes les architectures, qu'elles soient humaines ou divines, les critères du choix d'un site pour l'établissement d'un temple sont plus particulièrement dirigés vers une association avec un lieu saint déjà reconnu comme tel ou avec un emplacement par nature ouvert à la sainteté. Une fois le site choisi, une des premières opérations indispensables est ce labour dont on a déjà parlé comme d'un instrument de vérification de la fertilité du lieu et par là même du succès de l'entreprise. Cependant avec le semis qui l'accompagne, cette mise en culture du site suggère aussi une première analogie du futur temple avec le monde vivant, même s'il ne s'agit encore que des végétaux, ces créatures « immobiles » (*sthāvara*) opposées à celles que l'on définit comme « marchantes, mobiles » (*jaṅgama*), c'est-à-dire les animaux et les humains et pour finir les dieux figurés à leur image. Ce caractère végétal se retrouve sur le temple à travers les rinceaux, branches de feuillage et autres décors des murs et surtout grâce aux innombrables doucines des ensembles moulurés, doucines

1. Nous empruntons l'expression de « transposition dans l'espace » à Édith Parlier-Renault (2006) qui l'utilise pour définir l'iconographie des murs du temple dans son étude des programmes iconographiques.

qui dans le monde indien empruntent et leur profil et leur nom au lotus, le plus parfait et le plus saint des végétaux.

La procédure d'orientation est une autre étape importante ; elle conduit à une adéquation à l'univers du terrain où va être bâti le temple et le prépare à recevoir ce Seigneur du monde qu'est finalement le dieu, quel qu'il soit. C'est à ce moment là également que sont fixés les grands axes du temple dont celui du regard du dieu, ligne directrice majeure de l'organisation du sanctuaire. Cette organisation est initiée par le tracé du diagramme sur le terrain ainsi orienté, opération qui est aussi la prise de possession collective du sol par le panthéon qui en assure la stabilité et la protection, tandis que l'installation hors de ce diagramme d'êtres maléfiques établit clairement la différence entre le sanctuaire de nature divine et le monde extérieur (ci-dessus, fig. 33, p. 147).

Ces préparatifs se précisent avec l'installation sous le futur temple du dépôt de fondation qui coïncide avec les premiers travaux de construction. Il s'agit d'une sorte d'insémination du site par la mise en place dans une fosse d'un « embryon » (*garbha*), nom sous lequel est désigné ce dépôt (d'ailleurs accompagné de graines, sorte de rappel de l'ensemencement qui a suivi le choix du site). Ce rituel correspond aussi à une première définition du futur occupant du temple puisque c'est en fonction de son identité que sont choisis certains composants du dépôt et les *mantras* utilisés au cours de cette cérémonie.

Les travaux de construction proprement dits marquent apparemment une pause dans le rituel, même si des démontages de monuments, en Inde (en particulier en Andhra Pradesh) comme en Asie du Sud-Est (spécialement à Angkor), ont permis de constater la présence de nombreux dépôts secondaires répartis dans la structure des temples, sous ou à proximité des seuils et aussi à la base des faux-étages ou des degrés des superstructures[2]. Les traités mentionnent de façon plus ou moins claire des dépôts en relation avec les portes ; en revanche nous n'y avons pas trouvé d'indications sur ceux qui sont intégrés dans les superstructures : cependant leur disposition régulière et leur nombre important sur un même monument soulignent bien la divinisation progressive du temple tout au long de sa construction. La chose est remarquable pour les tours à visages du Cambodge, en effet certains de ces dépôts avaient été placés derrière ces visages eux-mêmes[3].

Quoi qu'il en soit de ces dépôts secondaires, le processus rituel reprend avec tout son éclat lors des cérémonies précédant et accompagnant la mise en service du temple, cérémonies qui concernent aussi bien l'édifice que l'objet de culte qu'il abrite. Sans entrer dans le détail de leur déroulement, on peut rappeler que pour le temple lui-même il s'agit d'abord de sa mise hors d'eau « grâce » au motif de couronnement dont l'installation est accompagnée de celle d'un dépôt symétrique de celui placé dans les fondations ; vient ensuite la consécration par ondoiement de l'ensemble de l'édifice. Pour l'objet de culte, il s'agit de son installation matérielle et rituelle qui peut aussi avoir lieu avant la construction des murs (p. 58-59).

2. Ces dépôts secondaires, comme les autres, ont attiré de tout temps les pillards et sont très certainement à l'origine de déprédations parfois très anciennes subies par les superstructures, comme on le constate en Inde comme au Cambodge à travers les assises soulevées pour donner accès aux cavités contenant les dépôts.

3. Dumarçay, 1973, p. 45-46.

À partir du moment où l'ensemble de ces cérémonies a été effectué, on peut dire que le temple et l'objet de culte ont accédé à la vie et au statut divin. Cette prise de vie est évidente pour l'objet de culte : le dieu qu'il est devenu est par nature un être vivant et certains épisodes des cérémonies d'installation insistent lourdement sur la question : on pense en particulier ici à « l'installation du souffle vital » que mentionnent certains manuels d'inspiration yoguique ou surtout à « l'ouverture des yeux » où l'on voit souvent le point crucial de l'installation alors qu'elle n'en est que la conséquence directe. En d'autres termes c'est la présentation au dieu désormais vivant du monde matériel sous la forme d'objets ou d'êtres fastes (vase à beurre clarifié, vache, brahmane).

Pour l'installation du temple, les choses sont plus diffuses mais tout aussi évidentes. Comme j'ai pu le montrer ailleurs, la volonté d'assimiler le temple à un corps et plus spécifiquement au corps du dieu est très générale en Inde, et cela quelle que soit l'obédience à laquelle on se réfère[4]. Elle se manifeste à la fois sur le plan sémantique et sur celui des spéculations. En effet une série hétérogène de métaphores mettant en œuvre un vocabulaire anatomique fournit l'ébauche d'un jeu de correspondances qui, bien que très désordonné, suggère déjà l'analogie entre le temple et le corps. Ces métaphores sont probablement une des sources des spéculations qui se sont développées pour affirmer cette analogie et la dépasser en faisant du temple le corps du dieu dont l'image de la cella serait l'âme, puis finalement en identifiant le temple comme étant le dieu lui-même, à l'instar de cette image de la cella.

4. Dagens, 1996.

Ces spéculations se trouvent pratiquement à l'identique dans des ouvrages relevant de courants religieux très différents ; elles sont accompagnées le plus souvent d'un nouveau jeu de correspondances, cette fois-ci rigoureux et logique, entre l'élévation du temple et celle du corps comme le montre ce dessin moderne qui illustre un texte originaire de l'Orissa (fig. 47). Leur matérialisation dans l'habillage architectural du temple a conduit à en faire, d'une façon plus ou moins évidente, une représentation monumentale du dieu qu'il abrite et confirmer qu'il est « l'Apparaître de la Puissance divine » selon la formule de Gérard Colas[5].

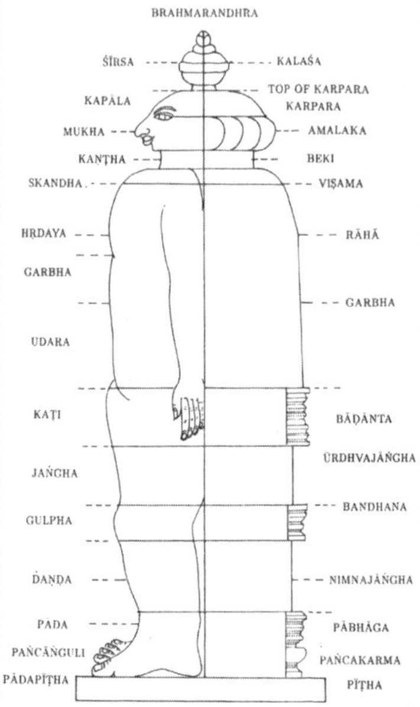

Fig. 47. Mise en équivalence du corps humain et de l'élévation du temple selon la tradition de l'Orissa (Baümer & Das, 1994).

Du temple au dieu

Prolégomènes

Si les principes généraux qui règlent l'architecture du temple proprement dite reflètent surtout le temps et le lieu

5. Colas, 1987.

et sont dans l'ensemble peu sectaires, cette architecture n'en est pas moins utilisée de différentes manières pour afficher la personnalité du dieu titulaire du temple ou l'obédience à laquelle il se rattache et cela par le choix de certaines formes de détails, de compositions, d'effets, etc. En ces domaines, les maîtres d'œuvre ont souvent su tirer le meilleur parti du fait que l'architecture du temple indien est très généralement « sculptée » (plus que bâtie !) et donc capable d'habiller de formes variées des structures finalement peu diversifiées. Cette utilisation de la sculpture a facilité l'application à l'architecture de procédés d'expression analogues à ceux auxquels fait appel l'iconographie, tels que l'introduction de signes caractéristiques relevant d'un code propre à l'obédience ou à la personnalité divine concernée et rendant leur définition plus visible.

Il va de soi que l'iconographie elle-même joue un grand rôle dans la définition du temple, celle des murs naturellement mais aussi celle de l'objet de culte, à la fois incontournable et dissimulée par sa position dans la cella, comme par les parures de toutes sortes et fréquemment renouvelées sous lesquelles on la fait disparaître. La chose peut se faire de façon banale par un affichage sans fard des croyances ou des personnalités divines, celle du dieu principal mais aussi celle de tout son entourage et d'une façon plus générale du panthéon à la tête duquel il se trouve : de nos jours il n'est pas rare de voir le nom du dieu affiché en grandes lettres lumineuses sur la façade du pavillon d'entrée ou répété à l'envie sur le mur d'enceinte. On rencontre aussi des procédés plus subtils qui jouent par exemple sur la distribution des images. Enfin l'agencement du sanctuaire est également mis à profit pour compléter la définition du temple ; on a déjà signalé l'importance attachée à l'orientation, mais il est bien évident que les procédés dont on vient de parler à propos de l'architecture et de l'iconographie du temple sont également appliqués à ses annexes quelles qu'elles soient, conduisant éventuellement à des définitions à plusieurs degrés. Ainsi, la chapelle abritant un dieu assesseur sera définie à la fois en fonction de la personnalité de cette divinité et de ses rapports de dépendance vis-à-vis du titulaire du sanctuaire, cette dépendance étant souvent traduite par l'orientation, la chapelle faisant habituellement face au temple principal. La définition est d'ailleurs parfois à double sens : on a vu par exemple que la montée en puissance de la Déesse à partir du XIIe ou du XIIIe siècle se marque par l'amplification de sa chapelle qui devient un véritable temple secondaire et aussi par sa réorientation, puisqu'elle est alors parallèle au temple dont elle est l'annexe et non plus dirigée vers lui (p. 63).

Ajoutons enfin que, plus ou moins patents, les éléments significatifs de la définition du temple prennent une importance toute particulière lorsque cette définition change ou même simplement évolue. C'est souvent l'occasion de préciser leur importance relative et aussi celle que leur attribuaient les responsables de cette mutation du temple.

L'architecture comme instrument de définition

Même en l'absence de tout élément iconographique, il est possible d'utiliser l'habillage architectural du temple pour préciser la personnalité du dieu qui l'occupe, voire affirmer son identité. La chose se fait par le biais du plan du temple et, plus encore peut-être, à travers le traitement de ses façades où l'on peut jouer sur la mise en place d'éléments architecturaux en apparence purement décoratifs, sur l'exploitation de la perspective ou enfin sur une traduction de l'aspect du dieu dans la forme générale du temple ou dans celle de certains éléments de sa superstructure.

- Le plan signifiant

S'agissant du plan, le choix de certains partis va de pair avec certaines divinités, même si c'est très fréquemment sans exclusive. Nous reviendrons ici sur deux exemples présentés dans notre étude formelle, ceux du plan à abside et du plan barlong.

Le plan à abside semble né d'une nécessité rituelle du bouddhisme : réunir une communauté monastique pour rendre hommage au Buddha figuré sous sa forme symbolique du stūpa. En sont issues ces vastes salles oblongues à abside répandues au début de notre ère dans l'Inde occidentale et qui se sont perpétuées en perdant leur abside mais non leur plan oblong dans certains pays bouddhiques (ci-dessous). L'adoption de ce plan par le brahmanisme se fait très tôt et en l'absence, apparemment, de toute nécessité rituelle. On le voit au début de notre ère à Sonkh pour un temple dédié sans doute aux Nāga[6] et, plus tard vers les IIIe-IVe siècles. Il existe plusieurs temples de ce type à Nagarjunakonda, les uns dédiés au Buddha, mais plusieurs autres à Śiva ou à Viṣṇu[7]. La désignation métaphorique (« dos d'éléphant », p. 21) est attestée dès le VIe siècle et moins d'un siècle au plus tard apparaît son utilisation pour des divinités liées à l'éléphant, au premier rang desquelles Gaṇeśa, mais là encore il n'y a pas d'exclusive. Il est banal que des constructions du même type soit dédiées par exemple à Śiva, tel le temple de Tiruttani (ci-dessus, fig. 6, p. 82), ou celui de

6. Haertel, 1993.
7. Sarkar & Mitra, 1966.

Tiruvorryur (Tamilnad, XIe s.). On notera au passage que ce plan n'est pas sorti du sous-continent indien : il est ignoré de l'Asie du Sud-Est, dont d'ailleurs le répertoire de plans est relativement modeste.

Le cas du plan barlong est plus complexe et sans doute plus intéressant. Utilisé initialement pour Durgā Mahiṣāsuramardinī, probablement pour des raisons purement formelles (image étirée en largeur), il est devenu plus ou moins caractéristique des temples de la Déesse dont l'archétype en tant que divinité majeure est sûrement cette forme de Durgā. Il est apparu cependant que de nombreux temples de la Déesse apparemment barlongs sont en réalité carrés, l'étirement en largeur de leur plan étant simplement simulé par un artifice dans le traitement du toit qui couronne leur superstructure (ci-dessus, p. 91). L'emploi d'un tel artifice souligne bien que le plan barlong est considéré comme un *signe* caractéristique de la présence de la Déesse, cela au point que feindre l'existence d'un tel plan par un toit en carène suffit à faire d'un temple une sorte d'étendard attestant au loin la présence de cette divinité très populaire. Là encore la spécialisation n'est pas exclusive et les plans barlongs continuent à se rencontrer avec d'autres divinités, qu'il s'agisse de celles dont l'image s'étire en largeur (*e. g.* Viṣṇu couché) et pour lesquelles il a été conçu initialement ou d'autres telles que Sūrya par exemple (ci-dessus, p. 56).

Enfin il y a le plan oblong qui peut correspondre à des temples dont la cella possède une double fonction (ci-dessus, p. 49). C'était sans doute le cas à l'origine du plan à abside (ci-dessous) et de ses héritiers fonctionnels dans le monde bouddhique theravādin : c'est ainsi que l'enceinte des monastères de Srilanka, de Thaïlande, du Laos ou du Cambodge contient normalement un temple dont la cella est une vaste salle oblongue – à la fois demeure du Bouddha figuré généralement par une grande statue assise et lieu d'assemblée pieuse. On a vu que les pseudo-bibliothèques du pays khmer apportent un autre exemple, moins clair cependant, de cella oblongue à double fonction : cette fois-ci il s'agit à la fois d'abriter une divinité et sans doute d'offrir une place pour l'accomplissement des rites oblatoires. La forme oblongue avait certainement de l'importance dans la définition de l'édifice puisque, lorsque ce plan est carré au lieu d'être oblong, son allongement est simulé par l'utilisation d'un toit en carène à la faîtière longitudinale bien marquée.

- Le panthéon suggéré

À l'échelle de son temple, le dieu, quel qu'il soit, est à la tête du panthéon dont les membres les plus proches de lui sont généralement abrités dans des chapelles entourant le temple. La volonté d'affirmer cette primauté est très probablement une des sources d'un parti dont on a vu qu'il est très général et qui consiste à décorer le temple avec des images de temples et ce par des procédés variés : les plus notables étant les alignements d'édicules plus ou moins complexes sur les niveaux horizontaux des superstructures (à faux-étages ou autres), les pièces d'accents propres aux temples khmers ou encore les superstructures secondaires engagées dans la superstructure principale comme c'est le cas par exemple au Kaṇḍarīya Mahādeva à Khajuraho (fig. 29, p. 121). Le dispositif de ce dernier temple où tout est simplement suggéré est à mettre en parallèle avec la non moins extraordinaire composition du Bayon d'Angkor où ce sont les tours à visages de chapelles bien réelles qui cantonnent la tour principale, elle-même à visages, comme les cellas des chapelles cantonnent celle où trône le Buddha.

Le caractère hautement décoratif de ces compositions est incontestable, mais il est évident aussi que chacun de leurs éléments peut s'interpréter parfaitement comme la chapelle virtuelle d'une divinité qui ne peut qu'appartenir à l'entourage du dieu, comme c'est le cas indubitable pour celles qui occupent les chapelles réelles du Bayon. L'organisation d'ensemble du dispositif reconstitue d'ailleurs à l'échelle du temple une sorte de sanctuaire à schéma concentrique ou bien encore, et cela revient au même, un de ces diagrammes (*maṇḍala*) utilisés dans le rituel et dont le dieu principal occupe toujours la case centrale. Dans la transposition architecturale du diagramme dont il est question ici, cette case centrale peut être elle-même traduite par l'édicule sommital qui couronne souvent les superstructures, surtout celles à faux-étages (ci-dessus, p. 103-105 et fig. 19 *ad. loc.).* L'idée de Stella Kramrisch qui voyait dans ce « higher temple » une projection de la cella principale et du dieu qu'elle abrite, prend ici tout son sens, d'autant plus que cet élément se trouve au terme du très long trajet visuel que suit le regard du dévot à partir de l'entrée dans le sanctuaire (p. 277).

Ajoutons enfin que ce type de composition peut être parfaitement aniconique, ou accompagné d'images plus ou moins caractérisées iconographiquement. La chose importe peu probablement : l'essentiel semble en effet l'affichage de la présence collective du panthéon, déjà bien attestée par la simple existence des édicules. Quant à l'éventuelle identification individuelle de ses membres, elle peut reposer en l'absence d'images sur la position des édicules et reste une affaire que les dévots laissent volontiers aux techniciens du rituel. Ces dispositifs, en apparence anonymes, sont à rapprocher du culte des cinq cercles (*pañcāvaraṇapūjā*) et des pratiques analogues : la visualisation sur un diagramme d'un panthéon matérialisé par des vases tous semblables regroupés autour de celui qui est « le » dieu, objet du culte (pp. 106-108) ; certains membres du panthéon concerné sont très abstraits (*e. g.* des mantras), ce qui très probablement est aussi le cas pour le panthéon qui habille les façades. On a un bon exemple de la présence de telles entités abstraites sur la façade du pavillon d'entrée de la seconde enceinte de Darasuram où cinq images de niches sont identifiées par des inscriptions comme celles des *śakti* (« Puissances ») entre lesquelles sont réparties les « essences » (*tattva*) selon la théologie śivaïte[8].

- Le dieu représenté

Dans le cas du plan à abside ou du plan barlong (réel ou feint), l'identification de la divinité par le biais du temple reste malgré tout une suggestion « discutable » dans la mesure où le « signe » est ambigu et n'a pas obligatoirement le sens précis qu'on lui attribue. Il n'en est plus de même lorsque le temple ou une partie notable de son élévation sont traités comme une représentation du dieu reconnaissable comme telle. Les exemples ne sont pas très nombreux mais ils ont l'intérêt de faire appel à l'un ou l'autre des deux modes majeurs – symbolique ou iconique – qu'utilise l'iconographie indienne.

Le plus bel exemple de la transposition architecturale d'une représentation symbolique est incontestablement le temple de Śiva à Gangaikondacolapuram (Tamilnad), temple d'état du XIe siècle qui, sur toute sa hauteur – une

8. L'Hernault, 1987, p. 120.

soixantaine de mètres – figure un gigantesque Liṅga régulier à trois sections – carrée, octogonale et circulaire – la représentation même de Śiva que l'on trouve dans la cella qu'abrite cet édifice[9].

Pour obtenir ce résultat, l'architecte a transposé en le réinventant un modèle d'édifice bien connu dans la littérature technique : un temple dont la partie inférieure (soubassement, corps du rez-de-chaussée et entablement, éventuellement faux-étages) est carrée, tandis que son attique est octogonal et que son toit et son motif de couronnement sont circulaires. À Gangaikondacolapuram la superstructure du temple compte sept faux-étages et le passage du carré à l'octogone se fait au niveau du troisième ; il tourne d'ailleurs à l'exploit technique dans la mesure où il a fallu gauchir le plan normalement orthogonal des édicules lorsque ceux-ci se sont trouvés placés aux angles à 135° de l'octogone. Quant au passage au cercle il se fait au dernier faux-étage. La section intérieure de la cheminée d'encorbellement suit le même schéma avec des changements traduisant le passage du carré à l'octogone puis de l'octogone au cercle (fig. 48)[10]. En définitive l'édifice est donc une représentation symbolique monumentale de Śiva, reproduction exacte (mais à une toute autre échelle) de

9. Pichard et al., 1994, p. 89-91.

10. Sans entrer ici dans le détail d'une démonstration complexe, il semble bien que la transformation du temple en Liṅga, parfaitement matérialisée à Gangaikondacolapuram, existait déjà à l'état virtuel dans le temple d'état construit à Tanjore vingt ans plus tôt par le père et prédécesseur du fondateur de celui de Gangaikondacolapuram. En effet les variations dans le nombre d'édicules par étages en suggèrent d'autres dans la section de la superstructure, qui correspondraient à un passage du carré à l'octogone et de l'octogone au cercle (voir ci-dessus les figures 20 et 31, empruntées à Pichard, 1995).

celle sous laquelle il est figuré dans la cella et qui est déjà d'une belle taille. Le temple est l'image du dieu, et par là ce dieu lui-même, s'accordant ainsi avec les spéculations dont on a parlé ci-dessus.

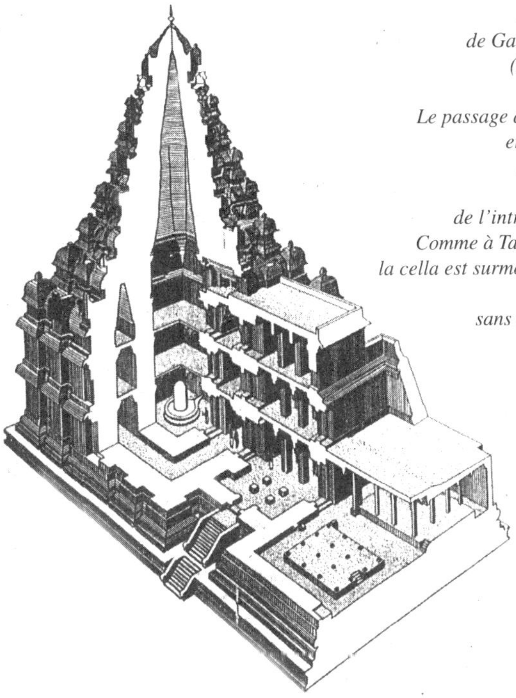

Fig. 48. Axonométrie de Gangaikondacolapuram (Pichard et al., 1994).

Le passage du carré à l'octogone et de celui-ci au cercle se marque également dans le traitement de l'intrados de la cheminée. Comme à Tanjore (fig. 31, p. 127) la cella est surmontée par deux pièces à plancher en bois, sans doute des praticables destinés à faciliter les ondoiements.

Les aménagements qui aboutissent à ce genre de transformation du temple en représentation symbolique du dieu sont parfois moins importants structurellement mais néanmoins très significatifs. En Indonésie et en Birmanie le toit des temples bouddhiques est souvent utilisé comme élément signifiant. Les plus anciens exemples se voient sauf erreur en Indonésie à la fin du VIIIe siècle, en particulier dans le grand ensemble de Candi Sewu. La totalité des toits de cet ensemble – corps principal, avant-corps et édicules du temple principal mais aussi toits des 240 chapelles – sont traités comme des stūpas, en d'autres termes comme des représentations symboliques du Buddha qui devient ainsi omniprésent ; la composition qui n'est pas sans analogie avec les stūpas multiples de Borobudur se retrouve aussi à Candi Kalasan, autre monument de la même période. Par un phénomène assez curieux de mimétisme sectaire, on constate que lorsqu'un changement de dynastie fait repasser la région à l'hindouisme quelques dizaines d'années après la construction de Candi Sewu, la tour centrale et les édicules des temples śivaïtes de Prambanan fondés alors par la nouvelle dynastie se voient couronner de toits dont la parenté avec les toits-stūpas de Candi Sewu est évidente, mais que de légères modifications de forme font plutôt ressembler à des Liṅga, parfaitement adaptés au nouveau contexte religieux. Il est difficile de croire que la parenté avec les toits-stūpas ne soit pas délibérée, elle est en tous les cas une belle affirmation de la puissance de la nouvelle dynastie par la réappropriation des signes utilisés par la précédente.

Cette utilisation du stūpa comme élément de couverture de temples bouddhiques se retrouve en Birmanie au XIIe siècle[11]. Même si la genèse de ces temples est différente ainsi que le contexte religieux puisqu'on est ici en pays *theravādin*, le résultat est en définitive le même, en d'autres termes l'affichage de l'identité du temple et du Buddha.

La transformation matérielle du temple en représentation iconique du dieu ne se rencontre que dans le Cambodge ancien avec les « tours à visages » des monuments de Jayavarman VII.

11. Pichard, 1992-2001.

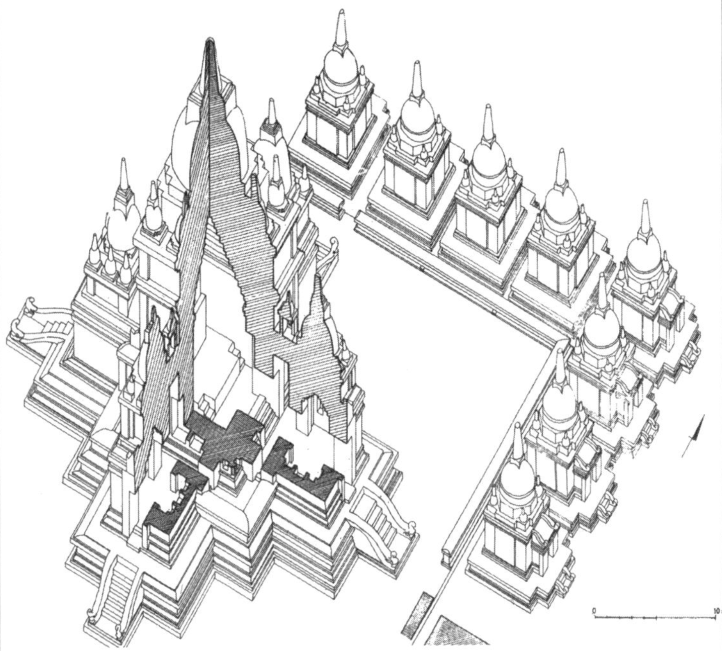

Fig. 49. Candi Sewu (Indonésie, VIIIe s.) (axonométrie, Dumarçay, 1993). Temple principal et angle de la première rangée de chapelles (voir p. 153) ; tous les toits sont en forme de stūpa.

En effet les seuls parallèles connus, sauf erreur de ma part, se trouvent au Népal et concernent non pas des temples mais des stūpas : un visage du Buddha est peint sur chacune des quatre faces de leur partie supérieure. La tour à visages cambodgienne est bien connue et nous avons eu l'occasion d'en parler ailleurs, rappelons cependant qu'elle pose de multiples problèmes dont celui de l'identité du dieu ou des dieux ainsi figuré(s), d'autant plus complexe que ces édifices se trouvent dans des positions diverses[12]. Il y a un seul exemple où, incontestablement, une

12. Dagens, 2005, p. 220 et suiv.

tour à visages coiffe le temple principal d'un sanctuaire (Prah Stung du Prah Khan de Kompong Svay), mais c'est probablement le cas aussi pour le Bayon d'Angkor. Partout ailleurs, il s'agit de chapelles (Bayon, Banteay Chmar) ou d'entrées charretières de sanctuaires (Bayon-Angkor Thom, Banteay Kdei, Ta Prohm, Ta Som). L'hypothèse qui nous paraît la plus vraisemblable c'est que les divinités concernées sont ce que les textes indiens appellent des « gardiens du territoire » (*kṣetrapāla*) et qui, dans la tradition khmère, sont des dieux du sol. On verra plus loin qu'elle donne un sens particulier à la multiplicité de ces tours à visages au Bayon (ci-dessous, p. 247).

- Effets perspectifs et obédience

Les effets perspectifs, utilisés couramment dans le monde indien pour amplifier visuellement les dimensions d'un édifice, jouent un grand rôle dans le traitement esthétique des façades et sont un élément très important de la mise en scène du temple (ci-dessous, p. 277). Cette technique a parfois servi à affirmer l'obédience d'un monument. La chose est certaine en Indonésie, mais il est probable, comme me l'a suggéré Jacques Dumarçay, qu'elle se rencontre également dans le Cambodge angkorien. L'intérêt des exemples indonésiens réside dans l'implication très sectaire de la présence ou l'absence de tels effets : utilisés sur les premiers temples brahmaniques construits sur le plateau de Dieng, ils sont absents des monuments bouddhiques construits à partir du milieu du VIIIe siècle (*e. g.* Candi Sewu), alors que leur emploi est systématique dans les temples brahmaniques construits quelques décennies plus tard, au IXe siècle (*e. g.* Candi Prambanan). L'aspect sectaire est remarquablement mis en évidence à Borobudur qui, rappelons-le, a été commencé, par la dynastie des Sañjaya, pour être un monument brahmanique vers 770, puis « récupéré » en cours de construction, une vingtaine d'années plus tard, par celle, bouddhiste, des Śailendra qui en font le stūpa que nous connaissons[13]. Transformant les parties déjà construites du monument, les architectes bouddhistes des Śailendra ont modifié les éléments participant à la création d'effets perspectifs afin de supprimer ces derniers. Cette suppression sans aucune justification technique montre que l'emploi de ces effets était considéré comme signifiant, l'idée pouvant être qu'ils font partie du domaine des apparences et par conséquent purement illusoire dans un contexte bouddhique. Nous nous étions demandé il y a quelques années, si le phénomène n'était pas plus politique que religieux[14], cela demeure une hypothèse et on se contentera ici de souligner qu'en l'absence de toute justification technique ou esthétique vraisemblable, l'emploi ou le non emploi des effets perspectifs relève de motivations idéologiques : ce pourrait être d'ailleurs la simple affirmation d'une différence dans le cas de leur suppression à l'avènement du bouddhisme et d'un retour à la tradition dans celui du rétablissement de leur emploi (*e. g.* à Prambanan) après l'éviction de la dynastie bouddhique des Śailendra.

- Architecture et obédience

On a présenté jusqu'ici une série d'exemples « positifs » où l'architecture est utilisée pour afficher de façon plus ou moins visible et plus ou moins précise l'obédience dont relève le temple et la personnalité du dieu qui l'occupe. Le dernier, celui de Borobudur, même s'il ne concerne pas

13. Dumarçay, 1998.
14. Dagens, 2000.

un « temple » à proprement parler, montre comment on peut faire appel à l'architecture pour signifier un bouleversement dans les croyances officielles, en l'occurrence un basculement du brahmanisme au bouddhisme. Il nous reste à rappeler qu'il existe aussi ce que l'on peut appeler des contre-exemples.

Le premier concerne des temples dont l'architecture est traitée de manière volontairement trompeuse afin de faire croire que ce ne sont pas des temples. Il s'agit du cas bien connu de Goa où, à la fin du XVIIIe siècle, on a construit des temples indiens qui ont tous l'allure d'églises catholiques portugaises. Nous en avons parlé ailleurs et on rappellera simplement ici que la construction de ces édifices a été suscitée par l'autorité civile coloniale soucieuse de maintenir le calme dans le territoire en permettant aux Indiens d'y pratiquer leurs religions sans encourir les foudres d'une église toute puissante pour laquelle la seule finalité de la présence portugaise était la conversion des autochtones[15]. L'intérêt en ce qui nous concerne ici est multiple : tout d'abord cette combinaison architecturale entre hindouisme et christianisme, *a priori* monstrueuse, reste finalement harmonieuse et elle ne paraît pas avoir posé de problèmes rédhibitoires aux dévots hindous. De toute manière, l'habillage chrétien du temple s'est borné à l'architecture et seulement à ses éléments visibles de l'extérieur ; il eut sans doute été difficile de christianiser, même en apparence, des images de dieux indiens et cela explique que les façades de ces temples soient dépourvues de toute iconographie. Dans le même ordre d'idées,

15. Dagens, 2000.

on peut signaler l'existence de quelques églises en forme de temples hindous, en particulier au Tamilnad ; cependant ces constructions qui datent toutes sauf erreur de la seconde moitié du XXe siècle ne visent pas à dissimuler une présence chrétienne, mais veulent au contraire affirmer, au moins formellement, une ouverture œcuménique. Ajoutons que comme dans le cas des temples de Goa l'habillage concerne uniquement les façades extérieures.

Un autre contre-exemple est celui des temples dont l'obédience a changé, mais où l'adaptation au nouvel état de chose s'est faite par une réorganisation de l'usage de l'espace cultuel sans modification significative de l'architecture du monument. On en trouve plusieurs exemples en Asie du Sud-Est continentale où la fin de la période angkorienne est marquée par le remplacement des croyances brahmaniques ou mahâyâniques par un bouddhisme *theravādin* qui a souvent récupéré les lieux de culte des croyances abandonnées. On ne reviendra pas sur le cas exceptionnel d'Angkor Vat, mais l'exemple de Vat Phu en concerne un autre, beaucoup plus banal et plus fréquent : la cella étroite des temples angkoriens traditionnels était peu propice à la pratique de réunions communautaires devant une ou plusieurs images du Buddha en faveur chez les Theravādin ; pour y pallier, la cella de l'ancien temple de Śiva à Vat Phu a été abandonnée et les images bouddhiques ont été installées dans le pavillon plus vaste qui précède la porte de cette cella. Enfin on citera à titre de curiosité le temple d'hôpital de Ban Chaniang (province de Surin, Thaïlande) construit sous Jayavarman VII (fin XIIe-début XIIIe s.) : l'ensemble du sanctuaire y compris le temple et sa pseudo-bibliothèque ont totalement disparu sous un temple theravādin ; le mur d'enceinte du sanctuaire d'origine sert actuellement de mur de soutènement au soubassement du nouveau temple, bâti en remblayant tout l'espace intérieur qu'il délimitait[16] !

Iconographie et définition du temple

Facteur principal dans la définition du temple, l'identité divine de l'objet de culte placé dans la cella n'est pas nécessairement perceptible dans l'aspect même de cet objet ; ce dernier, qu'il s'agisse d'un symbole ou d'une image, peut ne pas être une représentation « ressemblante » du dieu et même aller à l'encontre de la définition iconographique qui en est donnée dans les textes normatifs. De toute manière la visibilité de cet objet est très limitée et il affirme la définition du temple sans participer directement à sa diffusion.

- Les images sur le temple et ses annexes

Le cas est différent s'agissant des images qui sont *sur* le temple hors de la cella, images dont l'un des rôles est bien sûr de souligner la nature divine du temple et aussi la façon dont, à travers lui, se manifeste la présence de son dieu titulaire et du panthéon qui l'accompagne. Plus ou moins intimement liée au décor, cette iconographie des murs participe à l'embellissement du temple, et les images qui la constituent sont marquées par un évident souci esthétique. Leur importance quantitative très variable dépend surtout d'éléments très contingents tels que le parti décoratif adopté pour le temple et les modes régionales qui règlent sa mise en œuvre pour ne rien dire des dimensions du temple et des moyens à la disposition de son ou de ses commanditaires.

Comme on vient de le suggérer, c'est à travers le programme décoratif du temple que son programme

16. Dagens, 1991.

iconographique s'inscrit dans son architecture. Cette inscription peut ainsi revêtir des aspects très divers. Pour ne prendre que des cas rencontrés fréquemment, on dira que les images (ou les compositions narratives) peuvent être placées dans des niches ou simplement adossées aux façades ou bien encore sculptées à même les murs ; mais elles peuvent aussi occuper des tympans sur les murs pignons de toits en carène (corps principal ou avant-corps) ou des linteaux ; on en voit également sur des dés de piliers, au centre de fausses lucarnes ou encore imbriquées dans des motifs végétaux qui, rinceaux ou autres, courent sur des pilastres, des tableaux de portes, etc. ; quant aux longs récits pseudo-historiques ou mythologiques ils peuvent faire l'objet de frises narratives : continues ou divisées en panneaux juxtaposés, éventuellement organisées en registres superposés, elles font le tour de l'édifice, qu'elles soient minces et intégrées à des ensembles moulurés ou au contraire qu'elles occupent des murs sur tout ou partie de leur hauteur.

Quelles qu'elles soient, les images ne se concentrent pas nécessairement sur les façades du rez-de-chaussée du temple ; on en trouve aussi sur les parties hautes de l'édifice, en particulier au niveau de l'attique ainsi que sur les faux-étages où elles soulignent et précisent la signification des édicules et autres éléments adventices analogues dont on a vu le rôle précédemment. Dans ces positions hautes, il leur arrive souvent de participer au « non-visible » du temple et d'être alors offertes à la vue des seuls yeux du dieu (p. 258).

Tous les autres édifices réunis dans le sanctuaire sont également des supports potentiels d'images : les chapelles, naturellement, mais aussi les pavillons (où les piliers historiés sont fréquents) ou bien les galeries décorées parfois de frises peintes ou sculptées en bas-relief, pour ne rien dire des murs d'enceinte et surtout des pavillons d'entrée (ci-dessous). En fait, l'iconographie accompagne tous les « développements » architecturaux dont nous avons parlé dans notre première partie, qu'ils fassent partie du projet initial ou qu'ils jalonnent l'histoire du temple.

- Iconographie et programme iconographique

Le choix initial des images et celui de leur organisation sur les murs du temple reposent sur le « projet iconographique » qui accompagne le projet architectural et dont les traités normatifs nous fournissent quelques exemples théoriques. Ces modèles cependant se concentrent sur les images majeures et ne rendent guère compte de la richesse extrême de l'iconographie constatée souvent sur les temples eux-mêmes. Pour le reste, quelle que soit son ampleur, le projet prévoit des représentations iconiques donc directement intelligibles, en d'autres termes, des images du dieu et de membres de son entourage sous les diverses formes et dans les différentes situations que leur mythologie attribue à l'un et aux autres. Il s'agit en effet de « transposer le mythe dans l'espace », selon la formule déjà citée d'Édith Parlier-Renault[17] ; que le temple serve de support à cette transposition en fait plus que jamais le corps du dieu ; on pourrait même dire, en pastichant une notion élaborée par le bouddhisme, que cela en fait son « corps de gloire ». Ajoutons que la multiplication des images ne peut qu'amplifier cette transposition et par là ce corps de gloire du dieu.

Le projet dicte le choix des images mais également leur organisation sur les murs du temple ; il est évident que la

17. Parlier-Renault, 2006.

mise en œuvre des images sur le monument répond à des impératifs très divers, qui, d'ailleurs, ne prennent pas toujours en compte la visibilité réelle de ces images, on y a déjà fait allusion. Il y a des impératifs hiérarchiques certes : l'importance d'un dieu se manifeste par la position de son image sur les axes cardinaux du temple avec, naturellement, une prédominance pour celui qui correspond à la porte de la cella et qui est souvent attribué à une des formes du titulaire du temple.

D'autres impératifs sont plus « personnels », liés par exemple à l'orientation propre à la divinité : Brahmā et Durgā sont généralement sur la face nord des temples de Śiva, tandis que Skanda qui a certains liens avec Indra sera placé sur la face est de l'attique. La forme concernée entre aussi en ligne de compte : ainsi Śiva sous sa forme enseignante de Dakṣiṇāmūrti (litt. « la Manifestation du sud ») est, naturellement pourrait-on dire, sur la face sud du temple, mais il est à l'ouest sous celle de Liṅgodbhavamūrti. La fonction du dieu joue également : il suffit de citer les exemples évidents et loin d'être limitatifs des huit maîtres des directions (*lokapāla*) ou plus encore des gardiens de portes (*dvārapāla*). Pour ces derniers, les impératifs concernent l'orientation de la porte aussi bien que la position du gardien à sa droite ou à sa gauche, étant entendu qu'il existe pour chaque grand dieu quatre couples de gardiens de porte correspondant aux quatre directions cardinales.

L'organisation générale se présente le plus souvent comme un dispositif spatial assez proche d'un diagramme (*maṇḍala*) dont le centre serait évidemment la cella et la divinité qui l'occupe ; quant aux zones concentriques, elles prennent la forme de compositions pourtournantes orientées qui, éventuellement se répètent ou se prolongent aux différents niveaux de l'élévation du temple. L'un des principes de base est celui d'une lecture selon le tour « à main droite » (*pradakṣiṇa*), jalonnée d'images dont les principales occupent les axes cardinaux (ou pseudo-cardinaux dans le cas d'une orientation décalée). Ce principe est susceptible d'exceptions : certaines concernent surtout les longues frises narratives et sont liées aux nécessités de la narration (*e. g.* scènes de bataille centrées sur le heurt des troupes opposées) ou de la continuité du récit (registres superposés à lecture boustrophédon signalés au temple de Viṣṇu à Tadpatri par Marion Carnis) ; d'autres se traduisent par le choix d'une lecture inverse, suivant le tour « à main gauche » (*prasavya*) ou si l'on veut « sinistre » car il va souvent de pair avec une signification plus ou moins négative du récit figuré ou du monument concerné, mais pas forcément : les bas-reliefs d'Angkor Vat doivent se lire selon ce tour par la gauche mais les implications n'en sont pas très claires, surtout depuis qu'a été éliminée l'hypothèse initiale du caractère funéraire de ce temple d'état.

Certaines compositions sont très significatives, en termes de définition du dieu titulaire du temple. L'une des plus remarquables dans le genre concerne le groupe central (temple et pavillon) du sanctuaire du Buddha Vimāya à P'imai (Thaïlande, fin du XIe s.). L'iconographie extérieure de l'ensemble (portes des avant-corps du temple et portes de son pavillon) est purement brahmanique (à un détail près ci-dessous) ; qui plus est, c'est une image de Śiva dansant qui surmonte la porte axiale du pavillon, celle à laquelle conduit le regard du Buddha qui est dans la cella ; en définitive les seuls éléments bouddhiques de cette iconographie extérieure sont des images d'une divinité bouddhique secondaire sculptées au bas des pilastres d'antes et y marquant le point de départ d'un rinceau[18]. En revanche, les éléments de porterie intérieurs portent tous des thèmes bouddhiques (linteaux des quatre portes de la cella et de la porte de son avant-corps intérieur la rattachant au pavillon). L'ensemble reconstitue un diagramme d'un type assez banal : le Buddha installé dans la cella est entouré par deux cercles d'images (sculptées au-dessus de portes) : le plus intérieur est bouddhique, tandis que le second qui est brahmanique correspond bien évidemment au monde des apparences. On en arrive ainsi à un temple, en d'autres termes au corps d'un dieu dont l'identité n'est explicite que dans le domaine du « non visible ». Parfaitement dissimulée aux yeux des spectateurs « extérieurs » et par conséquent étrangers au bouddhisme, elle n'est perceptible qu'à ceux qui ont fait l'effort de « franchir » les limites de ce monde des apparences ; ce faisant, ils atteignent ce Buddha qui est « hors de l'illusion » (*vimāya*, litt. « dépourvu d'illusion ») et qui les conduira à la libération. Le schéma qui traduit donc l'un des fondements de la théologie bouddhique est d'autant plus intéressant que la thématique des éléments bouddhiques impliqués s'inscrit très nettement dans un courant ésotérique, ce qui donne une seconde justification à cette exaltation du « non-visible ».

Rappelons pour terminer qu'il peut y avoir une réécriture de l'iconographie des murs par adjonction ou substitution d'images afin de l'adapter à de nouvelles croyances. La chose n'est pas indispensable comme le montre l'exemple d'Angkor Vat, mais quand elle est brutale et radicale comme au Bayon d'Angkor elle peut dissimuler totalement l'ancienne obédience du monument qui n'est finalement

18. Dagens, 2003, p. 177-178 et fig. *ad. loc.*

reconnue que grâce à des éléments non-visibles ou supposés tels[19].

L'organisation du sanctuaire

Par son contenu – chapelles, annexes rituelles, etc. – le sanctuaire renvoie une image du dieu à travers les cultes qui lui sont rendus et aussi à travers son entourage. Ses limites et leurs franchissements – murs, portes et douves – sont des miroirs d'un autre genre qui annoncent eux aussi de différentes manières la présence du dieu à travers celle de sa maison ou bien encore complètent sa définition en projetant le temple dans l'univers dont il est le centre.

- Le sanctuaire projection du temple.

Le sanctuaire et le temple se renvoient l'un l'autre. On vient de voir que divers procédés architecturaux, renforcés éventuellement par l'iconographie, suggèrent la présence sur le temple lui-même de l'entourage, ce panthéon dont les membres les plus notables sont normalement logés dans des chapelles ou autres structures analogues développées dans le sanctuaire. Mais, on l'a déjà signalé au passage, d'autres éléments du sanctuaire, principalement ses accès (pavillons d'entrée ou simples portes) sont parfois utilisés pour rectifier l'orientation donnée par la cella : ainsi à Narttamalai ce seul pavillon d'entrée ne menant nulle part qui est à l'est du temple Vijayacolīśvara, lui-même orienté à l'ouest pour des raisons topographiques et/ou historiques (p. 66).

De même la marque la plus visible de certains changements d'obédience se voit dans la modification des accès au sanctuaire. Nous avions pu noter le cas en Andhra Pradesh où la

19. Dagens, 1969.

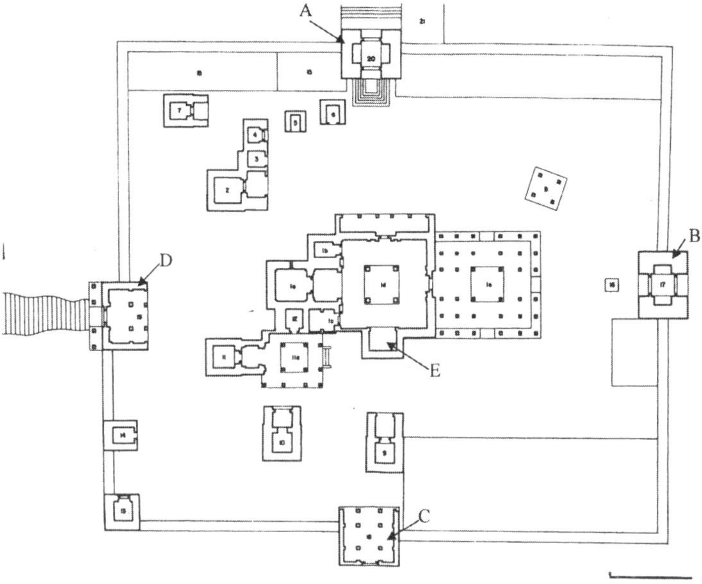

Fig. 50. Temple de Nivṛttisaṅgameśvara (IXe-XVIe s., Andhra Pradesh) (Dagens, 1984). Le pavillon d'entrée principal (A) se trouve au nord dans l'axe de la chapelle de Vīrabhadra (E) ; c'est un gopura à étages comme celui de l'est (B), alors que ceux du sud (C) et de l'ouest (D) sont des pratolī à toit plat (voir p. 161). Celui de l'ouest donne sur la rive de la Krishna (d'où l'escalier).

popularité acquise à partir des XIIe-XIIIe siècles par Vīrabhadra, une forme violente de Śiva, a entraîné le basculement de l'est vers le nord de l'orientation de sanctuaires de Śiva devenus ceux de Vīrabhadra, dont le nord est la direction d'élection[20]. Faute de pouvoir modifier l'orientation du bâtiment abritant la cella, on a corrigé celle du sanctuaire pris dans son ensemble en le munissant d'un accès au nord. Dans le cas du temple de Sasenur où une statue de Vīrabhadra a été ajoutée à côté du Liṅga dans la cella du temple d'origine, c'est une simple

20. Dagens, 1984.

porte qui a été percée dans le mur nord de l'enceinte. Pour le temple de Nivṛttisaṅgameśvara, une chapelle a été ajoutée pour abriter la statue de Vīrabhadra (fig. 50) : ouverte au nord elle donne sur le pavillon placé devant la cella du temple de Śiva ; ce pavillon a été remanié avec adjonction sur son mur nord d'une porte située dans l'axe de celle de la chapelle et débouchant dans un large porche ; enfin, au-delà, un nouveau pavillon d'entrée, d'aspect très imposant, qui franchit le mur nord de l'enceinte a été construit lui aussi sur l'axe du regard de Vīrabhadra, dont tout montre ainsi qu'il est devenu le dieu principal et titulaire du sanctuaire.

On pourrait citer d'autres exemples d'aménagements qui aboutissent de la sorte à réorganiser le sanctuaire pour traduire son recentrement religieux. Parmi eux nous mentionnerons le célèbre temple de Cidambaram qui très tôt semble-t-il a été ainsi recentré sur la *sabhā* qui abrite l'image de Śiva dansant et qui a pris de ce fait le pas sur la cella d'origine où se trouve un Liṅga.

- La limite du domaine du dieu

Il est fréquent que des images de la monture du dieu soient disposées sur le chaperon du mur d'enceinte, que ce soit à intervalles réguliers sur toute la longueur du mur ou seulement aux angles. Cette utilisation de la monture du dieu pour rappeler l'identité de ce dernier n'a rien d'exceptionnel : quatre images de cette monture viennent cantonner l'attique du temple, tandis que sa présence sous la forme d'une statue est de règle devant la porte de la cella comme elle l'est sous l'aspect d'un dessin sur l'étendard que l'on hisse lors des grandes fêtes sur le mât planté dans l'axe de cette même cella.

Au Cambodge cette mode de la mise en place de la monture du dieu sur les murs semble inconnue (les *garuḍa* qui rythment le mur d'enceinte du Prah Khan d'Angkor ont une autre fonction, *cf.* p. 263). En revanche aux XIIe-XIIIe siècles le chaperon des murs d'enceinte extérieurs des temples bouddhiques construits par Jayavarman VII portent une crête où sont sculptées des images de Buddha en méditation, images qui, vu la longueur de certaines enceintes concernées – plusieurs kilomètres – se comptent facilement par milliers. L'importance qu'elles occupaient dans la définition du temple et du dieu est mise en valeur par le martelage, systématique en dépit de leur nombre, auquel elles ont été soumises dans le courant du XIIIe siècle lorsque le royaume khmer bascule brutalement du bouddhisme à un śivaïsme excessivement sectaire. L'opération qui venait en complément d'une réécriture totale de l'iconographie des temples montre bien que cette « décoration » du sommet des murs était considérée comme parfaitement signifiante.

Dans de très rares cas le mur-péribole est couvert de bas-reliefs narratifs sur sa face externe. À Śrīśailam (Andhra Pradesh) ces bas-reliefs exposent la mythologie locale de Śiva, le titulaire du temple, belle façon de préparer l'entrée dans le territoire du dieu, qui, dans ce cas particulier, n'est atteint qu'à l'issue d'une longue marche pèlerine dans un territoire montagneux très « sauvage » comme il sied à un lieu saint consacré à Śiva. De plus, cet exposé est rythmé par les images des huit Bhairava – formes terribles de Śiva – qui, disposés stratégiquement de façon à faire face aux huit directions, assurent la protection du sanctuaire et de son dieu contre les êtres malfaisants que l'on peut s'attendre à trouver dans un tel contexte. Ajoutons que si la douve, qui double le péribole au Cambodge, n'est pas un élément d'identification, elle est un de ceux qui font du sanctuaire une image de l'univers (p. 274).

- Le temple représenté

On a vu que les pavillons d'entrée situés sur le péribole comme, le cas échéant, ceux des enceintes intermédiaires, ont, en Inde du Sud et dans l'ancien Cambodge, « l'aspect d'un temple » comme le prescrivent les textes normatifs. Cela se traduit formellement par leur superstructure à (faux-) étages mais l'expression prend un sens tout particulier en Inde où très souvent ces pavillons oblitèrent la vue que, de l'extérieur du sanctuaire, l'on pourrait avoir du temple. De la sorte, le temple que l'on voit de loin est l'image qu'en donnent ses pavillons d'entrée.

Le cas du Cambodge est intéressant car, on le verra, l'injonction des traités techniques avait conduit à faire de ces édifices des chapelles. Les architectes khmers semblent avoir été également sensibles à cette suggestion que les pavillons d'entrée étaient l'image du temple auquel ils donnaient accès, comme le montre l'exemple d'Angkor Vat complété par celui du Bayon et probablement par celui du Baphuon (où ce pavillon d'entrée extérieur a sans doute été ajouté au XIIe siècle).

À Angkor Vat, le phénomène concerne l'entrée principale du sanctuaire, c'est-à-dire le pavillon d'entrée *ouest* du péribole qui se développe sur une longueur (env. 230 m.) légèrement supérieure à la largeur du premier étage de la pyramide (fig. 44, p. 176). Sa partie centrale avec ses trois entrées surmontées par trois tours reprend le profil (et la largeur) du troisième étage ; quant aux portiques qui se développent de part et d'autre, ils offrent une belle image de la galerie des bas-reliefs qui occupe la périphérie du premier étage de la pyramide. La chaussée qui franchit la douve constituant un point de vue obligé, le spectateur qui l'emprunte a devant lui l'image du temple qu'il ne verra dans sa totalité qu'une fois traversé le pavillon d'entrée ; l'image est d'autant plus remarquable que les pavillons d'entrée des trois enceintes intérieures sont tous dépourvus de tours et ne viennent pas dissimuler la vue du massif central.

Un demi-siècle plus tard, au Bayon, le dispositif est simplifié. Le péribole de ce temple d'état se confond, on le sait, avec celle de la capitale murée ; ses portes sont pourvues d'une entrée unique mais surmontée par une triple tour à visages ; le groupe ternaire renvoie au modèle d'Angkor Vat tandis que les visages montrent bien qu'en dépit d'une similitude formelle beaucoup moins sensible qu'à Angkor Vat, ces pavillons d'entrée sont une image du Bayon auquel ils donnent accès. Ajoutons que cette enceinte péribole du temple et de la capitale est percée d'une cinquième porte, qui ne se trouve pas dans l'axe du temple mais dans celui du palais royal, et suit exactement le même modèle que les autres.

L'intérêt de ces compositions, dont on a donné les exemples les plus remarquables, est de transmettre en dehors du sanctuaire l'image du dieu à travers celle du temple, en d'autres termes elles contribuent à guider du plus loin le regard en quête de la vision du dieu – en langage courant « darshan » (sanskrit *darśana*) – qui est une des grâces recherchées par le dévot dans son approche du dieu. À ce titre il s'agit d'un des éléments importants de la mise en scène du temple.

- Pavillons d'entrée et enrichissement du temple

L'iconographie de ces pavillons d'entrée à étages, quelle que soit leur position est apparentée naturellement à celle du temple. En Inde du Sud où ils atteignent des dimensions considérables, elle est d'une richesse extrême, rarement atteinte pour le temple lui-même, même dans les rares cas où sa superstructure est importante. Les rares inventaires un peu exhaustifs qui existent[21], montrent qu'au-delà de la richesse de sa thématique cette iconographie est aussi caractérisée par une grande recherche dans la mise en place des images. On y joue, en particulier, sur la position des images, qu'il s'agisse de leur orientation cardinale ou surtout de leur répartition entre les faces interne et externe des enceintes. On y constate aussi l'établissement de rapports complexes entre les divinités[22]. L'enrichissement qui en résulte, par rapport au schéma iconographique du temple lui-même, va souvent de pair avec des remises à jour : la multiplication des enceintes est souvent un phénomène historique et l'iconographie des pavillons construits avec chaque nouvelle enceinte suit l'évolution des doctrines ou des croyances et par là même de la nature du dieu et de son identité profonde. À Darasuram, la présence déjà mentionnée d'images des entités abstraites que sont les cinq *śakti* peut correspondre à un élargissement des bases textuelles du monument, et ainsi de la définition du dieu qu'il renvoie.

Conclusion

Installé dans le temple, le dieu est aussi par le biais de ce même temple installé dans l'espace. Tout l'édifice y concourt et aussi toutes les techniques, architecturales comme iconographiques. Plus visible, cette seconde image est aussi plus riche et plus expressive que l'objet de culte de la cella.

21. Harle, 1963 et surtout Delaruelle, 1999.
22. Delaruelle, 1999.

Dans quelques cas exceptionnels, elle est ressemblante au dieu manifesté dans la cella, mais cet habile rappel de leur identité n'est important que parce qu'il souligne que ce dieu de la cella est bien tout ce que montre cette image dans l'espace. Ce qu'elle nous offre en fait, c'est pour paraphraser le titre du onzième chapitre de la *Bhagavad Gītā,* « la vision de l'être innombrable », selon la traduction d'Emile Sénart d'une expression – *viśvarūpa-darśanam* – que l'on peut aussi rendre par « la vision de la manifestation du Tout » ou encore « la vision de la forme universelle ». Tout ce chapitre est d'ailleurs consacré à la description dialoguée de cette manifestation du Tout, en préparation du suivant où va être définie la dévotion (*bhakti*) dont on a vu qu'elle est à la base même de l'invention du temple. Nous avons surtout parlé ici des composants divins de ce Tout – avec le panthéon qui à travers le décor architectural et iconographique couvre le corps du dieu ; dans les chapitres suivants on verra qu'il y a aussi d'autres participants au spectacle – humains, animaux, végétaux – ce qui fait écho à l'injonction que Kṛṣṇa adresse à Arjuna après avoir énuméré ses multiples formes et les multiples séries divines qui apparaissent lorsqu'il se manifeste comme le Tout ; « Vois ici dans mon corps [...] tout l'univers, tous les êtres vivants ou inanimés et quelque objet enfin que tu souhaites contempler » (*Bh. G.* 11.7). Rappelons au passage que tout dieu est le plus grand dans son temple : c'est un Hanuman qualifié à l'instar de Kṛṣṇa de « manifestation du Tout » (*viśvarūpa*) qui a été récemment installé en grande pompe au Tamilnad (p. 326). Cette vision cosmique que le temple nous donne du dieu est installée au milieu du sanctuaire, ce qui confirme, si besoin est, que celui-ci est à la fois une projection du temple et une image de l'univers.

VI

Le temple, miroir des hommes

Introduction

Le spectacle que le temple renvoie de la société indienne est bien ambigu. Sans être par nature un lieu de réunion, on sait qu'il peut attirer les foules ; la vue de celles-ci, en particulier lors des fêtes solennelles, suggère facilement un unanimisme qui pourrait faire oublier que le temple est aussi au centre d'un système d'exclusion ou plus exactement de ségrégation sociale, qui d'ailleurs vient éventuellement toucher les dieux.

Quand on glisse du social au politique les choses ne sont pas toujours des plus claires. Le « roi » en effet occupe une place à part. Tout d'abord, il est facilement considéré comme le paradigme des commanditaires, ceux que l'on appelle techniquement les « sacrifiants » (*yajamāna*), ce qui explique qu'il soit souvent mentionné. Cependant cet emploi fréquent, dans les traités centrés sur l'architecture ou le rituel, des innombrables termes susceptibles de le désigner ne doit pas forcément être pris au pied de la lettre : sémantiquement ce sont aussi des appellations normales des membres de la deuxième classe (les *kṣatriya* de la nomenclature courante). De plus, quel meilleur moyen de souligner les mérites des commanditaires que de leur donner le titre du plus glorieux d'entre eux ? La chose se traduit d'ailleurs dans la pratique par les hommages appuyés – pour ainsi dire royaux – que l'officiant adresse au commanditaire lors de l'installation d'un temple ou même d'une image.

Quant aux réels détenteurs d'une puissance royale, si le temple leur fournit de multiples occasions de manifester leur qualité indispensable de « bon roi », il est également un remarquable instrument du pouvoir, en particulier sous la forme du temple d'état et de monuments apparentés qui se veulent d'une manière ou d'une autre la traduction architecturale de cette puissance. Cette finalité peut se traduire dans leur aménagement et leur iconographie, ou plus banalement dans leur ampleur, et dans le soin qui, porté à leur construction et à leur décor, les place parmi les plus beaux monuments qu'ait produits l'indianité.

Le temple et les hiérarchies humaines

Le droit d'entrer dans les temples : hiérarchie sociale et droit religieux[1]

Actuellement on voit souvent à la porte d'un temple une pancarte indiquant que l'accès en est « interdit aux non-

1. On rappelle, pour la commodité de l'exposé, que la société indienne traditionnelle est organisée selon deux systèmes hiérarchiques qui se superposent et se combinent. Le premier et le plus ancien est partiellement théorique ; la société est structurée en quatre « classes » (*varṇa*), celles de brahmanes, *ksatriya*, *vaiśya* et *śūdra*, auxquelles s'ajoutent les « autres » qui, exclus ou non intégrés, sont au mieux hors hiérarchie (cas des religieux renonçants) et plus couramment à son niveau le plus bas. Le second est le

hindous ». Cet interdit au caractère religieux incontestable en remplace un plus ancien d'une autre nature et qu'il était d'ailleurs inutile d'afficher puisqu'il faisait partie du non-dit par évidence de l'Inde. Prenant la suite de mesures plus ponctuelles[2], la constitution de l'Union indienne l'a *de facto* rendu définitivement obsolète en abolissant le système des castes dont il n'était finalement qu'une des manifestations dans le domaine des pratiques religieuses[3]. Cet interdit liait l'accès au temple avec deux notions antinomiques, qui constituent l'une des bases de ce système, et qui classent les castes en fonction de leur pureté plus ou moins grande ou, inversement, en fonction de leur caractère plus ou moins polluant. Le divin étant défini par sa pureté – témoin l'abondance des rites purificatoires dans les cérémonies – le faire entrer en contact, ou même simplement approcher, par les membres de groupes considérés comme polluants ne pouvait être que répréhensible. Ajoutons que la notion d'approche est très étroitement liée à celle du regard qui pollue autant que le contact : une des finalités du rideau qui vient normalement doubler la porte de la cella est de protéger le dieu d'un regard polluant (p. 59). La notion de pollution tire probablement son origine de l'idée que la pureté est une condition *sine qua non* du succès des rites, mais cela n'empêche pas que l'interdit concernant l'accès au temple soit

système des castes (skt. *jāti*) proprement dit ; établi sur des bases socioprofessionnelles, sa hiérarchie repose sur une dialectique du pur et de l'impur, liée en particulier, mais pas uniquement, aux métiers d'origine des castes (et à l'appartenance à telle ou telle classe définie ci-dessus). Le bas de la hiérarchie est occupé par les nombreuses castes et sous castes « intouchables » et on y retrouve les « autres » du système précédent.

2. Pillai, 1953.

3. Derrett, 1968, p. 468 et suiv.

avant tout le résultat d'une ségrégation sociale ; celle-ci, appliquée au domaine religieux, vient s'ajouter à quelques cas (dûment mentionnés dans la littérature technique) de ségrégation individuelle due à une impureté personnelle temporaire, (comme par exemple celle d'une femme ayant ses règles ou celle causée par le décès d'un proche).

Les traités de rituel qui ne se font pas, faute de mentionner l'interdit social, ont développé à son sujet une casuistique parfois très élaborée. Ils abordent la question de deux points de vue : d'une part celui du dieu et donc de l'officiant, pour qui il s'agit de remédier à une pollution éventuelle, et de l'autre, celui des dévots, dont il faut savoir comment ils se situent vis-à-vis de l'interdit. Dans un cas comme dans l'autre, les auteurs des traités inscrivent l'interdit dans la topographie de l'espace du temple, espace dont le caractère divin (et donc la pureté) est d'autant plus marqué que l'on se rapproche du temple et du dieu qui occupe sa cella.

Pour l'officiant en charge du culte dans la cella, il s'agit donc de reconnaître une pollution infligée au dieu ou au temple par le contact, le regard ou la simple approche d'un individu polluant, et d'évaluer sa gravité, afin de fixer la nature du rituel d'expiation qui permettra d'y remédier. En fonction de ce que l'on vient de dire, plus l'élément pollueur se sera rapproché de la cella plus la pollution sera sensible et plus l'expiation indispensable sera complexe et, ajoutons le, coûteuse, ce qui explique l'importance attachée à son évaluation. Un ouvrage de liturgie donne ainsi un bon exemple de l'échelle des expiations rendues nécessaires par la venue dans le sanctuaire de Śiva d'un intouchable : les premiers degrés correspondent chacun au franchissement d'une enceinte du sanctuaire en commençant par la quatrième (on peut en conclure que, selon ce texte, la cinquième et dernière est considérée comme accessible à tous, ce qui n'est pas toujours le cas, voir ci-dessous) ; quant aux derniers degrés ils concernent une pollution qui aurait touché le pavillon placé immédiatement devant la porte de la cella, en des points de plus en plus rapprochés de cette porte (*Rauravāgama*, chap. Kp. 56) ; un autre chapitre du même traité ne mentionne que la pollution à l'intérieur même de la cella (toucher du Liṅga ou du piédestal par un intouchable ou une femme ayant ses règles) (*ibid.* chap. Kp. 44).

Pour les dévots, il s'agit de savoir jusqu'où leur statut social permet de s'approcher du temple et du dieu que contient sa cella, étant entendu que polluer le dieu ou son temple est une faute et doit donc être évité ou expié. Un petit traité śivaïte, attribué à un grand théologien du XIe siècle mais sans doute plus tardif, expose la chose de façon assez claire ; selon un procédé fréquent il s'appuie sur l'autorité de citations empruntées théoriquement à des ouvrages canoniques dans lesquels on ne les retrouve pas. Cet ouvrage[4] classe hiérarchiquement les dévots de Śiva en une trentaine de catégories ; le tableau ainsi fourni est très complet, au moins par ses extrémités : les deux premières catégories se limitent respectivement à Śiva pour l'une et, pour l'autre, au prêtre en charge du temple, tandis que les dernières correspondent aux plus polluants des groupes d'intouchables. Chaque catégorie se voit fixer dans l'espace du temple la limite jusqu'où elle peut s'approcher du dieu ainsi que les actes de piété ou de service qu'elle est autorisée à accomplir, au premier rang desquels est la « vision » du dieu (*darśana*). À la hiérarchie descendante

4. Publié dans Filliozat, 1975.

des dévots correspond une approche de la cella de plus en plus lointaine, une vision du dieu de plus en plus difficile et enfin des actes de piété de plus en plus humbles. Ainsi l'officiant va dans la cella où il accomplit le culte et les brahmanes védiques s'arrêtent au porche de cette même cella pour contempler et célébrer Śiva, tandis qu'à l'autre bout de l'échelle les intouchables du rang le plus bas ne doivent pas dépasser la rue périphérique du village et manifestent leur piété en balayant le sol à cet endroit. Les règles ne doivent pas être transgressées même si c'est par désir de voir le dieu ; les conséquences néfastes, incalculables pour le pollueur, rejaillissent éventuellement sur le village, le roi et le royaume.

L'inscription des règles dans l'espace traduit une vision très linéaire de celui-ci. En effet, les repères sont tous sur l'axe de la porte de la cella qui est aussi, on l'a vu, celui du regard du dieu qui répand sa faveur, et celui du regard des dévots qui cherchent à le voir : il s'agit d'abord du porche de la cella déjà mentionné, puis de différents points à l'intérieur du pavillon qui la précède, et enfin du mât de l'étendard et du pavillon d'entrée ; au-delà viennent le croisement de cet axe avec la « rue du char » (*rathavīthi*) puis avec la « rue « périphérique » (*bāhyavīthi*) : la première est celle qu'emprunte le char du dieu pour faire le tour par l'extérieur du sanctuaire dans l'agglomération (p. 172). Quant à la seconde, elle marque la limite au-delà de laquelle se trouve le « faubourg des intouchables » (tamoul *cēri*) : certains de ses habitants n'ont justement pas le droit d'en sortir pour s'approcher du temple. L'espace concerné est ainsi le village tout entier : il dépasse non seulement l'enceinte du sanctuaire mais aussi l'espace festif marqué par la rue du char ; englobant le domaine des intouchables, il atteint les limites de l'espace social de la communauté qui, toute entière, se reconnaît dans ce temple, même si seuls certains de ses membres y ont réellement accès.

Hiérarchie sociale, hiérarchie des temples et hiérarchie des dieux

Les règles dont on vient de donner un exemple concernent des temples de « grands dieux » se rattachant à la tradition brahmanique (on parle parfois de « grande tradition ») et qui, simultanément, regroupent autour d'eux une communauté susceptible de couvrir l'ensemble de la hiérarchie fondée sur la dialectique du pur et du polluant. Les choses cependant sont loin d'être toujours aussi simples, et si les temples auxquels on fait allusion sont généralement les plus notables et, à des niveaux divers, les plus prestigieux de l'agglomération (quelle que soit son importance), ce ne sont pas nécessairement les plus nombreux. N'importe quel groupe en effet est susceptible de faire construire un temple à son intention. La différence avec le cas précédent sera que si l'accès ou l'approche de ce temple pourront être interdits à ceux qui appartiennent à des groupes plus polluants que les commanditaires du temple, d'autres groupes s'en interdiront la fréquentation pour éviter le contact des mêmes commanditaires. Ce refus n'implique pas une négation de la présence divine dans le temple ni de la puissance qui en émane, mais simplement que le statut social des commanditaires du temple se transmet à ce dernier et en un certain sens au dieu qui l'habite.

Ce dernier phénomène débouche sur une hiérarchisation des temples dont on peut dire qu'elle est « sociale » puisqu'elle est fondée sur les mêmes critères que celle qui organise la société qui les fréquente. Le phénomène est important, car la forte sectorisation sociale qui marque la plupart des agglomérations indiennes, à l'exception peut-être de certaines grandes métropoles, est ainsi accompagnée d'une sectorisation parallèle des temples. La chose est peut-être plus sensible dans les bourgades et les villages où ce que nous avons appelé « faubourg des intouchables » est souvent bien délimité dans la topographie de l'agglomération : ce quartier est par essence « infréquentable » pour la plupart des habitants des autres quartiers et il en est de même pour les temples qui s'y trouvent. Parmi eux certains sont dédiés à des divinités villageoises (*grāmadevatā*) et sont le lieu de rites sanglants, d'offrandes carnées, de sacrifices de volailles ou de chèvres, etc., considérés par nature comme polluants. Cependant il semble bien que certaines divinités qui se rattachent à la tradition brahmanique conservent partiellement au moins leur statut supérieur, en dépit du rang « polluant » des fondateurs du temple et du prêtre qui lui rendra un culte quotidiennement. On a un bon exemple de ce genre de rapports complexes à propos d'un temple de la Déesse construit par des intouchables dans leur faubourg d'un village de la région de Pondichéry : la parenté de la divinité avec le panthéon brahmanique fait que le rituel d'inauguration y est accompli par un brahmane, mais les choses s'arrêtent là : le prêtre en charge du culte relève du groupe des fondateurs ou d'un groupe analogue[5].

La fête ou le temple rassembleur ?

Le temple est un centre festif. Sa vie, qui est aussi celle du dieu, est marquée par des célébrations qui prennent

5. Viramma et Racine, 1994, p. 151 et suiv.

de l'ampleur et se multiplient dès qu'il revêt une certaine importance : à Tiruvannamalai, par exemple, on compte « plus d'une centaine de jours qui paraissent particulièrement festifs dans la mesure où les divinités sortent en procession à l'extérieur [du sanctuaire] »[6]. On regroupe ces cérémonies sous le nom de « fêtes » (*utsava*) et ce sont autant d'occasions de matérialiser l'inscription du temple, du dieu et de sa mythologie dans le temps et dans l'espace. Pour le temps, cela se produit à travers la succession des fêtes en accord avec différents rythmes – semaine, quinzaine, mois, voire même saison, année et parfois plus : le grand temple de Śiva à Kumbhakonam (Tamilnad) compte parmi ses fêtes, celle qui n'a lieu que tous les douze ans et commémore la réunion des grandes rivières sacrées de l'Inde à l'instigation de Brahmā. À ces célébrations régulières, il faut ajouter la « fête quotidienne » (*nityotsava*) qui fait partie intégrante du rituel journalier, mais, comme les autres, inclut une procession au cours de laquelle le dieu sort de la cella.

En effet, toutes ces fêtes dont l'organisation est détaillée dans les traités de rituel ont pour point commun de comporter une ou plusieurs sorties en procession du dieu, qualifiées de « promenades » (*yāna*, *yātrā*) ou, plus souvent, de « tours à main droite » (*pradakṣiṇa*), ce qui correspond à leur type d'itinéraire le plus fréquent. Lors de la fête quotidienne cette sortie se déroule normalement à l'intérieur du sanctuaire autour du temple. Dans la plupart des autres cas c'est hors et autour du sanctuaire, le long de la « route du char » dans le village ou la ville et parfois plus loin ; ainsi à

6. L'Hernault et Reiniche, 1999, p. 43.

Tiruvannamalai où l'on a vu que certaines processions quittent la ville pour gagner la route qui fait le tour de la montagne. Le dieu sort ainsi du sanctuaire, son domaine propre, parcourt l'espace social pour s'y montrer et aussi se le réapproprier, et éventuellement le dépasse. Dans ces sorties il n'est jamais seul : qu'il soit sur un char ou sur un palanquin, il est accompagné de quelques uns de ses assesseurs – ils ont souvent leur propre véhicule – et c'est entouré de ses dévots qu'il parcourt leur espace ou plus exactement leurs espaces respectifs.

Les implications de ces sorties sont multiples, mais elles sont surtout sensibles dans leur multiplicité lors de la fête solennelle, qui marque l'apogée du cycle calendaire de la vie du temple, celle que les traités liturgiques désignent comme la « grande fête » (*mahotsava*) ou encore la « fête brahmique » (*brahmotsava*) et à laquelle ils consacrent de longs développements[7]. Précisons que les temples importants connaissent généralement dans l'année plusieurs célébrations désignées par l'un ou l'autre de ces termes, mais qu'il y en a toujours une qui est à l'évidence « la fête » du temple, celle qui, chaque année, réunit les plus grandes foules et donne ainsi la juste mesure de la symbiose étroite qui se produit alors entre le monde des dieux et le corps social qui gravite autour du temple. C'est ainsi que, si quatre « fêtes brahmiques » sont célébrées durant l'année à Tiruvannamalai, celle à laquelle est attaché le nom de cette ville et pour laquelle les pèlerins viennent en foule parfois de très loin, est sans conteste celle qui, en décembre, est jumelée avec la fête de Kārttikai, célébration commémora-

7. Barazer-Billoret, 1999.

tive de la manifestation de Śiva sous la forme d'un Liṅga de feu[8]. Cependant tandis que la fête brahmique se déroule pour l'essentiel dans la ville, la fête de Kārttikai qui la suit immédiatement est centrée sur la montagne, c'est-à-dire sur le second pôle du lieu saint.

La fête brahmique suit le schéma normal et dure neuf jours ; le dieu sort du temple deux fois par jour, sous de multiples formes et sur divers véhicules mais tous portés ou tirés à bras d'hommes : palanquins et litières de différentes sortes, montures animales ou monstrueuses figurées en bois ou parfois métal, char et même radeau (pour la promenade sur une pièce d'eau).

Le char (*ratha*) est une structure lourde et de dimensions souvent imposantes, un véritable temple en bois sculpté pourvu de nombreuses roues. Il n'est utilisé qu'un seul jour dans la fête qui, même s'il n'en est pas rituellement le jour le plus important, est le plus populaire, celui qui attire les plus grandes foules et, disons, le plus spectaculaire et de loin. Le poids du véhicule fait que son déplacement est un travail collectif qui nécessite qu'un grand nombre de personnes s'attellent aux cordes de traction, parfois sur des dizaines de mètres. Ceux qui ne le tirent pas s'agglomèrent autour de lui et accompagnent son déplacement tout au long de son itinéraire sur la route du char, ce qui donne l'impression d'une véritable marée humaine entraînant le véhicule dans sa course. Les choses ne sont guère différentes lorsqu'il s'agit des grands palanquins qui nécessitent, eux aussi, des dizaines de porteurs et que la même foule admirative entoure et accompagne durant leur progression.

8. L'Hernault et Reiniche, 1999.

Signalé dès le XIVe siècle par Odoric de Pordenone, impressionné comme tous les voyageurs des siècles suivants par la vue du suicide rituel de dévots se jetant sous les roues du char, cet épisode de la fête a été popularisé en Occident au XIXe siècle par des gravures figurant la foule entourant la procession des chars du temple de Viṣṇu Jagannātha à Puri (Orissa), célèbre depuis longtemps pour ce genre de suicides. Ce dieu devient alors sous les noms déformés de Juggernaut (auteurs anglais), Jaggernaut (Balzac) ou Jagarnata (Renan) la métaphore d'une force irrésistible et broyeuse d'hommes.

Si l'abondance des spectateurs et des acteurs engagés dans des démarches communes met ainsi en avant le rôle rassembleur du temple, un examen un peu attentif des choses montre que derrière cette célébration, en apparence très collective, de nombreux détails trahissent le caractère finalement très morcelé et organisé de la communauté qui semble s'y réunir. Ainsi les tireurs du char se rangent-ils hiérarchiquement par rapport à ce dernier qui est, rappelons-le, la maison mobile du dieu : le roi sera au plus près du char, puis devant lui viennent les brahmanes, puis les conseillers royaux et enfin la foule qui mène le cortège mais se trouve au plus loin du char et du dieu[9].

D'autres remarques concernent les membres de la société civile en charge de l'aspect technique de ces sorties du dieu[10] : la mise en état et la préparation des chars et des palanquins avant la fête appartiennent de droit, comme on peut s'y attendre, à des membres de castes d'artisans spé-

9. *Dīptāgama*, chap. 101.
10. Reiniche, 1989, p. 117 et suiv.

cialisés ; l'hommage ainsi rendu à leur habilité technique leur permet d'être, au moins à l'occasion de la fête, l'objet de marques de respect que le statut social de leur caste leur dénie en temps normal. Les porteurs de palanquins et ceux qui sont chargés de la conduite des chars (mise en route, prise des virages, etc.) font eux aussi l'objet d'un recrutement social spécifique, mais il ne semble pas y avoir de liens réels entre leur profession, qui est celle de leur caste, et la fonction qu'ils occupent dans la fête. À Tiruvannamalai, il s'agit de maçons, de puisatiers, etc., bref de groupes que rien ne prédestine à porter des palanquins ou à guider les véhicules du dieu ; ils n'en ont pas moins l'exclusivité héréditaire de ces opérations et l'exercice de ce droit exclusif fait d'eux aussi l'objet d'un respect qu'ils seraient normalement bien en peine de réclamer.

Un autre exemple caractéristique concerne la fête de Kārttikai où c'est une caste de pêcheurs qui a le privilège d'allumer le feu au sommet de la montagne. Pour l'occasion les pêcheurs vont chercher le feu au temple, l'emmènent en procession jusqu'au sommet où, à la nuit et sur un signe envoyé du temple, ils allument la cuve pleine de beurre clarifié, faisant ainsi de la montagne un Liṅga de feu, doublet monumental de celui qui a été allumé au même moment dans la cour du temple et qui lui-même joue temporairement le rôle de représentation principale de Śiva, dévolu habituellement au Liṅga installé dans la cella.

Dans tous les cas que l'on vient de citer, la fête est simultanément l'occasion de mettre en évidence le morcellement hiérarchique de la société et d'offrir temporairement à certains groupes le privilège de contourner vers le haut le rejet qu'implique leur statut polluant. La façon même dont se déroulent les sorties du dieu permet également à certains groupes d'affirmer leur unité et leur différence. C'est ainsi que lorsque la promenade du dieu traverse les divers quartiers de l'agglomération, elle fait des étapes au cours desquelles les groupes souvent homogènes qui habitent ces quartiers peuvent accueillir le dieu, le *voir* et lui rendre un hommage en quelque sorte privé. On a vu qu'à Tiruvannamalai des rencontres de ce genre se déroulent de manière très élaborée lors de la longue circumambulation de la montagne qui précède son ascension au moment de la fête de Kārttikai : lors des pauses accordées aux porteurs des palanquins le dieu et son entourage s'arrêtent aux reposoirs établis à demeure, chacun par une caste, et y reçoivent hommages et offrandes.

Le temple et le roi

Il est difficile d'énumérer tous les liens qui peuvent exister entre le roi et le temple. Le roi est certes le commanditaire par excellence : la multiplicité des temples à l'édification, à l'accroissement ou au fonctionnement desquels il a participé est déjà une manifestation de son pouvoir et un motif de gloire, les éloges épigraphiques et autres des souverains ne se font pas faute d'insister sur la question. Cependant, le temple peut être aussi – on le verra à propos des temples d'état – un véritable instrument du pouvoir royal, projeté et construit en tant que tel.

Une relation privilégiée

Il y a plus ; en effet, le roi que sa consécration fait participer à la nature divine, a souvent avec le dieu d'un temple une relation privilégiée, qui dépasse le lien qui les unit à travers la commande. Cela se traduit à l'occasion dans l'onomastique, lorsque le nom du dieu (et donc du temple) est dérivé de celui du roi ou encore dans l'iconographie, lorsque les traits du roi deviennent ceux du dieu, phénomène banal tant en Inde qu'en Asie du Sud-Est. La titulature royale où la divinité du roi est généralement bien affirmée, est également l'occasion d'établir un lien hiérarchique entre le roi et le dieu, comme le montre l'exemple du temple de Puri en Orissa[11]. Au XIIe siècle, Codagaṅga, roi de l'Orissa et bâtisseur de ce temple dédié à Viṣṇu Puruṣottama Jagannath, prend le titre de « vassal » (*rājaputra*, *rāuta*) de ce dieu. En affirmant ainsi sa propre subordination, il fait du dieu le véritable souverain, lui-même n'en étant plus que le représentant terrestre : cela a le double effet de placer directement le royaume d'Orissa sous la protection du dieu et d'abandonner à sa responsabilité les actes de gouvernement qui en deviennent par là même indiscutables à tous les sens du terme. Au XXe siècle, après l'indépendance de l'Inde et la prise en main de la gestion du temple de Puri par le gouvernement de l'Orissa, le Rāja de Puri, bien que dépourvu désormais de tout pouvoir terrestre, intervient cependant toujours dans la grande fête du temple : le jour du char, sa présence en tant que premier vassal du dieu souverain est considérée comme indispensable au succès de la cérémonie, dont découle la prospérité de l'état qui a pris la suite du royaume.

Vers la même époque que le règne de Codagaṅga, un phénomène analogue de substitution du dieu au roi à travers un temple se retrouve au Cambodge, traduit dans la

11. Kulke, 1979.

structure même des temples-nilomètres d'Angkor des XIe et XIIe siècles : ils sont agencés de telle sorte que c'est le dieu titulaire de ces fondations royales – Śiva, Viṣṇu ou le Buddha selon le cas – qui fixe le calendrier de l'irrigation des alentours de la capitale[12].

Le temple et le bon roi

Fonder un temple, y installer une image, assurer par des dons le financement de son fonctionnement régulier et les actes du même genre, tout cela est naturellement le fait d'un bon roi soucieux du bien-être de son royaume et de ses sujets, même si certaines dynasties bien que très actives dans leur action en faveur des temples et autres fondations religieuses existantes, semblent avoir eu tendance à laisser aux autorités locales le soin de s'impliquer dans la construction proprement dite de temples[13]. Multiplier ce genre d'œuvres pieuses en faveur des différents groupes religieux du royaume est un moyen d'afficher le caractère universel de sa vertu, mais aussi son pouvoir et tout simplement sa présence. Il est de fait que les souverains indiens comme ceux des pays indianisés ont toujours, à quelques rares exceptions près, manifesté une grande ouverture d'esprit dans leurs fondations religieuses, généralement réparties entre les diverses croyances du royaume.

Si la fondation d'un temple est certes très fructueuse, un résultat analogue peut être atteint par des interventions sur des temples fondés par des prédécesseurs du commanditaire. Qui plus est, les rénovations, adjonctions d'édifices

12. Dagens, 2009b.
13. Willis, 1997.

ou de statues et opérations analogues se terminent toujours par une réitération du rituel d'inauguration – ce que l'on désigne parfois sous le terme réducteur de « consécration par les vases (*kumbhābhiṣeka*) – et par là même d'appropriation de la fondation par le nouveau commanditaire. Le procédé est fréquemment employé, parfois à grande échelle, en Inde comme en Asie du Sud-Est.

En Inde, un bon exemple en est fourni lorsque Kṛṣṇadevarāya (1510-1529), un des monarques de la dynastie de Vijayanagar, matérialise sa prise de contrôle du pays tamoul par d'importants aménagements dans nombre de temples de la région, en particulier par la construction de pavillons d'entrée monumentaux. Très souvent appelés *rāyagopura*, allusion transparente au nom du souverain, ces édifices accompagnent souvent la création d'une nouvelle enceinte qui vient envelopper le sanctuaire existant, provoque ainsi une extension du *téménos* et finalement aboutit à une redéfinition du territoire du dieu par le nouveau maître du sol. C'est le cas, par exemple, à Tiruvannamalai où Kṛṣṇadevarāya, parmi de multiples travaux, ajoute une cinquième enceinte. Il y construit plusieurs édifices dont un pavillon aux mille piliers mais surtout la pourvoit à l'est d'un *rāyagopura* de plus de 65 mètres de haut, et qui est désormais la construction la plus élevée de tout le sanctuaire. Le nouveau bienfaiteur devient ainsi indissociable du célèbre lieu saint : comme l'exige la norme, les travaux sont suivis d'un renouvellement des rites d'inauguration qui font de lui le (re-)fondateur du sanctuaire. De plus, le pavillon d'entrée visible de loin est un double signal de la présence du dieu et de la toute puissance du nouveau commanditaire. De façon intéressante d'ailleurs, ce type de pavillon d'entrée, notamment sous sa forme la plus monumentale, va essaimer en

Inde du Sud hors du pays tamoul : Kṛṣṇadevarāya et ses successeurs vont l'utiliser très systématiquement pour marquer leur territoire. Voulant célébrer un de ces monarques de Vijayanagar, un auteur le glorifie d'ailleurs d'avoir construit des « pavillons d'entrée, etc. pour d'innombrables temples », ce qui ne laisse guère de doute sur la place que l'on accordait à ces édifices[14].

Quelques siècles avant le règne de Kṛṣṇadevarāya, Jayavarman VII, règnant à Angkor, a suivi un parti moins monumental certes mais tout aussi significatif en ajoutant systématiquement de nouvelles statues à de nombreux temples construits par ses prédécesseurs, dont tous leurs temples d'état. Cette opération, complétée éventuellement par quelques aménagements architecturaux, a toujours été menée dans un respect parfait de l'obédience d'origine de temples : ce sont des statues de dieux brahmaniques, que ce roi bouddhiste et fondateur de beaucoup de monuments bouddhiques, a installées dans les fondations brahmaniques de ses prédécesseurs. La chose est très visible à Angkor Vat, le seul temple d'état vichnouite du royaume et où Jayavarman VII a placé de nombreuses statues de différentes formes de Viṣṇu. Ce respect montre bien qu'il s'agissait pour le roi de reprendre à son compte l'héritage politico-religieux de ses prédécesseurs qui, pour la plupart, avaient bâti la puissance angkorienne avec l'appui des dieux brahmaniques. Son action n'avait rien d'un geste sectaire pour annexer ces vieux sanctuaires à la foi bouddhique sur laquelle il avait fondé son règne. On sait que quelques dizaines d'années après la disparition de ce souverain, ses propres fonda-

14. Dagens, 1979.

tions bouddhiques seront en revanche toutes soumises à une reconversion brutale et transformées en lieux saints śivaïtes, par l'effacement ou la réécriture radicale de leur iconographie d'origine.

Les temples d'état

- Essai de définition

Ce que nous appelons « temple d'état » correspond à une catégorie fonctionnelle du temple indien, catégorie qui, à notre connaissance, n'est ni définie ni même envisagée dans la littérature normative indienne, bien que son existence paraisse bien établie. On constate également que les temples que l'on peut rattacher à cette catégorie revêtent des formes diverses plus ou moins bien définies. Pour le reste, ces monuments qui ne sont pas des « chapelles royales » destinées à l'usage privé du souverain, se veulent à la fois un instrument et une manifestation du pouvoir royal. Ce sont des fondations « royales », même si elles sont parfois dues à un membre de l'entourage immédiat du souverain, comme par exemple les reines pour certains temples de Pattadakal (voir à propos du temple de Virūpākṣa, p. 299). Dans les cas les plus clairs, cependant, elles relèvent du roi lui-même et sont étroitement liées à sa personne : mis en chantier lors de sa prise de pouvoir et dans/ou à proximité de sa capitale, le temple d'état lui emprunte parfois son nom ; enfin il lui arrive fréquemment, à la disparition de son fondateur, d'être abandonné ou de subir un délaissement plus ou moins marqué ; sa survie éventuelle est alors souvent le résultat d'une récupération et d'une utilisation comme symbole de continuité dynastique. Elle peut être aussi due à un facteur très contingent et finalement sans lien réel avec sa fonction initiale (voir ci-dessous, à propos de Tribhuvanam).

Généralement dédié à Śiva, le temple d'état peut l'être aussi à Viṣṇu (Puri en Orissa, Caṅgu Nārāyan à Kathmandu au Népal, Angkor Vat au Cambodge…) ou au Buddha (Bayon d'Angkor, Candi Sewu à Java…) ; on peut aussi s'interroger à propos de Sūrya (voir Konarak) ou de la Déesse .

Les régions et les époques où les monuments de cette catégorie s'identifient le mieux sont celles où il en existe des séries relativement homogènes, dynastiques ou pseudo-dynastiques, comme au Cambodge avec les « temples-montagnes » de la période angkorienne, ou au pays tamoul aux périodes pallava et cola avec les grands temples de Mahabalipuram (Temple du rivage) et de Kanchipuram (Kailāsanātha), pour la première, et de Tanjore, Gangaikondacolapuram, Darasuram et Tribhuvanam, pour la seconde. On peut penser aussi au Karnataka à l'époque des premiers Cālukya (Virūpākṣa à Pattadakal) et, plus tard, peut-être à Vijayanagar – temple inachevé de Vitthala et temple d'Acyuta (?) – ou au Népal avec la série des temples à faux-étages (désignés souvent comme *dega*, *e. g.* ci-dessous fig. 58, p. 301).

Ailleurs, les temples d'état sont peut-être des phénomènes plus ponctuels mais des exemples remarquables se trouvent chez les Rāṣṭrakūṭa à Ellora (temple rupestre de Kailāsanātha, VIIIe s.) ou dans diverses capitales de l'Orissa – Bhubaneshwar (temple du Liṅgarāja), Puri (temple de Jagannātha dont on a déjà parlé), et peut-être Konarak (temple du Soleil) ou au Madhya Pradesh à Khajuraho et, en Asie du Sud-Est, à Java (Candi Sewu, Prambanan) ou encore au Champa. Signalons aussi quelques exemples probables mais plus modestes comme le temple de Śiva à Bhojpur (Madhya Pradesh, XIe s.), et celui de Śiva Vijayacolīśvara à Narttamalai (Tamilnad, Xe s.), dus l'un et l'autre à des souverains appartenant à des dynasties locales.

- Temples d'état et architecture : traits généraux

Les temples d'état ne correspondent pas à une forme architecturale particulière sauf au Cambodge où a été inventé le « temple-montagne » très expressif du point de vue symbolique. Partout ailleurs, ces temples royaux suivent la tradition régionale ou dynastique – superstructure curvilinéaire en Orissa ou à faux-étages au Tamilnad, au Karnataka ou à Ellora – mais les monuments ont en commun d'avoir de grandes dimensions, généralement sans commune mesure avec les autres temples contemporains. C'est ainsi que le Kailāsanātha de Kancipuram (Tamilnad, début du VIIIe s.) est, au moment de sa construction, le plus grand monument et de loin de l'Inde entière, mais il est vite dépassé par le Virūpākṣa à Pattadakal. Cette tendance au gigantisme est générale et la plupart des exemples assurés ou possibles que nous avons énumérés ci-dessus en témoignent. Au passage, on notera qu'au Cambodge l'agrandissement démesuré n'est pas le fait du temple lui-même, mais résulte de la présence de la pyramide à degrés sur laquelle il se dresse. Une des conséquences est que le temple d'état est toujours le bâtiment le plus élevé de son sanctuaire ; même lorsqu'il se trouve au centre d'un dispositif concentrique à dimensions croissantes vers l'extérieur, il domine et largement ses annexes, y compris ses pavillons d'entrée (voir ci-dessus fig. 34, p. 151 le dispositif de Tanjore où les pavillons d'entrée sont en rapport proportionnel avec le temple central). L'un des détails qui nous poussent à placer le temple de Narttamalai dans la série des temples d'état, bien qu'il soit difficile de parler de gigantisme à son sujet, est que les dimensions de la base de son pavillon d'entrée (ruiné) correspondent à un édifice dont la hauteur ne pourrait en aucun cas égaler celle du temple. Une autre conséquence du gigantisme est la place qu'occupe la construction du temple d'état dans les activités d'un règne. Pierre Pichard a ainsi pu noter que chacun des deux temples de Tanjore et de Gangaikondacolapuram constitue à lui seul la moitié en volume de l'effort total de construction développé pendant le règne de son fondateur[15].

Cette question de dimensions mise à part, l'architecture d'un temple d'état se caractérise souvent par une inventivité exceptionnelle dans le traitement des formes architecturales comme on le voit par exemple à Tanjore puis à Gangaikondacolapuram ou au Bayon d'Angkor et, plus souvent encore, par une perfection dans l'exécution : sur ce dernier point l'une des seules exceptions réelles semble être le Bayon mais l'on sait qu'un des traits majeurs de l'architecture de son fondateur, Jayavarman VII, est de combiner une inventivité débridée et une exécution généralement exécrable. Quant à la perfection qui se manifeste aussi bien dans la construction et les proportions que dans le traitement du décor – composition et sculpture – elle fait de la plupart de ces temples d'état la référence esthétique de leur époque.

Si à première vue il est apparu que la forme que pouvait prendre le temple d'état était un phénomène purement régional, l'examen attentif des deux séries assurées que l'on connaisse, celles du Tamilnad et du Cambodge, conduit à se demander s'il n'existe pas un élément architectural qui leur serait commun, et qui suggérerait une parenté autre que fonctionnelle. Comme on l'a vu précédemment, cet élément pourrait être la galerie formant cloître ou la composition

15. Pichard *et al.,* 1994.

analogue que l'on retrouve aussi bien au Tamilnad dès le VIIIe siècle (Kailāsanātha de Kancipuram) qu'au Cambodge au Xe siècle (Ta Kèv à Angkor) et qui se perpétue dans les temples d'état ultérieurs de ces deux régions.

- Temples d'état et iconographie

Très riche lorsque le parti architectural choisi le permet, l'iconographie du temple d'état est, comme l'architecture, mise à contribution mais de façon plus ou moins sensible. Sans entrer dans le détail, on soulignera ici la diversité des procédés adoptés en mentionnant les exemples de Tanjore et d'Angkor Vat. À Tanjore, l'iconographie des façades du rez-de-chaussée (premier registre) donne un panorama des grands thèmes de la mythologie de Śiva, panorama complété par des peintures, en particulier au fond de la galerie adossée à la première enceinte, et élargi à d'autres grandes figures de l'hindouisme sur les pavillons d'entrée. Cependant le point le plus remarquable en ce qui nous concerne est constitué par les statues placées tout autour du temple dans les niches du deuxième registre du rez-de-chaussée : toutes figurent, avec des variantes dans l'iconographie, Śiva sous sa manifestation guerrière du « Dieu vainqueur des trois citadelles des Asura » (*Tripurāntakamūrti*). Cette forme royale par excellence qui fait ainsi face aux quatre directions cardinales est une belle métaphore iconographique de la volonté de domination universelle dont se targue Rājarāja Ier ; qui plus est, sa position en hauteur la rend particulièrement visible.

À Angkor Vat, la galerie des bas-reliefs qui entoure le premier étage de la pyramide et est toute entière tournée vers l'extérieur et sa thématique générale est très significative : les reliefs historiés sont organisés en huit longs panneaux dont six sont consacrés à la victoire du droit, du juste ou du bien – vue à travers les deux grandes épopées indiennes et les grands textes mythologiques – tandis que les deux autres (situés sur la face sud du monument) figurent, l'un, le grand cortège qui accompagne Sūryavarman II, fondateur de ce temple d'état, et l'autre les cieux et les enfers où conduisent respectivement le bien et le mal sous toutes leurs formes. La métaphore est là encore obvie, avec, comme intérêt supplémentaire, le fait que la combinaison des deux panneaux non mythologiques souligne que tout l'entourage du souverain suivra ce dernier dans sa vie posthume, façon de rappeler que les actes du roi concernent le sort du royaume tout entier.

- Temple d'état et symbolique

Reste la symbolique de ces temples d'état. Au-delà des schémas finalement assez simplistes concernant par exemple la tendance au gigantisme, il semble qu'elle reste le plus souvent inexprimée, comme si elle faisait partie du non-dit. Seul le Cambodge fait vraiment exception. Dans la foulée de la réinvention du temple indien à laquelle ils se sont livrés, les architectes et théologiens khmers se sont efforcés de multiples manières d'intégrer leur vision de ce non-dit indien à l'interprétation architecturale qu'ils donnaient du temple d'état, interprétation qui devait aussi beaucoup à leurs propres traditions indépendantes du modèle indien[16]. La pyramide, image de la montagne identifiée à l'indienne avec le mont Meru, axe du monde, se combine avec la douve-océan et ses franchissements dont on a parlé, mais elle peut simultanément comme au Phnom Bakheng jouer le rôle de support cosmique du

16. Dagens, 2000b et 2009b.

panthéon[17]. À l'occasion le temple-état devient à l'évidence une image du royaume : c'est ce que suggèrent les gracieuses divinités qui peuplent les murs d'Angkor Vat, et qui sont très probablement autant d'images des provinces ou encore, au Bayon, l'extraordinaire combinaison des tours à visages qui figurent probablement des dieux du sol et des chapelles, certaines abritant les ancêtres du roi, et d'autres, les grands dieux des provinces, ce qui en fait une carte et une histoire du royaume[18]. On peut se demander d'ailleurs si ces exemples patents ne doivent pas pousser à creuser plus avant le rôle des Tripurāntaka de Tanjore : j'y verrais volontiers les éléments d'une image de la géographie du royaume de Rājarāja Ier, si l'idée finalement ne paraissait pas trop « khmère ». À défaut, c'est au moins une belle métaphore du pouvoir du souverain (voir également ci-dessous p. 278).

- Le devenir des temples d'état

La singularité du temple d'état se fait davantage sentir après la disparition de sa raison d'être, dans les cas les plus clairs la mort de son fondateur. Si l'on prend l'exemple de ceux qui ont été construits par les Cola entre le début du XIe siècle et la fin du XIIe – début du XIIIe – Tanjore, Gangaikondacolapuram, Darasuram et Tribhuvanam – on constate que l'aspect actuel des trois premiers est finalement très « archéologique » (on reviendra sur le quatrième qui peut passer pour un contre-exemple). Ils ne donnent pas l'impression d'être, ni même d'avoir été, de grands centres de vie religieuse ; on n'y voit point de témoignages de la croissance continue qui se sent

17. Fig. 37, p. 157 et Filliozat, 1954.
18. Dagens, 2003, p. 207-208.

de toutes parts à Srirangam, Madurai, Kumbhakonam ou Tiruvannamalai. Les aménagements postérieurs au projet initial, sont rares ou inexistants et l'organisation d'ensemble, restée très aérée, exalte l'impressionnant groupe central. Les rénovations et adjonctions les plus importantes remontent pour la plupart aux XVIIe-XVIIIe siècles, lorsque les rois de Tanjore s'efforcent d'asseoir leur pouvoir en se rattachant à leurs lointains prédécesseurs Cola.

Actuellement l'activité religieuse de ces temples est limitée et leur fréquentation est surtout le fait de touristes qui, venus admirer le temple, font tout naturellement leurs dévotions au dieu qui en est le maître ; de temps en temps quelques grands rituels y sont organisés mais cela tient beaucoup à leur prestige historico-monumental. À Darasuram si les touristes cherchent éventuellement un *darshan* rapide au temple d'état lui-même, leur halte dévote est bien plus prolongée à la chapelle-temple de la Déesse.

Tribhuvanam semble faire exception et donne une réelle impression d'activité continue renforcée par la présence d'annexes, chapelles et autres, qui au cours des siècles ont été ajoutées aux structures initiales. C'est également le seul de ces temples d'état dont l'entretien actuel ne soit pas uniquement le fait de services archéologiques : un beau témoignage en est apporté par la chapelle de Śarabha qui a été dotée il y a une dizaine d'années d'une grille en fer forgée dont les entrelacs figurent Śarabha en personne et qui n'est pas du tout le genre de rénovation attendu dans un monument historique[19]. Ce Śarabha est un aspect monstrueux que Śiva s'est suscité pour combattre Viṣṇu Narasiṃha et qui est apparu dans les temples

19. Barazer-Billoret, 2009, fig. 8.

śivaïtes aux XIe-XIIe siècles dans un contexte de conflit entre śivaïtes et vichnouites. Ses statues se trouvent ainsi dans plusieurs temples du XIIe siècle (dont Darasuram et Tukkaci) mais, pour des raisons que nous ignorons seule celle de Tribhuvanam a connu et connaît toujours une grande popularité, au point que sa chapelle est de nos jours la plus courue de toutes celles de Tribhuvanam et, très visiblement, à l'origine de la fréquentation relativement importante de ce sanctuaire.

Ailleurs, l'abandon total des centres politiques anciens peut avoir provoqué celui du temple d'état, c'est le cas par exemple au Karnataka où Vijayanagar a supplanté les anciennes capitales des Cālukya avant de l'être à son tour par Mysore (puis récemment par Bangalore). En Orissa au contraire Bhubaneshwar et Puri ont conservé leur rôle politique jusqu'à nos jours pour la première, et jusqu'au XIXe siècle au moins pour Puri. Quand aux deux temples d'état qui s'y trouvaient, ils semblent avoir été très rapidement repris à leur compte comme temples dynastiques par les successeurs des souverains fondateurs. On ne reviendra pas sur les deux derniers temples-montagnes d'Angkor : le Bayon, actuellement monument archéologique après avoir vu son sanctuaire réduit par un nouveau péribole dans les décennies qui ont suivi la disparition de son fondateur, et Angkor Vat, devenu très tôt un symbole national, mais sans avoir jamais cessé d'être en culte depuis sa fondation, au prix, il est vrai, d'un passage du vishnouisme brahmanique au bouddhisme theravādin.

Disparition des rois et passage à un État laïque

Après l'indépendance de l'Inde, on a vu que la constitution bouleverse au moins officiellement les rapports du temple et de la société. Une des nouveautés de ce texte est aussi de faire de l'Inde un État laïque (« secular »), ce qui implique par certains côtés que le pouvoir politique n'intervient plus en tant que tel dans le domaine religieux : successeur des souverains en tant que détenteur du pouvoir, il ne peut pas jouer leur rôle de commanditaire dans la construction des temples. Une conséquence de cette récente situation est la multiplication des « trusts » et autres fondations du même genre (ce qui pose d'ailleurs de multiples problèmes, en particulier dans le domaine fiscal[20]). Cependant, la question dépasse largement les questions de financement : impliquée par le passage à un État laïque, la rupture des liens étroits qui depuis toujours existaient en Inde entre le pouvoir politique et la religion a beaucoup de peine à passer dans le domaine des faits comme le montre, par exemple, le conflit qui opposa en 1951 le président et le chef du gouvernement au moment de la reconstruction du temple de Somnath – celui que Mahmoud de Ghazni avait pillé en 1026 : le Pandit Nehru, Premier ministre, insistait sur le fait que le gouvernement n'avait rien à voir avec cette reconstruction ni avec son inauguration et que le président de l'Inde ne pouvait donc pas *ex officio* assister à l'inauguration de ce temple alors que le président lui-même, Rajendra Prasad, invité à présider officiellement cette cérémonie, désirait accepter et le fit[21].

Beaucoup plus tard, dans les années 1990, la prise de pouvoir démocratiquement irréprochable par des partis politiques à l'identité religieuse très fortement marquée

20. Voir Derrett, 1968.

21. Thapar, 2004, p. 197-201, et à propos des affaires de Somnath ci-dessous, p. 289-290.

va entraîner certaines régions de l'Inde dans un cycle de violences extrêmes centré sur un autre temple, celui d'Ayodhya[22].

Conclusion

Nous verrons dans le chapitre suivant que le temple est en lui-même un spectacle. Ici nous l'avons un peu vu comme le théâtre de la *comédie humaine*, au sens balzacien de l'expression. Chacun y a sa place et son rang, sans jamais avoir à proprement parler le contrôle ni de l'un ni de l'autre, mais devant s'y raccrocher car, aussi bas qu'ils soient, l'un et l'autre sont des privilèges : ils sont signe que l'on existe aux yeux du dieu dans cette représentation de l'univers qu'est le sanctuaire. La métaphore balzacienne n'a rien d'abusif puisque l'on vient de voir que c'est à l'auteur de la *Comédie humaine* que l'on doit l'entrée dans la langue française du dieu du temple de Puri.

Passant au domaine politique, nous sommes aussi passés à un autre théâtre, celui du pouvoir du roi et, la chose va de soi, de sa *bonté*. Nous avons constaté aussi que la nouvelle norme législative de l'Inde contemporaine qui a bouleversé les règles sociales régissant le temple, affirmait aussi la séparation officielle du pouvoir et de la religion : ce faisant, elle entraînait *de facto* la rupture des liens étroits qui existaient jusque là entre le pouvoir et le temple. Les deux exemples auxquels nous avons fait allusion montrent bien cependant que cette rupture n'est pas un fait facilement

22. *Ibid.*

admis, même au plus haut niveau de l'état. La raison en est assez simple : le temple est toujours un instrument de pouvoir politique, mais ce n'est plus le pouvoir lui-même dont il affiche la présence, mais bien l'idéologie que prône ce pouvoir. Construisant à Tanjore au début du XIe siècle le temple de Śiva Rājarājeśvara auquel il donnait son propre nom, Rājarāja Ier rendait patent aux yeux de tous sa propre puissance ; dix siècles plus tard, les reconstructeurs du temple de Somnath et surtout de celui d'Ayodhya voulaient montrer aux yeux du monde la toute puissance de ce qui a été désigné comme l'*hindutva*, en d'autres termes une doctrine selon laquelle l'Inde en tant qu'entité nationale ne peut être que hindoue.

VII

Les éléments du spectacle

Introduction

L'espace et le temps

Si l'analyse de l'architecture du temple nécessite de partir de son centre et de gagner progressivement sa périphérie, l'étude de l'usage que l'on en fait se conçoit fréquemment comme une démarche centripète car le temple-miroir est aussi un spectacle : sa mise en scène qui fait appel aux multiples ressources de l'architecture en la matière, inscrit la progression vers le dieu dans les espaces générés par le temple, souvent mis lui-même en abyme. Constamment renouvelé, il s'adapte aux rythmes du temps comme aux circonstances : ainsi prend-il en compte le jeu journalier de l'ombre et de la lumière qui fait littéralement vivre les façades du temple. Du côté du temps des rites et cérémonies, le spectacle quotidien ne sort guère du sanctuaire ni même du temple lui-même ; en revanche lorsque le temple est en fête, la scène déborde le domaine borné du sanctuaire, pour remplir l'espace social qui l'entoure et en dépasser à l'occasion les limites. Simultanément la fête démultiplie ce spectacle amplifié et l'accélère. Cependant, aussi importante soit-elle, cette fête ne dure jamais beaucoup plus que quelques jours, mais les architectes-sculpteurs du monde indien ont su habilement la pétrifier, suggérant une célébration rendue permanente par un arrêt du temps.

Reste le temps humain, celui de l'histoire. C'est d'abord lui qui, à travers les intentions du fondateur fixe le cadre initial dans lequel va se dérouler le spectacle. Plus tard nous avons vu qu'il suscite l'accroissement de la scène, voire sa réduction, il peut aussi la réorienter ou la recentrer (à tous les sens du terme) bref il l'inscrit dans la durée. Mais ce temps dépasse généralement les anecdotes de la vie du temple. Ce dernier enregistre l'histoire qu'on lui confie. Il lui arrive aussi parfois d'en être le principal héros.

Spectateurs et acteurs

Qui dit spectacle dit spectateurs et acteurs. Sur le plan humain et pour les commodités de la démonstration nous les avons nettement séparés dans notre définition initiale du temple, réservant le rôle d'acteur à l'officiant et ne laissant que celui de spectateur éventuellement commanditaire à tous les autres. Plus loin, parlant de l'approche du dieu, on a nuancé le schéma en signalant qu'il était possible à chacun, quel que soit son rang, d'agir en offrant un service au dieu, possibilité qui était d'ailleurs un privilège. Enfin s'agissant de la fête on a pu voir qu'elle ouvrait le spectacle à des participations inhabituelles.

Sur le plan divin, le dieu et son entourage sont bien évidemment des spectateurs privilégiés. On a déjà rappelé que l'un des rites qui accompagnent l'installation d'une image consiste, une fois ses yeux ouverts, à lui « montrer » des êtres ou des objets fastes pour introduire le dieu qu'elle est devenue au spectacle du monde sur lequel il va régner. De plus, il n'est pas rare que, dans le courant même des cérémonies, le dieu se voit offrir un spectacle : à cet effet de nombreux temples possèdent ainsi en avant de la porte de leur cella un édifice qualifié de « pavillon de la danse » ou d'un nom apparenté, souvent pourvu en son centre d'un espace bien lisse, parfois circulaire, où la danseuse du temple exécute sous les yeux du dieu le rite dit parfois de la « danse pure » que l'on célèbre lors de la procession quotidienne qui a lieu dans la cour du temple[1]. La chose est reprise avec une autre ampleur lors de la fête solennelle où le dieu se voit offrir une « fête de la danse », véritable fête dans la fête dont la célébration se déroule sur plusieurs jours[2]. Le dieu est aussi un spectateur d'un autre genre. En effet c'est à ses « yeux », autant qu'à l'intime satisfaction personnelle de leurs acteurs ou responsables (officiants ou artistes et commanditaires éventuels) que sont destinés les éléments en apparence non perceptibles du spectacle, qu'il s'agisse des rites exécutés mentalement ou du non-visible qui, comme on l'a déjà noté, n'est pas sans importance dans l'architecture et l'iconographie.

Enfin le dieu est acteur. La mise en scène du temple est pour bonne part celle de son regard jaillissant de la cella et pénétrant jusqu'aux limites de l'univers. Elle est aussi celle de sa mythologie inscrite dans l'espace dont elle jalonne les directions. Rappelons que de ce côté-là si la tradition indienne a souvent une remarquable puissance de suggestion reposant autant sur le choix des images que sur leur agencement sur le temple[3], l'Asie du Sud-Est – singuliè-

1. *Cf. Rauravāgama,* trad.
2. Barazer-Billoret, 1999.
3. Parlier-Renault, 2006.

rement le Cambodge – a su parfois étendre les images aux dimensions du sanctuaire, témoin ce barattage dont le Bayon ou la tour centrale du Prah Khan d'Angkor sont l'axe. Elle a même pu dépasser le sanctuaire comme le montre l'extraordinaire organisation de l'espace angkorien que l'on doit à Yaśovarman Ier au tout début du xe siècle : Occupant les trois collines qui dominent le site, il place sur celle qui est au centre – le Phnom Bakheng – son temple d'état couronné par un quinconce de tours affichant la quintuple nature de Śiva, tandis que sur chacune des deux autres – le Phnom Krom et le Phnom Bok – c'est une triade de tours rappelant que Śiva qui habite celle du centre domine les deux autres grands dieux – Viṣṇu et Brahmā – qui sont dans les deux tours latérales. En Inde du Sud cette triade se présente sous la forme d'une image placée sur la face ouest de nombreux temples ; ici elle occupe par deux fois l'espace et, qui plus est, une centaine de fondations royales distribuées dans tout le royaume lui font un cortège – gîtes d'étapes et monastères à la fois, elles sont placées pour la plupart sous la tutelle de formes śivaïtes.

Un art du temple

Une beauté nécessaire

Le temple élément et centre du spectacle se doit d'être beau. Nous avons vu que les textes normatifs, sans régler la question du comment de cette beauté, considèrent que la chose va de soi pour les images comme pour l'architecture. De toute manière elle est une nécessité pour les commanditaires comme une citation suffira à le rappeler : nous l'empruntons à une inscription du ve siècle de notre ère qui raconte en termes souvent lyriques comment des tisserands, des soyeux, s'installèrent dans la ville de Mandasor en Inde centrale et, en l'honneur du Soleil, y firent construire

> « un temple sans égal [...] dont la tour, ayant l'aspect d'une montagne, blanche comme la masse des rayons immaculés de la lune lorsqu'elle s'est levée et plaisir des yeux, brillait comme un merveilleux joyau placé sur (la tête de) la cité [...] ».

L'inscription se poursuit en rappelant qu'une cinquantaine d'années plus tard leur corporation

> « pour l'accroissement de sa propre gloire, [...] fit totalement restaurer ce très noble temple au Soleil qui est élevé et pur, touchant les nuages avec ses tours plaisantes, semblable à un abri pour les rayons immaculés du soleil et de la lune à leur lever. [...] À ce moment cette ville parfaite et noble fût décorée du meilleur des temples »[4].

Tout est dit dans ces quelques lignes où la beauté nécessaire du temple est triplement justifiée puisqu'elle est définie simultanément comme un hommage au dieu, un embellissement pour la ville et une gloire pour ses commanditaires.

En Inde – la chose n'a rien d'extraordinaire – l'art a été longtemps un art du temple et du pouvoir. Les premiers témoignages connus d'une activité artistique liée à l'indianité permettent de bien différencier ces deux aspects : d'un

4. Notre traduction des vers 29-30, 36-38 et 42cd ; traduction complète dans Basham, 1983 et texte dans Sircar, 1965 (I, p. 299 et suiv.)

côté c'est la décoration de la porte du temple rupestre de Lomas Ṛsi dans les collines de Barabar qui remonte au IIIe siècle avant notre ère, de l'autre on a les enseignes pétrifiées que sont les piliers libres à motif animalier apparus un peu plus tôt dans la vallée du Gange, sans doute au IVe siècle avant notre ère[5]. Par la suite et en ce qui nous concerne ici, l'un ne va pas sans l'autre : l'art du temple est généralement une expression du pouvoir, qu'il soit politique – ainsi les temples d'état et les œuvres pies du bon roi – ou socio-économique, comme celui de la corporation des soyeux de Mandasor et de bien d'autres.

Du culte à l'art de la porte

Le cas du monument rupestre de Lomas Ṛsi que l'on vient de mentionner est remarquable car, première manifestation conservée de l'art du temple dans le monde indien, c'est aussi le premier témoignage de ce qui va être une des constantes de cet art, en l'occurrence le soin apporté au traitement de la porte (de la cella ou du temple) qui, comme très souvent par la suite, est le seul élément décoré de l'édifice. Cette célébration artistique de la porte du temple n'est jamais que la contrepartie du culte que lui rend chaque matin l'officiant avant de l'ouvrir pour pénétrer dans le temple où il va réveiller le dieu : il rend alors hommage aux diverses divinités qui sont autour de la porte et sur son cadre (gardiens et autres), mais aussi à celles que sont les vantaux, le seuil et la traverse supérieure, parfois la serrure, bref à tout un panthéon qu'on peut ranger dans le non-visible iconographique mais dont la présence est indispensable au bon fonctionnement du temple.

5. Dagens, 1993.

Le décor de la porte de Lomas Ṛsi est encore assez simple, même si on y trouve quelques uns des éléments les plus importants de la mise en scène qui nous intéresse ici (ci-dessous). Quelques siècles plus tard, à l'époque gupta, un modèle pour ainsi dire définitif sera élaboré dans toute sa splendeur ; en Inde même, il ne connaîtra guère par la suite que des variations et des adaptations. En revanche, repris en Asie du Sud-Est, il y est réinventé avec virtuosité de différentes manières. Au Cambodge par exemple, si l'on excepte les reliefs pariétaux remarquables mais rares, l'iconographie signifiante des temples est concentrée pour l'essentiel sur l'entourage des portes : linteau décoratif, tympan de fronton, pilastres d'antes, dés de colonnettes ou même tableaux des jambages, tous ces éléments sont mis à contribution. Sont naturellement concernées aussi bien les portes réelles que les fausses-portes, multipliées à l'envie ; de plus un souci de cohérence et de logique architecturales poussé à l'absurde aboutit parfois à la mise en place d'une iconographie dans des positions qui la placent *de facto* dans le domaine du non-visible. On en a un bon exemple avec ce pavillon d'entrée appartenant à un monument de la fin du XIIe siècle (fig. 51). Comme on le voit sur cette axonométrie, le décor des portes rend bien compte de l'agencement des masses architecturales et de la circulation qu'il *suppose* mais se trouve à contre-sens de la seule circulation réelle possible.

Pour en revenir à la porte de Lomas Ṛsi, cette première manifestation de l'art du temple marque aussi le début de l'exploitation par cet art des ressources du végétal, comme de celles du domaine animal mais aussi celles de la lumière, puisque c'est un double claustra incurvé qui structure la partie supérieure du cadre de cette porte. On a déjà parlé du végétal et singulièrement du lotus – apparu à Lomas Ṛsi aux extrémités du claustra supérieur et ensuite omniprésent sur les façades du temple à travers les doucines – et on le laissera de côté ici, quitte à y revenir ci-dessous à propos de la fête. On s'attachera en revanche à la place que prennent dans le spectacle le monde animal et les jeux de lumière. On y ajoutera des innovations sans doute ultérieures, les jeux de miroirs d'eau qui nous conduiront aux mises en abyme du temple.

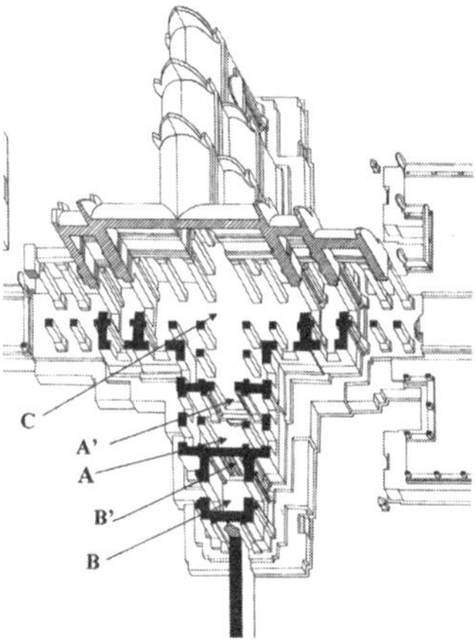

Fig. 51. Banteay Kdei (Angkor, fin XIIe s.) : pavillon d'entrée est de la 3e enceinte (Dumarçay, 1988). La salle A n'est accessible qu'à partir de la salle centrale C (en empruntant la porte A'). Cependant l'organisation des masses architecturales suppose un passage de la salle B (avant-corps de A) à la salle A par la (fausse-) porte B', puis de cette salle A (avant-corps de C) à la salle C par la porte A'. Conformément à cette organisation théorique, la fausse-porte B' est pourvue d'un linteau décoratif et de colonnettes du côté de la salle B et la porte A' des mêmes éléments du côté de la salle A.

Les animaux dans le temple

Apparaissant à Lomas Ṛsi par le biais d'une théorie d'éléphants qu'encadrent deux *makara*, le monde animal à propos duquel les piliers du Gange avaient déjà fourni un premier bestiaire, est désormais de tous les temples[6]. La présence si tôt du *makara* – monstre marin qui emprunte au crocodile, à l'éléphant et au lion – est d'autant plus notable

6. Dagens, 2009c.

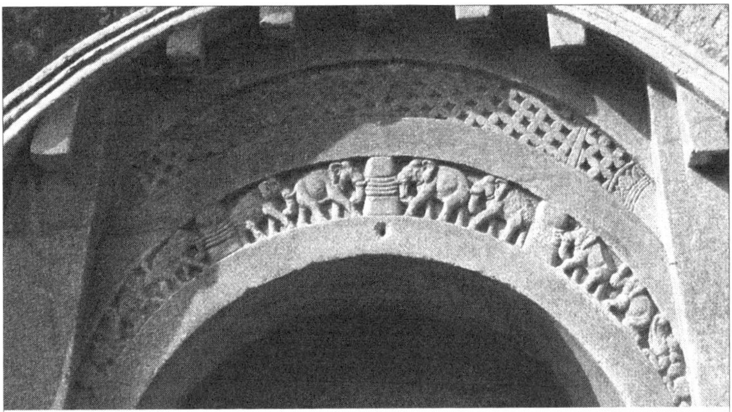

Fig. 52. Porte du temple rupestre de Lomas Ṛsi (colline de Barabar, Bihar, IIIe s. avant n.è.). En haut, claustra « en » bambou refendu (avec lotus aux extrémités) ; en bas, claustra historié à éléphants passants et, aux extrémités, makara.

que, par la suite, un de ses emplacements privilégiés sera justement au-dessus des portes (ci-dessous). Quant à l'éléphant, on le voit de nos jours bien vivant dans de nombreux sanctuaires où cette monture royale participe aux processions quotidiennes ou exceptionnelles : c'est sans doute un tel spectacle que veulent traduire les rondes bosses grandeur nature le figurant à l'arrêt, par exemple dans la cour du temple rupestre du Kailāsanātha d'Ellora (VIIIe s.) ou encore, un peu auparavant, au milieu des temples monolithes (*ratha*) de Mahabalipuram ; dans ce dernier cas d'ailleurs, sa proximité avec un temple à abside nous renvoie à sa place dans le monde de la métaphore (ci-dessus, p. 56 et 195).

L'éléphant a d'autres rôles cependant et, on le sait, la mythologie qui lui confie la responsabilité des directions cardinales et intermédiaires en fait aussi le support de l'univers. C'est à cette double charge que l'on doit sans doute la somptueuse troupe de pachydermes en quasi-ronde bosse qui orne le soubassement du même Kailāsanātha d'Ellora et qui, en contrepoint, y voisine avec une célèbre composition figurant le démon Rāvaṇa tentant en vain d'ébranler le mont Kailāsa où trône Śiva. Ces mêmes éléphants mais plus sereins rythmaient déjà en haut-relief le rez-de-chaussée du Kailāsanātha de Kancipuram. On les retrouve ensuite au Cambodge : rondes bosses quasiment hiératiques, ils veillent sur les directions intermédiaires de différents temples-montagnes (Mébon oriental, Phiméanakas, etc.), perdant le caractère un peu chtonien que suggère souvent leur position en Inde et qu'ils retrouveront aux XIVe et XVe siècles à la base de monuments bouddhiques de Thaïlande[7].

Autre animal royal, le lion est apparu au sommet de certains piliers enseignes mais il sera lui aussi de tous les temples : toujours héraldique d'aspect, dressé ou accroupi, parfois élément d'un fût de pilier et fréquemment réduit à un masque apotropaïque qui peut être de belle taille (Indonésie), il est à travers tout le monde indien l'indispensable gardien des portes et autres portiques. Tandis que les éléphants paraissent suivre du regard les circumambulations, les lions fixent le visiteur à chaque franchissement dans sa progression vers le dieu, qu'ils encadrent la porte ou que leur masque la surmonte. Très tôt également, ils jouent un rôle d'atlantes, sans perdre leur regard facilement effrayant. Ce rôle porteur est sans doute lié à la place importante qu'occupe l'animal dans la composition et la symbolique du trône royal, désigné en sanskrit sous le nom de « siège de lion » (*siṃhāsana*), ce qui se traduit formellement par un siège aux pieds de lion ou aux pieds en forme de lion. Sur les images de culte ce « trône de

7. Dagens, 2009c, fig. 8.

lion » est souvent le siège de certaines divinités, surtout du Buddha ; on le retrouve aussi comme l'un des niveaux du trône mystique que l'on visualise par la méditation avant d'y placer Śiva par le même procédé.

À l'éléphant, support de l'univers, et au lion, son gardien par excellence, le monde indien ajoute l'oiseau *garuḍa*. Ennemi juré des serpents et monture attitrée de Viṣṇu dont il partage les combats, ce rapace est le « Maître du ciel », même si, en réalité, il le partage avec le *haṃsa*. Rarement individualisé, ce dernier est une oie sauvage dont les Occidentaux font parfois un cygne plus prestigieux ; beaucoup plus éthéré que le *garuḍa*, c'est aussi l'âme, identification confortée par un classique jeu de mots phonétiquement paradoxal sur l'expir (HAṂ-) et l'inspir (-SA). Dans le spectacle du temple ces deux oiseaux que tout oppose jouent souvent un rôle analogue : sculptés en longues théories sur les quarts-de-rond situés sous les corniches des entablements, ils font de la superstructure du temple un palais volant, un de ces « chars aériens » que les dieux empruntent dans leurs voyages célestes et dont le nom générique (*vimāna*) est aussi une désignation courante du temple.

Le Cambodge de Jayavarman VII, une fois de plus, exploite au mieux cette thématique animale. La face extérieure du mur d'enceinte du temple de Prah Khan est jalonnée à intervalles réguliers de grandes images de *garuḍa* aux ailes éployées qui transforment le sanctuaire tout entier en palais volant[8]. Quant aux *haṃsa*, sculptés sur les soutènements des chaussées franchissant l'une des douves du Prah Khan de Kompong Svay ils transforment le temple en une sorte de char aérien.

8. *E. g.* Dagens, 2003, p. 205.

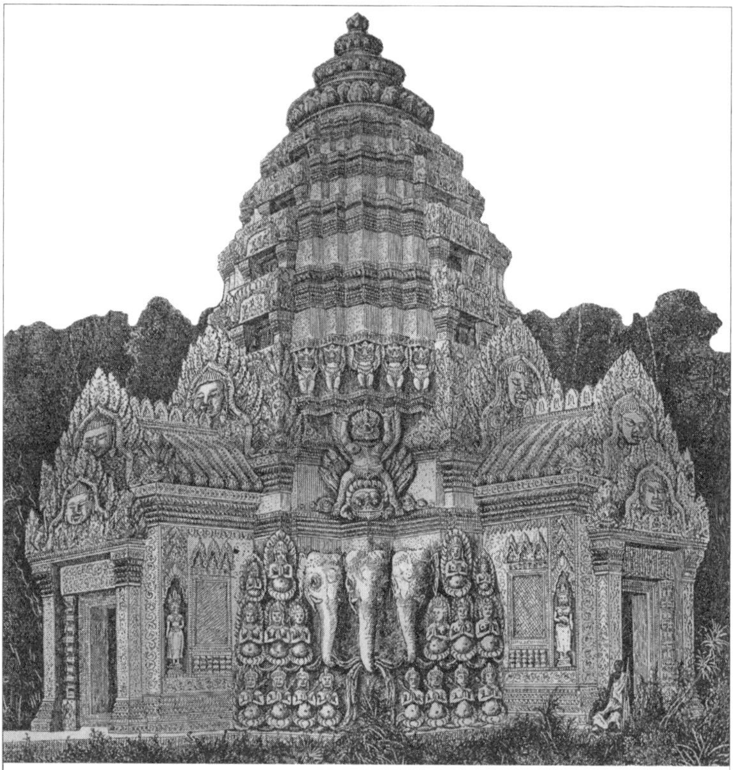

Fig. 53. Prah Thkol (Prah Khan de Kompong Svay, Cambodge, fin XII*e s.) (Delaporte, 1880). Les visages figurés sur tous les frontons de porche sont une restitution abusive de Delaporte. En réalité, nous avions constaté avec B.-P. Groslier que les frontons principaux des quatre porches portaient respectivement des masques d'homme, de lion, de cheval et d'éléphant, c'est-à-dire des quatre gargouilles de Neak Pean, temple-nilomètre d'Angkor [Dagens, 2003, p. 120-121] ; le Prah Thkol, construit comme Neak Pean au centre d'un vaste bassin réservoir et sous le même règne, apparaît ainsi comme une image du nilomètre construit dans la capitale.*

La plupart des animaux que nous venons de mentionner se retrouvent sur la tour du Prah Thkol, un temple du même ensemble (fig. 53) : en effet ses angles sont occupés par une composition où se trouvent les uns au-dessus des autres, un éléphant tricéphale, un masque de lion, un *garuḍa* aux ailes éployées et une frise de *haṃsa* dans la même posture.

Cet ensemble qui s'intègre dans un symbolisme bouddhique complexe, suggère aussi de façon plus immédiate que le temple, solidement porté par les éléphants, est gardé par le lion tandis que sa superstructure est emportée dans une extraordinaire envolée par les habitants des cieux.

Ombre et lumière sur le temple

L'art du spectacle, c'est aussi la maîtrise de la lumière dans ses jeux quotidiens avec l'ombre. Dans ce domaine, le monde indien a, comme l'Occident, utilisé les ressources offertes par les ensembles moulurés horizontaux, en particulier ceux des soubassements où doucines lotiformes et tores occupent une grande place. Cela se retrouve dans des ensembles aux modénatures fouillées très profondément – il suffit de rappeler à ce sujet les soubassements de certains temples hoyṣala du Karnataka dont les frises historiées sont séparés par des gorges très marquées (*e. g.* Halebid, XIIe s.). Dans un autre genre, les modénatures plus classiques de l'Inde du Sud ou du Cambodge se caractérisent à la fois par leur puissance souvent extraordinaire et une simplicité que vient à peine tempérer, au Cambodge, le décor en surface de certaines moulures : ainsi la base du temple de Tanjore ou le premier étage de la pyramide du Baphuon au XIe siècle, ou encore, au XIIe, l'énorme soubassement du troisième étage d'Angkor Vat.

On retrouve des jeux de lumière analogues sur certaines superstructures curvilinéaires, en particulier au XIe siècle : celles à minces niveaux multipliés de l'Orissa (Bhubaneshwar), ou celles au décor en réseau plus complexe du Madhya Pradesh (Khajuraho). Plus au sud, au Tamilnad et ailleurs, ces jeux de lumière s'appuient sur l'organisation des façades pseudo-hypostyles qui ont des redans fortement marqués, singulièrement au rez-de-chaussée. Les directrices susceptibles d'accrocher les rayons du soleil et de susciter des ombres mouvantes sont cette fois-ci verticales ; ce n'est plus tant sur la hauteur plus ou moins grande du soleil au-dessus de l'horizon que l'on joue, que sur sa rotation journalière autour du monument, la position nettement subtropicale de la région permettant d'ailleurs pendant quelques mois un éclairage venu du nord et toujours surprenant. Ces jeux d'ombres verticaux se voient aussi sur la galerie des bas-reliefs qui fait le tour du premier étage d'Angkor Vat : la double rangée de piliers, la profondeur de la galerie et les bas-reliefs eux-mêmes sont autant d'éléments qui la transforment en un spectacle continu.

La lumière changeante du temple est aussi celle qui traverse un claustra[9]. Les traités d'architecture indiens la connaissent bien, même si c'est dans un contexte surprenant qu'ils en parlent : il s'agit pour eux de définir l'unité de base du système des mesures de longueur, en l'occurrence le plus petit grain de poussière qu'un habile praticien du Yoga est capable de percevoir dans un rayon de lumière ayant pénétré une pièce obscure à travers un claustra ! Cela étant, le monde indien connaît toutes sortes de baies de ce genre avec un découpage généralement géométrique (sauf au Cambodge qui a adopté un dispositif à barreaux de pierre verticaux, ci-dessous). Il en existe aussi, au moins en Inde, quelques exemples historiés dans lesquels on pourrait voir une sorte de version en pierre ajourée de nos vitraux si, de

9. Désignée en sanskrit par les termes *jāla* ou *jālaka* (« réseau »), ce type de fenêtre est techniquement une « transenne » (« Dalle de pierre… percée de jours réguliers et décoratifs constituant la fermeture fixe d'une baie » *Vocabulaire de l'architecture,* 1972, p. 81).

toute évidence, les motifs n'étaient destinés à être vus *de l'extérieur* de l'édifice et participaient ainsi à sa mise en scène. On a déjà vu le plus ancien de ces claustras historiés à Lomas Ṛsi (fig. 52). D'autres, plus récents, se trouvent dans des baies du temple de Nivṛttisaṅgameśvara en Andhra Pradesh (fin VIIIe s.)[10]. Le pavillon précédant la cella de ce temple possède, en sus de son entrée axiale, deux « entrées » latérales traitées comme deux fausses-portes dont les « battants » sont des dalles ajourées à décor géométrique. Contre la face extérieure de ces dalles est accolée une image de Śiva dansant, elle aussi ajourée, qui remplit intégralement l'embrasure de la fausse-porte : ainsi, devant la porte de son temple, le dieu danse au rythme de la journée. Une composition analogue (dalle et image ajourées) se retrouve pour la fenêtre latérale du passage couvert rattachant le pavillon au temple, l'image étant, cette fois-ci, Śiva Tripurāntaka debout sur son char et se dirigeant vers la ville des Asura qu'il va anéantir. Là encore, on a fait le choix d'une image du dieu en mouvement, considérée sans doute comme particulièrement bien adaptée à un jeu prononcé d'ombres et de lumière, ce qui vient confirmer d'ailleurs l'impression fréquente que l'idéologie n'est pas toujours l'unique facteur dans la mise en œuvre d'un programme iconographique.

Le dispositif adopté au Cambodge en place du claustra indien est celui de la fenêtre pourvue d'une rangée de barreaux verticaux (parfois il y a deux rangées parallèles). Ces barreaux sont en grès, tournés, moulurés et éventuellement décorés d'un motif en léger relief, ce qui, combiné avec une modénature fine, offre une remarquable prise à la lumière.

10. Dagens, 1984.

Le motif est très certainement issu directement de l'architecture de bois locale. L'utilisation de la pierre conduit logiquement à donner aux barreaux un diamètre relativement important, diminuant d'autant l'intervalle qui les sépare et donc le flot lumineux pénétrant par la fenêtre, renforçant ainsi l'analogie avec les claustras indiens. Il existe également des fausses-fenêtres à barreaux ; les plus élaborées sont pourvues d'un véritable encadrement et de vrais barreaux tournés dont l'ombre se déplace sur le mur du fond ; le jeu de lumière est alors remarquable : le meilleur exemple se trouve sans doute à Angkor Vat, nous l'avons vu à propos des fausses-fenêtres habillant la façade aveugle de la galerie des bas-reliefs au premier étage ou de celle du deuxième étage. À l'époque de Jayavarman VII elles se développent mais elles sont simplement sculptées en bas-relief sur le mur appareillé : cela supprime quasiment la prise de lumière, mais leur intérêt est ailleurs. En effet, leur partie supérieure est parfois « dissimulée » par l'image d'un store de tissu, à moitié descendu ou à moitié levé comme on veut, mais dans tous les cas une belle image du temps arrêté (ci-dessous, p. 282).

Jeux d'eau et mises en abîme

Indispensables à la vie quotidienne du temple, les pièces d'eau ont aussi leur rôle dans sa mise en scène. Laissant de côté pour le moment le cas spécifique des douves du Cambodge, on s'attachera aux bassins-réservoirs : parfois de grande taille, généralement rectangulaires, ce sont des pièces d'eau pérennes aux usages multiples, parfois même utilisées pour la promenade aquatique du dieu sur un radeau, épisode intégré souvent à la grande fête du temple. À l'occasion, objets d'une certaine recherche dans leur composition

– témoin l'exubérance des escaliers de celui du temple du Soleil à Modhera (Gujarat, XIe s.) – ils peuvent être intégrés dans des dispositifs très complexes comme ceux des temples nilomètres d'Angkor, mais ils interviennent aussi dans le déploiement de la mythologie à travers le sanctuaire. Un bon exemple de ce dernier rôle est fourni par ces vastes bassins qui, annexés à des temples de Śiva (*e. g.* Tanjore ou Cidambaram), sont désignés par le composé *śivagaṅgā* (litt. : « Le Gange [qui est sur] Śiva ») : autres belles images du temps arrêté, ils figurent le Gange (*alias* la déesse Gaṅgā) durant le séjour qu'il/elle fit sur la tête de Śiva au moment de sa descente du ciel vers le monde des hommes ; rappelons que le dieu s'était interposé afin d'éviter que la violence de la chute du fleuve ne détruise la Terre.

Ces bassins sont parfois aussi des miroirs utilisés pour réfléchir une image du temple lui-même. À Angkor Vat, ce rôle est rempli par deux bassins placés à quelque distance en avant du temple-montagne et de part et d'autre de son axe (voir le plan ci-dessus, fig. 44, p. 176). Ils renvoient l'un et l'autre une image inversée quasi intégrale de la pyramide de telle sorte que celui qui se dirige vers le temple a devant lui une représentation complète du mont Meru : en effet cette montagne mythique, axe de l'univers, est censée s'enfoncer autant dans le sol qu'elle ne s'élève au-dessus de lui ; on ne pouvait rêver plus belle représentation de cette partie souterraine du mont que l'image réfléchie donnée par les deux bassins et aussi plus belle confirmation que le temple est bien le mont Meru et le sanctuaire l'univers[11]. À Bhubaneshwar (Orissa), le tem-

11. Dagens, 2000.

ple de Śiva Mukteśvara (xᵉ s.) fournit un exemple un peu différent mais dont la finalité semble bien la même : cette fois-ci, le bassin s'allonge transversalement à l'arrière du temple et au plus près de la tour qui coiffe la cella ; arrivé à l'extrémité du bassin après avoir contourné le temple on y voit la tour réfléchie sur toute sa hauteur.

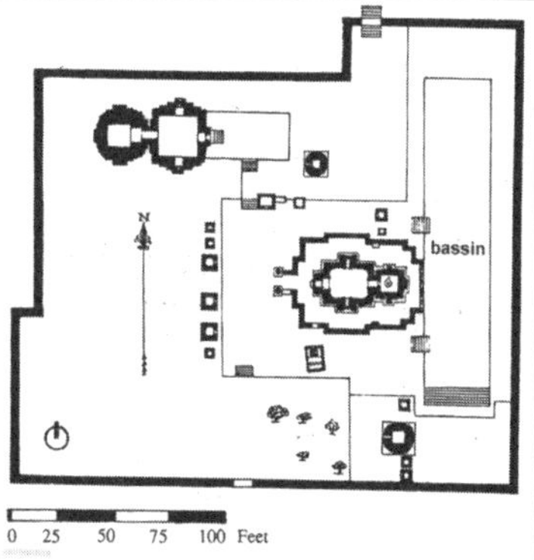

Fig. 54. Temple de Śiva Mukteśvara (Bhubaneshwar, IXᵉ-Xᵉ s.) (plan d'ensemble, Smith, 1994).

Enfin, c'est un jeu de miroirs d'eau à une toute autre échelle qui est visible dans divers temples du Tamilnad. Le dispositif, sauf erreur, n'est plus jamais en fonctionnement mais il est assez bien conservé à Darasuram (fig. 54) dans le temple d'état dédié à Śiva au XIIᵉ siècle ou bien à Tanjore (il y concerne la chapelle de Skanda construite au XVIIᵉ siècle, ci-dessous fig. 56) ; cela a permis à Jacques Dumarçay[12] d'en reconstituer le principe.

Il n'est plus question ici d'un vaste bassin réservoir mais d'une mince cuvette dont le fond est le dallage de la cour du temple et que viennent limiter de petits murets en pierre d'une vingtaine de centimètres de haut. La cuvette entoure la base du temple : un muret court au pied de son soubassement, un autre limite vers l'extérieur le « bassin » qui ne fait guère plus de 2,50 m de large. Le muret extérieur est

12. Dumarçay, 1996.

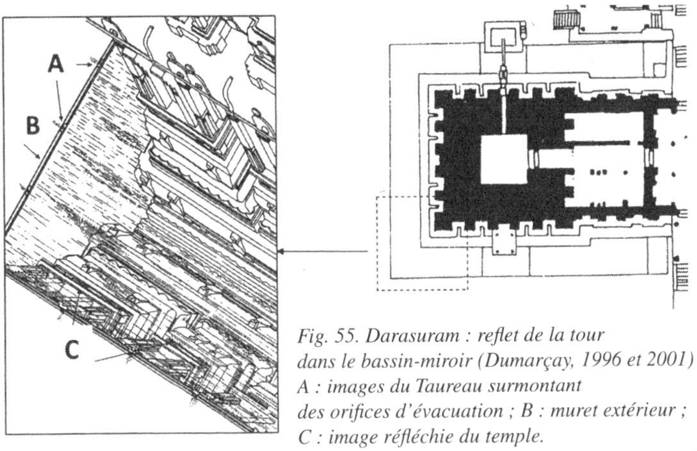

Fig. 55. Darasuram : reflet de la tour dans le bassin-miroir (Dumarçay, 1996 et 2001) A : images du Taureau surmontant des orifices d'évacuation ; B : muret extérieur ; C : image réfléchie du temple.

une représentation miniature du mur d'enceinte du temple, coiffé comme lui d'un chaperon qui porte à intervalles réguliers des images du taureau, monture de Śiva (à Tanjore, ce sont des images du paon, monture de Skanda, qui sont placées sur le muret-enceinte).

Cette présence du mur d'enceinte sur la périphérie du miroir transforme le bassin et la réflexion du temple qu'il contient en une extraordinaire mise en abyme du sanctuaire tout entier, mise en abyme qui vient compléter et enrichir celle déjà omniprésente du temple, décoré on l'a vu d'images de lui-même. Mais alors que dans le cas du temple, le spectateur se trouve à l'extérieur de la composition, ici c'est pratiquement au cœur du sanctuaire qu'il en a l'image intégrale sous les yeux : l'enceinte est là qui marque la limite du domaine du dieu, cependant que la taille réduite du miroir fait que seule une petite partie de l'édifice s'y réfléchit, ce qui donne naturellement l'illusion que c'est un temple gigantesque qui occupe le péribole. Si l'on ajoute à cela, d'une part, la présence très probable tout autour de l'enceinte de torchères qui prolongent le phénomène dans la nuit et, de l'autre, l'instabilité foncière du miroir d'eau qui doit suggérer un décor de guirlandes ou autres étendards agités par le vent, on obtient un spectacle constamment changeant comme l'a bien montré Jacques Dumarçay dans son analyse. Ajoutons que le spectateur se trouve au centre de la composition – il est au pied du temple – et à l'extérieur – il est hors les murs. C'est que, en réalité, ce dévot est simultanément au début et à la fin de l'itinéraire mystique et bien réel à la fois qui le conduit des limites de l'univers au dieu, c'est-à-dire de la porte du pavillon d'entrée du sanctuaire à celle de la cella du temple.

Le temple et l'espace : une image de l'univers

Le temple génère de multiples espaces concentriques emboîtés les uns dans les autres, mais seul le premier d'entre eux, le sanctuaire, est précisément matérialisé et délimité. Simultanément de nombreux détails donnent l'image d'un ensemble beaucoup plus vaste, plus ou moins consubstantiel à l'univers. Cette image est d'ailleurs très ambiguë car la majesté du dieu nécessite en même temps que cet espace aille jusqu'aux limites de l'univers et que l'on puisse le contempler de l'extérieur. Le spectacle débute en effet avant le franchissement de la limite du sanctuaire, parfois même longtemps avant, en pratique du plus loin que la présence du temple est perceptible, que ce soit par sa propre tour ou par celle d'un pavillon d'entrée qui dans l'affaire est son substitut visuel.

Vers le péribole

Vu de loin et, pour le moment, de n'importe quelle direction, ce premier repère – tour du temple ou de son pavillon d'entrée – sert de guide pour conduire à la limite extérieure du sanctuaire, mais ce premier spectacle change et se précise au fur et à mesure que l'on s'approche de cette limite. Exceptionnellement, c'est alors la forme du temple qui entre en jeu, comme en font l'expérience tous ceux qui, de loin, voient jaillir de la plaine de la Kaveri la tour du temple de Gangaikondacolapuram : petit à petit, sa masse pyramidale se précise, son profil extraordinaire de Liṅga se dégage pour finalement afficher à lui tout seul l'identité du dieu.

D'autres formes sont plus anonymes – celle du temple de Tanjore par exemple mais son gigantisme limite les possibilités et réduit les hésitations. Cet apparent anonymat concerne aussi les grands pavillons d'entrée dont la réputation, plus que l'aspect ou la forme, permet d'attribuer à distance tel ou tel dieu. On a d'ailleurs vu à leur propos que l'identification qu'ils suggèrent de loin n'est pas tant celle du dieu que celle de leur commanditaire. De ce point de vue là, on peut dire que l'entreprise de Kṛṣṇadevarāya est une belle réussite ; de nos jours encore on peut sans difficulté repérer de loin les temples dont il avait fait les jalons de son pouvoir en pays tamoul.

D'autres éléments suggèrent la définition du temple quand on s'approche des limites du sanctuaire, qu'il s'agisse par exemple de la présence de la monture ou d'un autre signe sur la crête du mur ou de celle des gardiens de la porte sur (ou devant) le pavillon d'entrée où ils sont parfois de belle taille ; à cela s'ajoute plus rarement la présence de reliefs historiés ou de certaines images sur les murs ou le pavillon d'entrée. Il ne faut pas oublier naturellement que le pavillon d'entrée renvoie parfois une image fidèle du temple.

Rites de passage

Le pavillon d'entrée du péribole que l'on atteint à présent a un rôle multiple. C'est d'abord un passage et un point de vue obligés, mais son franchissement marque aussi un véritable « changement de monde ». La progression pouvait jusque là être désaxée, non orientée, bref hors de la norme. Le pavillon d'entrée qui place le dévot sur l'axe du temple et du dieu, organise ce faisant le passage à un monde orienté et donc conforme à l'univers.

L'importance de la chose peut-être soulignée de différentes manières, mais une fois de plus nous nous référerons au Cambodge qui, tout en affirmant sa propre vue des choses, a certainement matérialisé et rendu patents quelques éléments du non-dit. Son instrument majeur est la douve dont les architectes khmers doublent le péribole à l'extérieur. Bien que relevant initialement d'une tradition étrangère à l'Inde et propre à l'Asie du Sud-Est, elle a été remarquablement utilisée pour traduire la cosmologie indienne.

Parfaite image de l'océan annulaire qui entoure l'univers (ou le plus central de ses continents selon le schéma cosmologique adopté), elle atteste de la position centrale et bien à part du sanctuaire, tandis que son caractère de domaine divin est souligné par le jeu d'une cascade de métaphores et d'équivalences qui accompagnent le franchissement de cet océan et que Paul Mus a su mettre en évidence (voir ci-dessus, p. 149). Ajoutons que, grâce à ces chaussées, le dévot avant même d'avoir atteint le pavillon d'entrée se trouve déjà placé sur l'axe de la cella, son regard prêt à franchir le péribole.

À Angkor Vat, où le jeu des franchissements et des points de vue est parfaitement élaboré, la progression sur la chaussée coupant la douve se fait avec devant soi le pavillon d'entrée du péribole, dont on a vu qu'il est une parfaite image de la pyramide avec ses tours et sa galerie des bas-reliefs (p. 218). À l'arrivée au bout de cette chaussée, au pied du pavillon d'entrée, c'est la pyramide elle-même qui s'aperçoit dans la porte, avant que l'on débouche sur elle dans toute sa splendeur au bout de la traversée de son image.

Avant même de traverser la porte du sanctuaire, le fidèle doit, dans la pratique quotidienne indienne, préparer son entrée dans le domaine du dieu en retirant ses chaussures s'il en porte, ou en secouant ses pieds pour en faire tomber la poussière de la route dans le cas contraire. Ce n'est qu'après cet acte de respect qu'il pourra jouir du spectacle du sanctuaire.

Un univers infini ou presque

Une fois entré dans le sanctuaire, l'approche du temple est plus ou moins longue ; tout dépend en effet de la dimension du sanctuaire, du nombre d'enceintes à franchir, comme des étapes que peut faire le fidèle pour honorer au passage les divinités rencontrées, au premier rang desquelles la monture du dieu, qui tournée vers ce dernier se trouve systématiquement dans l'axe de la porte de la cella : son image est parfois répétée à différents niveaux de l'approche du dieu dans le sanctuaire.

La poussière des pieds du pèlerin

La tradition attache à certains lieux saints le droit pour les pèlerins d'y pénétrer sans se livrer à la purification élémentaire qui consiste à secouer la poussière de ses pieds. Les temples concernés sont pour la plupart installés dans des endroits reculés et ne peuvent être atteints qu'après une longue marche ; on les définit comme *dhūlidarśana*, en d'autres termes comme ceux où l'on peut avoir « la vue (du dieu) » (*darśana*) avec la « poussière (de la route) » (*dhūli*) encore aux pieds. Cela nous avait été indiqué à propos de Śrīśailam : dédié à Śiva, ce sanctuaire montagnard d'Andhra Pradesh possède une enceinte dont on peut ainsi franchir le pavillon d'entrée sans avoir secoué la poussière de la route. Une tradition attestée depuis le XIe siècle au moins prête cependant à ce temple quatre « portes » cardinales beaucoup plus lointaines dont la plus connue est la « porte occidentale », identifiée avec la ville sainte d'Alampur située à près de 80 km à l'ouest de Śrīśailam. Ces portes sont de tout temps considérées comme les points de départ des pèlerins qui se rendent à Śrīśailam (c'est d'Alampur que part au XIe siècle le roi Someśvara Ier) ; on peut donc se demander si la dispense accordée à ces pèlerins à l'entrée de l'enceinte du sanctuaire, n'est pas justifiée par le fait que ce sanctuaire est en réalité supposé s'étendre jusqu'aux quatre « portes », ce qui réduit le passage de l'enceinte matérielle située à Śrīśailam au simple franchissement d'une subdivision intérieure du domaine du dieu.

Ajoutons que la chose se complique d'ailleurs à la suite d'aménagements effectués vers le milieu du XXe siècle dans ce temple pour le ramener à la norme la plus classique : l'un d'entre eux a été la mise en place d'un dispositif qui arrose discrètement les pieds des fidèles franchissant le pavillon d'entrée et cela sans aucune intervention de leur part (Dagens, 1984, t. I, p. 3, 33 et 632).

Plusieurs procédés sont utilisés pour superposer au sanctuaire l'image d'un espace plus ou moins infini et par là allonger, au moins visuellement, l'itinéraire qui mène au dieu. Tous font appel d'une façon ou d'une autre aux effets perspectifs. Cela peut concerner le temple lui-même ; jouant sur les dimensions des éléments de sa superstructure ou sur celles des éléments de la pyramide qui le porte, éventuellement sur les deux, il tend à éloigner en hauteur le temple dans le cas de la pyramide, et dans l'autre cas, l'image de temple qui couronne parfois sa superstructure (p. 103).

Un autre procédé concerne plus directement le sanctuaire puisqu'il joue sur son organisation possible en enceintes concentriques. Dans une vision *centripète* du schéma utilisé en Inde du Sud, ces enceintes et leurs pavillons d'entrée sont de hauteur décroissante lorsqu'on s'éloigne de l'entrée du sanctuaire pour gagner le temple, diminution progressive qui donne au fidèle l'impression que chaque cour est beaucoup plus large qu'elle n'est et par conséquent que le temple est beaucoup plus éloigné de la périphérie qu'il ne l'est en réalité. Cette impression est renforcée par les effets perspectifs appliqués à la superstructure des pavillons d'entrée qui, avec leurs profils en tronc de pyramide, reproduisent ceux du temple.

Ces deux procédés ont pour point commun de jouer plus sur l'éloignement du centre par rapport aux limites que sur l'effet inverse. La chose est importante car elle rappelle que le spectacle est bien au centre. La démarche suggérée, et allongée à l'occasion par les jeux perspectifs, est dans la prolongation de celle qui a mené le dévot jusqu'à la porte du sanctuaire ; elle le conduit maintenant à travers le sanctuaire vers le temple, lui faisant remonter jusqu'à sa source le regard du dieu qui le guide depuis son entrée dans le sanctuaire. Rappelons cependant que cet itinéraire est, depuis bien avant l'entrée dans le sanctuaire, jalonné de repères marquant pour chacun selon son rang la limite de son approche du dieu matérialisée, on vient de le voir, par l'entrée progressive dans le spectacle.

Royaume des hommes et royaume des dieux

Parlant du temple d'état nous avons eu l'occasion de rappeler comment les architectes sculpteurs de certains monuments du Tamilnad et du Cambodge avaient montré que l'on pouvait en faire l'image animée du royaume bien vivant dont ils étaient le centre. À Tanjore, c'était la périphérie du royaume qu'on semblait avoir figurée avec les multiples Tripurāntaka des façades du rez-de-chaussée : armés et prêts au combat mais sereins, ils assurent la garde du temple et du royaume et simultanément se préparent à la conquête de l'univers qui l'entoure. À Angkor Vat, c'est au contraire le royaume lui-même qui apparaît sous la forme de jeunes femmes peut-être toutes saisies dans le temps d'une fête mais dont les différences traduisent à leur façon la diversité des provinces ; l'apparent désordre de leur disposition sur les murs donne l'impression d'une vie sans souci dans un royaume en paix.

Au Bayon, les tours à visages sont en apparence plus hiératiques et plus uniformes, mais les jeux de lumière animent ces gardiens veillant dans toutes les directions, chacun sur sa province et sur le royaume tout entier ; ici c'est à d'autres éléments du temple – les galeries du premier étage – que l'on a confié le soin de traduire, cette fois ci par le menu, la paix dans le royaume et les guerres victorieuses. Le spectacle qu'offrait l'ensemble vu de l'extérieur était complété et surtout précisé par la subtile organisation du panthéon occupant les cellas coiffées par les tours à visages – dieux du royaume, ancêtres du roi et autres – constituant une cour autour des deux protagonistes, le Buddha de la cella centrale et le roi dont l'image, installée dans le vestibule de cette cella, lui faisait sans doute face.

En contrepoint à ces mises en scène très élaborées, surchargées même dans le cas du Bayon, l'architecte du Kaṇḍarīya Mahādeva à Khajuraho a su suggérer aux yeux du monde extérieur la présence de l'entourage du dieu par un simple jeu architectural (fig. 29). De façon remarquable d'ailleurs, cette sobriété ne concerne que le monde des dieux et tranche avec l'exubérance – c'est peu dire – de celui des hommes auquel étaient réservées les parties les plus visibles des façades du même temple. Michael Meister a pu montrer que derrière cette exubérance se dissimulait un jeu subtil de correspondances entre les variations sur les unions humaines et l'articulation des divers éléments architecturaux du temple, le vocabulaire des passions humaines rencontrant celui des formes architecturales[13].

Le spectacle et le temps

Parlant des jeux de lumière liés à la course du soleil, quotidienne ou annuelle, ou signalant les différents rythmes des rites, on a déjà vu comment le spectacle du temple pouvait s'inscrire dans le déroulement du temps naturel. À plusieurs reprises dans les chapitres précédents comme d'ailleurs dans celui-ci, on a fait allusion au temps

13. Meister, 1979.

historique et à la manière dont il intervient de multiples manières dans la vie du temple : certes dans sa croissance ou, éventuellement, son déclin, mais aussi dans la définition de son titulaire, voire de son obédience, ou encore de son instrumentalisation politique, etc. Ajoutons que parler de sa beauté nécessaire, comme nous l'avons fait ci-dessus, c'est aussi rappeler mais, on va y revenir, que le temple est soumis dans ce domaine comme dans les autres aux « modes », manifestation s'il en est du temps historique.

Ici, on insistera sur la notion de durée que l'on envisagera à divers niveaux. Tout d'abord à propos du temps festif, on reviendra sur la possibilité de le rendre permanent et de l'établir dans la durée en pétrifiant en quelque sorte la célébration. On la prendra ensuite au niveau de l'histoire en soulignant le rôle très positif de « garde-temps » que joue souvent le temple dans le monde indien. Il est sans doute inutile de rappeler que, dans un cas comme dans l'autre, le temple ne peut jouer ce rôle que parce qu'il est, pour ainsi dire par essence, un édifice qui, simple ou complexe, est construit en matériaux *a priori* durables, plus durables en tout cas que l'essentiel de l'architecture civile qui l'entoure.

La fête pétrifiée ou le temps arrêté[14]

On a eu l'occasion de souligner l'importance métaphorique du végétal dans les rites de fondation du temple comme dans son ornementation. Semé comme une plante, ce temple pousse comme un gigantesque lotus fait de doucines

14. Comme pour beaucoup de choses c'est à Jacques Dumarçay que nous sommes redevables de cette notion du temps arrêté à travers la pétrification de la fête (voir en particulier sa *Babel ruinée* [1996], p. 36 et suiv.).

superposées, tout en étant couvert de lianes qui courent en longs rinceaux sur ses murs et parfois se déploient en de somptueuses volutes comme par exemple aux angles des corniches. S'il est ainsi indissociable du décor du temple, c'est pour bonne part parce qu'il l'est aussi de sa vie quotidienne ou festive.

- Le végétal, du rituel quotidien à la fête

Tous les matins, l'officiant, une fois entré dans la cella, renouvelle habilement la fleur qui doit se trouver en permanence sur la tête du Liṅga : il retire l'ancienne et place la nouvelle d'un même geste fait d'une seule main, sans que jamais la tête du Liṅga ne soit « vide » comme disent les textes de rituel. Chaque jour, on renouvelle aussi les abondantes guirlandes qui couvrent l'image du dieu au point de la dissimuler presqu'entièrement. Dès qu'une célébration sort un tant soit peu de l'ordinaire, et à plus forte raison lors des grandes fêtes, c'est le temple lui même que l'on pare et l'opération touche au minimum les portes, celle(s) du temple comme celles du ou des pavillon(s) utilisé(s), qu'il s'agisse d'annexes permanentes ou de constructions légères montées pour l'occasion. À chaque fois, on encadre la porte par une arcature de palme ou de feuillage ou parfois par deux troncs bananiers, on y ajoute des guirlandes de feuilles accrochées à des fils, parfois beaucoup plus mais qu'importe, l'essentiel est que, comme pour la fleur sur le Liṅga, ce sont de frais végétaux encore pleins de sève qui traduisent la vie festive du temple.

- Le végétal, le makara et le store pétrifiés

Très tôt en Inde, ce décor festif temporaire et périssable se pétrifie sur les murs du temple, sans naturellement que l'habitude de le parer de frais ne se perde. C'est au-dessus des portes – vraies ou fausses – que c'est le plus sensible : l'arcature ornementale, mentionnée ci-dessus, y est transposée sous la forme d'une traverse plus ou moins incurvée et plus ou moins exubérante – simple poutre ou au contraire gros boudin de feuillage – à laquelle sont suspendues toutes sortes de guirlandes et pendeloques. Par un curieux mélange des genres, cette traverse sort souvent des gueules de deux monstres campés au sommet des montants de la porte : il s'agit de ces *makara* développés du crocodile que nous avons vus apparaître justement sur la porte de Lomas Ṛsi et dont la queue se végétalise souvent en une somptueuse volute. Cette composition qui se retrouve sous une forme ou une autre à travers toute l'Inde est reprise en Asie du Sud-Est et y connaît un développement remarquable sous la forme du « linteau décoratif » dont l'évolution à travers le temps est l'un des fils directeurs de l'histoire de l'art du Cambodge ancien.

Si nous plaçons le Cambodge à part, c'est que l'arrêt du temps que peut suggérer cette pétrification du décor festif des portes y est repris à travers une autre image que nous avons déjà signalée et qui apparaît sur les murs à la fin du XIIe siècle : il s'agit de cette fausse-fenêtre à barreaux en partie fermée par un store à moitié déroulé ou à moitié enroulé. Si la fraîcheur inaltérable du feuillage pétrifié qui orne la porte souligne bien à la fois l'arrêt du temps et le caractère permanent de la fête, le rideau vient préciser l'instant choisi pour cet arrêt : ni trop tôt ni trop tard, au milieu de la matinée ou de l'après-midi. L'image suggère ainsi la permanence d'un instant privilégié qui peut concerner toutes sortes de temps – festif, mais aussi quotidien ou encore cosmique, comme le propose Jacques Dumarçay qui y voit l'ouverture sur une nouvelle création, rattachant ainsi la fenêtre khmère au grand rythme cyclique indien.

- Éléphants et chars en fête

Retournant à l'Inde, on constate que l'installation dans la durée par l'immobilisation du moment ne concerne pas uniquement le monde végétal et la mise en gloire du temple par sa décoration de fête. On a vu en effet dans la cour du Kailāsanātha d'Ellora les éléphants arrêtés dans leur procession autour du temple tandis que dans celle du temple de Vithala à Vijayanagar, c'est le char de Garuḍa qui est prêt à partir en procession devant le temple de Viṣṇu.

Fig. 56. Tanjore : chapelle de Skanda (XVIIe s., angle nord-ouest de la cour du temple de Śiva) (Pichard, 1995).
Derrière les images de chevaux on voit des traces d'arrachement qui correspondent à l'endroit où étaient sculptées les roues du char.
Pour le bassin de réflexion voir ci-dessus.

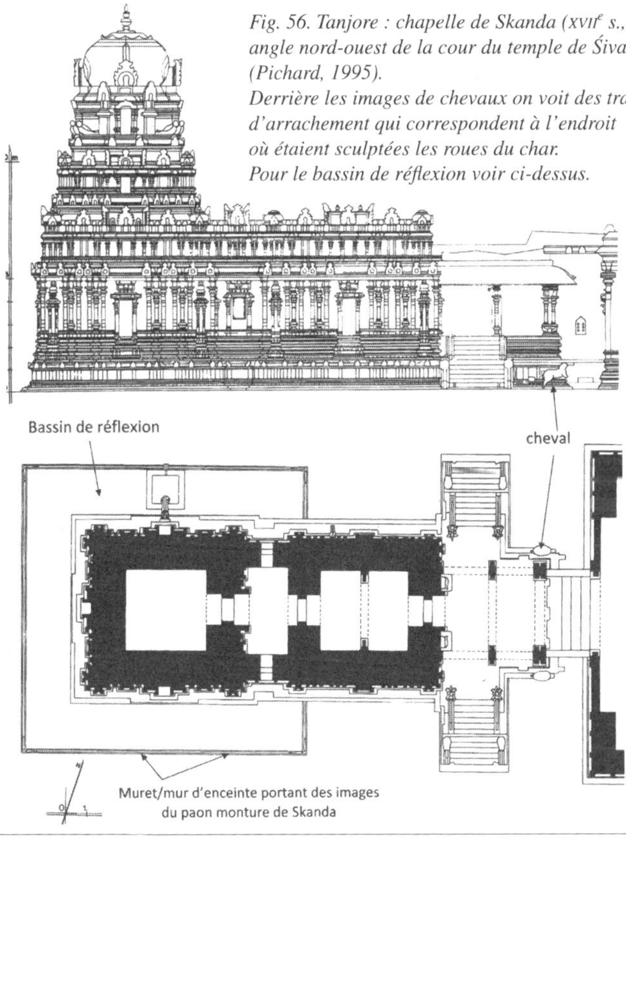

C'est cependant à Tanjore que c'est le plus clair, même s'il s'agit d'un ajout tardif puisqu'il est question de la chapelle de Skanda, une construction du XVIIe siècle dans l'angle nord-ouest de l'enceinte, déjà signalée à propos de son bassin miroir (fig. 56). Le porche ouvert qui se trouve en avant du pavillon est figuré comme un char qui, tiré par deux chevaux, se déplacerait vers l'est comme le ferait un véhicule accomplissant le tour par la droite du temple de Śiva. Ainsi, prêt à partir et n'attendant plus que la mise en place de la statue de Skanda, nous avons le char dans lequel Skanda est emmené en une procession dont on suggère qu'elle se déroule autour du temple de Śiva, son père. Il faut bien dire qu'on est peut-être à la limite de la « fête pétrifiée » et de la mise en scène de la mythologie, déjà notée à propos du char de Tripurāntaka à Darasuram (p. 128) mais à propos duquel il faut mentionner aussi le célèbre char du soleil attelé de sept chevaux que l'on voit à Konarak[15]. On pourrait en effet imaginer que le Skanda de la chapelle de Tanjore est dans son rôle de chef de l'armée des dieux et qu'il part au combat, ce qui est d'autant plus plausible que certaines de ses images sont inspirées de celle de Śiva Tripurāntaka[16]. Finalement le choix de l'une ou l'autre interprétation n'a guère d'importance : dans un cas comme dans l'autre, il s'agit d'un arrêt du temps, la différence étant que la chose est banale en iconographie et nettement moins lorsqu'il s'agit d'arrêter le temps réel et non celui du mythe.

15. *Cf.* Dagens, 2009c, fig. 9.
16. L'Hernault, 1978, p. 160.

Le temple garde-temps

- De la valeur du témoignage architectural

Par sa construction en matériaux lourds et durables, le temple est un parfait témoin de son temps : il en rapporte les choix religieux, les goûts esthétiques, les capacités techniques. Le témoignage peut être faussé au niveau de l'interprétation et ce de multiples manières – les exemples ne manquent pas – mais dans le domaine qui nous concerne ici le témoin *a priori* n'est jamais délibérément faux, comme dans le cas des temples de Goa dont nous avons vu qu'ils se voulaient trompeurs.

Ce qui pourrait se rapprocher d'un faux témoignage serait à la rigueur le « retour à l'antique » mais il n'est le plus souvent qu'une référence appuyée à un monde passé, considéré comme meilleur. Le cas est banal dans tout le monde indien, qu'il s'agisse de la reprise des formes gupta dans l'Inde de la fin du premier millénaire ou de l'exploitation des lexiques de formes cālukya, pallava et cola par Vijayanagar. En Asie du Sud-Est où on le constate plus facilement, on peut s'interroger parfois : ainsi lorsque les architectes khmers de la deuxième partie du xe siècle se réfèrent pour construire les temples-montagnes de Pre Rup ou de Ta Kèv à un modèle du début du même xe siècle (Phnom Bakheng, ci-dessus, p. 157, fig. 37) ; ce faisant ils écartent les créations originales de la période intermédiaire dite de Koh Ker (env. 921-944) où un « usurpateur » abandonne Angkor pour se construire une capitale à une centaine de kilomètres de là. Ainsi le temple d'état parfaitement original construit à Koh Ker reste un hapax sans descendance dans la lignée assez cohérente de ces monuments. Comme à propos de Goa nous aurions affaire ici à un phénomène éminemment politique qui dans le cas particulier serait une réécriture par omission de l'histoire et ce, sur l'ordre du roi commanditaire.

- Un témoignage dynamique

Témoin de son temps de fondation, le temple enregistre également – dans sa chair pourrait-on dire – sa propre histoire architecturale et, à travers elle, celle de l'architecture, comme d'ailleurs de la sculpture qui l'accompagne. Nous avons vu que dans ce domaine la richesse du témoignage n'est pas nécessairement à la hauteur de la complexité de la vie du temple. On ne reviendra pas sur Angkor Vat et l'indigence de son histoire architecturale, sinon tout au plus pour voir en cette dernière un témoignage de la puissance que recèle la perfection de la fondation de Sūryavarman II : il est d'ailleurs caractéristique que des inscriptions bouddhiques du XVIe siècle qu'on y trouve désignent ce temple devenu bouddhique sous le nom très vichnouite de son fondateur vichnouite (« le Saint [qui a été après sa mort au] monde de Viṣṇu »). Les choses sont bien différentes évidemment à Tiruvannamalai dont l'histoire architecturale se traduit par une sorte de catalogue des formes qui ont été tour à tour en faveur auprès des bâtisseurs de temples du Tamilnad du XIe siècle à nos jours (même si l'essentiel du sanctuaire tel que nous le connaissons était pratiquement achevé au XVIIe siècle, le monument connaît chaque année ou presque de nouveaux aménagements). La chose n'a rien d'exceptionnel et on peut rappeler que fondé vers le XIe ou XIIe siècle, le temple de Srirangam a vu son plus haut pavillon d'entrée (env. 72 m de haut) achevé et inauguré en 1987 et que dans l'intervalle les travaux menés dans son très vaste sanctuaire n'ont jamais dû connaître d'interruption prolongée. Certains de ces travaux témoignent que l'histoire de ce temple est loin de n'être que religieuse : au XVIIIe siècle, lors des guerres franco-anglaises en Inde du Sud, il est devenu pour un temps une forteresse que les adversaires occupent tour à tour.

- Le temple et l'épigraphie

En Inde, comme ailleurs, le temple est aussi garde-temps à travers son épigraphie. Là encore, sa construction en matériau durable pousse bien évidemment à faire appel à lui pour la sauvegarde de textes importants. À côté des textes gravés sur le temple lui-même on trouve souvent des stèles qui ont malgré tout l'inconvénient de pouvoir être plus ou moins facilement séparées du contexte architectural auquel elles sont associées ; nous les écarterons donc de notre propos, de même que les plaques de cuivre et autres archives mobiles qui peuvent être confiées à la garde du temple ou plus exactement de son personnel et pour lesquelles l'incertitude est encore plus flagrante.

Restent donc les textes inscrits sur les murs du temple et qui sont le plus souvent les archives de ce dernier. En ce qui concerne les travaux de construction, on remarquera qu'il en est moins souvent question que des restaurations ou des adjonctions apportées après coup. Ainsi pour Tanjore : si aucune inscription n'a pour but principal de commémorer la fondation du temple par Rājarāja Ier, en revanche un texte de 1801-1802 souligne les réparations et l'adjonction de quelques pavillons. C'est que ces archives du temple sont essentiellement la commémoration des dons (objets, terres, sommes d'argent) qui lui ont été faits. La chose peut être organisée de façon très méthodique : à Tanjore, l'année qui suit l'inauguration du temple son fondateur prescrit que tous les dons faits par lui-même ou d'autres doivent être commémorés sur les murs de l'édifice, ce qui se traduit par une longue liste récapitulative accompagnée de dates précises, suivie d'une liste complémentaire gravée quelques années plus tard (*S.I.I.* vol. II).

Ce genre d'archives, plus souvent rédigées dans le vernaculaire local qu'en sanskrit, est un bon témoignage de la popularité d'un temple ; ce que nous avons dit précédemment de celle finalement limitée des temples d'état se retrouve bien ici. En effet, la centaine de textes environ que constitue le corpus épigraphique de Tanjore est peu de choses par rapport à ce que l'on trouve à Tiruvannamalai (près de 500 textes) ou à Tirupati (pas loin de 700). Dans le cas particulier de Tirupati, considéré depuis plusieurs siècles comme le temple le plus riche de l'Inde, la publication du corpus dans les années 1930 était en partie destinée à la réfection de l'inventaire des biens fonciers du temple.

Le temple n'est pas uniquement son propre garde temps. On n'hésite pas, le cas échéant, à y inscrire des textes qui n'ont pas de rapports directs avec lui mais auxquels on veut donner une certaine solennité et une certaine pérennité : ainsi au XIIIe siècle, trois feudataires du roi font graver à Tanjore une proclamation où, tout en affirmant leur fidélité au souverain du moment, ils affirment leur entente parfaite en des termes que n'aurait pas reniés Dumas (« que celui qui devient l'ennemi de l'un de nous soit l'ennemi des trois, que celui qui devient l'ami de l'un de nous soit l'ami des trois ») (*S.I.I.* vol. II). Il faut d'ailleurs ajouter que l'éloge des bienfaiteurs du temple ou l'exposé parfois détaillé des circonstances dans lesquelles ont été effectués les dons, sont autant d'occasions de replacer le spectacle du temple dans son histoire.

- Les malheurs du temps

On y a déjà fait allusion, le temple est un excellent archiviste des malheurs dont il est le lieu ou le témoin ou encore qu'il a subis. On peut signaler par exemple ce thème récurrent de l'iconographie de nombreux temples hindous du pays tamoul, l'empalement de 8000 Jains à Madurai vers la fin du premier millénaire : que l'historicité du fait soit parfois discutée n'ôte rien au réalisme de ces fresques sanguinolentes célébrant ainsi la victoire de l'hindouisme sur les religions hétérodoxes. On ne reviendra pas ici sur la śivaïsation brutale du Bayon, temple d'état de Jayavarman VII et des autres sanctuaires bouddhiques construits par ce même souverain. On rappellera en revanche que c'est parfois par leur destruction complète que les temples témoignent de l'histoire et, peut-on dire, font l'histoire. Ainsi le temple de Rāma à Ayodhya (Uttar Pradesh) dont la destruction en 1528 par Babur a débouché dans les années 1990 sur la mise à feu et à sang d'une partie de l'Inde. « L'affaire d'Ayodhya » comme on l'a appelée a conduit à revenir sur des événements analogues et en particulier, sur l'un des plus célèbres d'entre eux, le pillage et la destruction en 1026 par Mahmoud de Ghazni du temple de Śiva Somanātha au Gujarat. Le travail que Romila Thapar[17] a consacré à la question a débouché sur des résultats parfois surprenants. Reprenant systématiquement l'ensemble des sources anciennes, elle a d'abord constaté que l'événement lui-même n'est réellement décrit que dans des sources turco-iraniennes, en d'autres termes musulmanes ; simultanément, il apparaît à l'évidence, d'après les inscriptions sanskrites,

17. Thapar, 2004.

que lieu de pèlerinage très fréquenté avant 1026, le temple de Somnath l'est à nouveau peu après cette date et continue à l'être dans les siècles qui suivent. Enfin au début du XIXe siècle le pouvoir colonial, sur la base des sources musulmanes, avance ce qui va devenir la doctrine générale, à savoir que la destruction de Somnath a suscité chez les hindous une haine viscérale des musulmans. Si le pouvoir colonial présente les guerres afghanes comme la vengeance du raid de Mahmoud de Ghazni, le nationalisme hindou exploite ce raid, ce qui débouche en 1951 sur la reconstruction du temple de Somnath à laquelle nous avons déjà fait allusion. Romila Thapar termine son étude par une sorte d'histoire de l'exploitation politique du temple – éventuellement par son pillage ou sa destruction – histoire dont le dernier épisode est provisoirement « l'affaire d'Ayodhya ».

VIII

Les voyages du temple ou le temple dans le monde

Introduction

Le temple indien a voyagé et voyage encore, en Inde et hors de l'Inde. En Inde même, le processus est continu depuis la période de formation où il se traduit par la multiplication des modèles régionaux mais où l'on sent déjà ce que j'avais qualifié il y a une quinzaine d'années de « mouvement brownien » et qui marque l'histoire du temple en Inde : un intense brassage qui assure la pérennité d'une architecture et d'une sculpture proprement « indiennes » et l'enrichissement réciproque de ces modèles régionaux[1]. Plus récemment ces voyages se traduisent à l'occasion par le transfert hors contexte de quelques uns de ces modèles régionaux particulièrement typés ; c'est ainsi que l'attirance panindienne que suscite la ville sainte de Bénarès s'y traduit par un panorama assez complet de l'architecture du temple en Inde, parallèle à celui des pèlerins qui y convergent.

Hors de l'Inde, le voyage est aussi une affaire à la fois vieille et récente car la diaspora indienne a toujours voyagé

1. Dagens, 1993.

avec ses dieux et leur a installé des temples, même si le phénomène a changé d'aspect. À date ancienne, il est rapidement et presque partout combiné avec l'implantation des religions indiennes dans les milieux autochtones, ce qui conduit à l'apparition d'écoles « nationales » puissantes dont l'indépendance bien caractérisée ne dissimule pas la présence sous-jacente d'un « modèle indien ». La chose est éclatante en Asie du Sud-Est à quelques exceptions près cependant, on le verra, et peut être plus atténuée vers l'Asie centrale atteinte à travers l'Afghanistan et les cols du nord du Pakistan ; de toute manière les religions indiennes s'arrêtent aux portes de la Chine, à l'exception du bouddhisme, et le temple indien n'entre pas en tant que tel dans le monde chinois ni dans l'Extrême-Orient sinisé, que ce soit par l'Asie centrale ou l'Asie du Sud-Est. Ajoutons que les pays d'Asie qui avaient adopté des religions indiennes les ont pour ainsi dire toutes abandonnées vers le XVe siècle à l'exception du bouddhisme.

À l'époque moderne, ces implantations du temple indien en milieux allogènes se font dans le cadre étroit de la diaspora mais celle-ci s'étend désormais aux cinq continents, sans susciter cependant l'attirance qui avait autrefois bouleversé le paysage religieux et culturel d'une partie de l'Asie. Comme à l'époque ancienne, les voyageurs sont arrivés avec leurs dieux auxquels ils ont construit des temples, mais, à chaque fois que la chose est possible, ceux-ci restent semblables à ceux qu'ils fréquentent en Inde. Le temple est même parfois importé de toutes pièces comme ce fût le cas il y a quelques dizaines d'années pour un édifice destiné à la Grande Bretagne dont les pierres avaient été taillées, parées et sculptées à Mahabalipuram ; il est plus généralement construit sur place selon les instructions d'un architecte traditionnel venu de l'Inde pour l'occasion (*e. g.* temple de la Déesse à Bangkok). Faute de mieux, le lieu de culte peut aussi être installé dans un édifice quelconque où une pièce est définie comme cella et aménagée en tant que telle, ce qui, on l'a vu au début de cet ouvrage, peut se résumer à peu de choses (*e. g.* le temple de Gaṇeśa près de la Porte de la Chapelle à Paris).

Il n'est pas question ici de suivre systématiquement le temple dans tous ses voyages ni de présenter dans le détail les différents aspects qu'il a pu ou peut encore prendre à travers le monde. Il s'agit plutôt d'essayer de voir le pourquoi et le comment de ces voyages, en s'interrogeant en particulier sur les vecteurs qui sont intervenus et sur la façon dont il s'est adapté à des contextes culturels et géographiques divers.

Prolégomènes

La permanence du temple

À travers tous ses voyages le temple semble être resté lui-même, conforme si l'on veut à la définition fonctionnelle que nous en avons donnée au début de ce travail. Par là nous entendons qu'il n'a pas subi de mutations fondamentales ni non plus donné naissance à des formes architecturales non religieuses. Dans un cas comme dans l'autre il s'oppose au stūpa, une autre manifestation architecturale des religions indiennes. Propre au bouddhisme, cette structure massive issue du tumulus est devenue dans le monde sinisé la pagode, une tour élancée à étages multiples et pourvue d'un escalier intérieur, instrument architectural parfaitement adapté aux pratiques bouddhiques de méditation.

Rien de semblable par contre pour le temple, toujours resté centré sur la cella, en dépit des habillages très variés qui lui sont donnés ; l'une des rares exceptions que l'on pourrait citer serait le *prang* thaïlandais qui est plutôt une variation sur le stūpa inspirée du temple qu'un dérivé proprement dit du temple. Pour le reste, le temple a pu inspirer quelques monuments civils, qu'il s'agisse d'éléments de l'extraordinaire patchwork culturel qu'est la New Delhi de Lutyens, de pavillons d'expositions ou plus simplement quelques créations du genre du monument de l'Indépendance à Phnom Penh, une variation libre sur le thème de Banteay Srei. Les choses s'arrêtent là et le temple n'a pas donné naissance à un quelconque modèle architectural aussi parfaitement laïque que la pagode lorsqu'elle se répand dans l'Occident du XVIIIe siècle comme ornement des jardins d'agrément.

C'est que le temple indien a toujours été lié très directement à la pratique des religions pour laquelle il a été « inventé », même si le bouddhisme apparaît parfois comme un cas particulier que nous aborderons plus loin. On a déjà eu l'occasion de dire que les tentatives d'adapter le temple au christianisme sont du domaine du déguisement. Quant à l'Islam, il a su se créer une architecture et un vocabulaire de formes indiens comme le montrent les mosquées funéraires ou les palais, mais c'est indépendamment du temple auquel le lient à l'occasion quelques détails techniques, par exemple à propos de la couverture en voûte qui concerne surtout des annexes du temple, chose déjà remarquée par James Prinsep au début du XIXe siècle (ci-dessous p. 318-319).

Le bouddhisme et le temple

Le bouddhisme est apparu vers l'époque où les conditions nécessaires à l'invention du temple se mettaient en place. Initialement athée, son évolution rapide a fait qu'il a très tôt partagé le temple avec les autres grands courants religieux indiens, après cependant avoir inventé à son usage le stūpa sur lequel il faut revenir car il est probablement à l'origine d'un aspect important de l'organisation du sanctuaire : il s'agit du schéma concentrique implicite ou réel dont on a eu l'occasion de souligner à plusieurs reprises le rôle directeur.

On sait en effet que l'habitude a été très tôt prise d'installer autour des stūpas monumentaux, en particulier les plus importants et les plus prestigieux, des stūpas votifs, abrités à l'occasion dans des chapelles où d'ailleurs des statues peuvent les remplacer. Un bon exemple se trouve à Taxila autour du stūpa Dharmarājika dont la construction est attribuée à Aśoka[2]. Le dispositif a été mis en forme ensuite avec la mise en place d'une rangée de chapelles formant cloître autour d'un stūpa, comme dans plusieurs ensembles de Taxila ou dans le monastère bien connu de Takht-i Bahi près de Peshawar ; cette dernière composition dérive elle-même des ensembles d'habitat monastique où les cellules bordent une cour intérieure, un modèle qui remonte sans doute au début du bouddhisme. Passant de l'entourage des stūpas à celui des temples, elle y connaîtra, on l'a vu, un grand succès dans le domaine brahmanique, comme dans le domaine bouddhique et que ce soit en Inde ou en Asie du Sud-Est.

Tandis que le bouddhisme introduit ainsi le schéma du rayonnement concentrique dans le sanctuaire et au-delà, il renforce ses propres tendances théistes et ritualistes. Il

2. Voir le plan donné dans Marshall, 1960.

adopte alors le temple et les images du Buddha commencent à y remplacer les stūpas, que ce soit dans les grandes cellas allongées à deux fins (un stade intermédiaire montre la statue adossée au stūpa) ou dans celles du type plus habituel. Cette adoption du temple va de pair avec celle de pratiques très proches de celles des établissements brahmaniques. Ce dernier phénomène très sensible à l'origine sans doute dans les milieux mahāyāniques, s'est généralisé : de nos jours encore le visiteur du temple où est conservée une dent du Buddha à Kandy a la surprise d'assister à des cérémonies difficiles à distinguer de celles qui se déroulent dans le temple hindou voisin.

En Inde même, le témoin plus connu de ces monuments bouddhiques est le temple dit « de la Mahābodhi ». Érigé à Bodhgaya vers le début du VIe siècle de notre ère sur les lieux de l'éveil du Buddha, il y remplace sans doute le dispositif hypèthre antérieur (p. 42-43) et il a été maintes fois restauré et transformé. L'édifice actuel qui fait plus de 50 mètres de haut possède une superstructure en tronc de pyramide aux directrices verticales très caractéristiques. Il en existe des copies approximatives en Thaïlande et en Birmanie, et certains temples actuellement ruinés du grand site bouddhique de Nalanda (Bihar) relevaient sans doute du même modèle[3].

Lorsque le temple indien passe en Asie centrale (IIIe s. de notre ère.) puis en Asie du Sud-Est (vers les Ve-VIe s.) son adoption par le bouddhisme est un fait établi. En Asie centrale il est souvent occupé par un stūpa et il est marqué par des traditions techniques iraniennes et régionales :

3. Krishna Deva *in* Meister & Dhaky, 1988.

aux premières il doit en particulier l'utilisation fréquente de voûtes ou coupoles ; quant aux traditions régionales, elles se manifestent par l'utilisation systématique de la brique crue ou du pisé, ce qui se traduit par des murs d'une épaisseur impressionnante, la présence fréquente d'armatures de bois et enfin l'importance donnée à la statuaire de terre et aux peintures murales[4].

En Asie du Sud-Est les choses sont différentes mais varient d'une région à l'autre. Le Cambodge et le Champa ont pour ainsi dire ignoré le stūpa jusqu'au XVe siècle et leur architecture bouddhique se limite jusqu'à cette date à des temples que seule l'iconographie permet de distinguer des monuments brahmaniques. Simultanément l'Indonésie qui n'ignore pas le stūpa – témoin Borobudur remarquable mais loin d'être unique – le marie au temple dans des superstructures comme à Candi Sewu, Candi Kalasan, Candi Plaosan, etc. Quant à la Birmanie, elle systématise de diverses manières ce genre de combinaison, en particulier à Pagan, mais toujours dans le cadre d'un bouddhisme theravādin contrairement à l'Indonésie où le Mahāyāna prévaut. En Thaïlande la période post angkorienne voit se développer à côté des grandes salles de culte à double fonction, de nouvelles formes dont la plus courante est le *prang* qui, déjà mentionné, donne au stūpa une forme dérivée de l'interprétation khmère du temple indien (voir aussi p. 118) ; d'autres temples, comme celui de Wat si Chum à Sukhotai, ont une cella surmontée par une superstructure à faux-étages très étirée en hauteur qui les rapproche d'autant plus de la pagode chinoise qu'elle aussi est pourvue d'un

4. Franz, 1979.

escalier intérieur, bel itinéraire de méditation ascensionnel puisque son plafond est décoré d'images pieuses[5].

Les voyages du temple à travers l'Inde

Apparu en Inde du Nord, on l'a dit, vers le IVe siècle avant notre ère, le temple met un peu moins d'un demi-millénaire à s'établir durablement dans l'ensemble du sous-continent indien et ce, dans le cadre d'écoles régionales bien caractérisées. Le phénomène peut être considéré comme arrivé à son terme lorsque, vers le Ve siècle de notre ère, il commence à s'établir de la même manière outre-mer. Précisons tout de suite que cette chronologie est approximative et que de plus, s'agissant des voyages du temple, elle concerne l'apparition d'une architecture en forme identifiable et non pas celle du fait religieux qui la suscite qui peut être bien antérieur. Cette diffusion du temple à travers l'Inde est loin, d'ailleurs, de se faire de façon linéaire. Si elle suit celle des doctrines religieuses, elle s'inscrit également dans des contextes régionaux très divers où interfèrent plusieurs facteurs politiques, techniques ou autres.

Les échanges régionaux

On reprendra ici le cas d'un des lieux d'échange privilégiés de la géographie historique de l'Inde, l'axe que constituent la Krishna et son affluent la Tungabhadra et qui coupe d'ouest en est la péninsule en son milieu[6]. Les Cālukya qui

5. Voir dans Skilling, 2008, la restitution proposée pour Wat Si Chum par Pierre Pichard et nos remarques dans *Aséanie,* t. 23 (2009).

6. Dagens, 1993.

vers 540-550 ont installé leur capitale entre les deux fleuves à Badami (Karnataka) se heurtent à partir du début du VIIe siècle aux Pallava de Kancipuram qui, eux, contrôlent la zone au sud de la Krishna. L'architecture des Cālukya a la singularité de faire coexister la superstructure curvilinéaire qui ne descendra pas plus au sud et celle à faux-étages, qu'ils partagent avec le monde pallava, mais les rapports initiaux entre leurs interprétations respectives sont de cousinage et non de filiation, et supposent tout au plus un ancêtre commun. Les choses se compliquent cependant lorsque, le monarque cālukya ayant occupé quelque temps Kancipuram, capitale des Pallava, une de ses reines construit dans sa capitale, Pattadakal, un temple visiblement inspiré du Kailāsanātha de Kancipuram dont il dépasse les dimensions ; de plus, et c'est sans doute le plus important, ce temple, le Virūpākṣa, est marqué par un infléchissement des proportions des faux-étages et de l'interprétation du parti hypostyle par rapport aux précédentes productions cālukya puisque dans les deux cas on se rapproche du modèle pallava. Cette transformation symboliquement intéressante, puisqu'elle souligne une véritable « annexion » de ce modèle, est définitive et les nouvelles caractéristiques se retrouveront dans tous les avatars ultérieurs de la superstructure à faux-étages chez les successeurs des Cālukya que ce soit à la fin du VIIIe siècle, au nord de l'axe Krishna-Tungabhadra (*e. g.* le Kailāsanātha d'Ellora) ou, plus tard, sur cet axe en Andhra Pradesh à l'époque de Vijayanagar lorsqu'il s'agit d'affirmer la tradition hindoue en face de l'Islam conquérant.

Pour intéressante qu'elle soit, cette rencontre de deux traditions régionales ne permet pas cependant de remonter à la source de la superstructure à faux-étages ni non plus à celle du parti hypostyle qui à ce stade là l'accompagne assez systématiquement, même s'il est moins fortement articulé chez les Cālukya que dans le modèle pallava. Nous avions été frappé précédemment par le fait que les architectes-sculpteurs du pays pallava semblaient avoir voulu faire disparaître la pierre sous le bois ; on peut se demander si la raison n'en serait pas une plus grande proximité chronologique du modèle en bois supposé, mais la chose reste très hypothétique ; quant à la composition à faux-étages, l'idée d'y voir sa première expression dans certains édifices actuellement ruinés de l'Inde centrale (p. 109) reste, elle aussi, du domaine de l'hypothèse et elle n'apporte rien de nouveau sur le fait que son succès reste exclusivement méridional et ultramarin.

L'adaptation au milieu

L'adaptation du temple à un environnement géographique particulier est un autre phénomène notable dont le Kerala et le Népal offrent de beaux exemples. Le premier, pays de pluies torrentielles mais riche en bois de charpente, introduit en quelque sorte le bois dans une architecture qui feint d'être construite avec ce matériau et qui ne renoncera pas pour cela à ce déguisement. Le temple suit le parti pseudo-hypostyle et à faux-étage(s) emprunté au Tamilnad voisin, mais il est pourvu d'un toit charpenté enveloppant toute la structure (fig. 57) ou d'un toit coiffant l'attique (ou le faux-étage supérieur) complété par un toit en appentis largement débordant au niveau de l'entablement (voir la version népalaise du dispositif, fig. 58). À l'intérieur plusieurs solutions sont adoptées : la cella peut être pourvue d'un plafond en pierre ou en bois ou directement couverte par le comble charpenté. De plus un mur rideau ou une paroi en bois viennent généralement supporter la rive du toit enveloppant et déterminent ainsi un déambulatoire hors-œuvre.

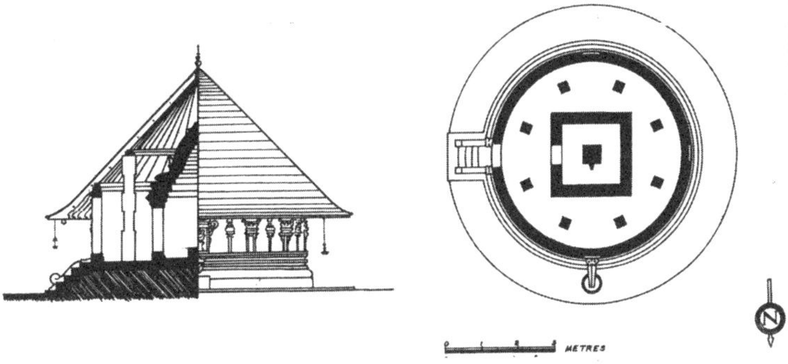

Fig. 57. Temple de Śiva à Mitranandapuram (Trivandrum, Kerala, XIIe s.) (Rajan, 1974). Une rangée intermédiaire de piliers soutient à mi-longueur les chevrons du toit enveloppant qui reposent plus bas sur le mur périphérique.

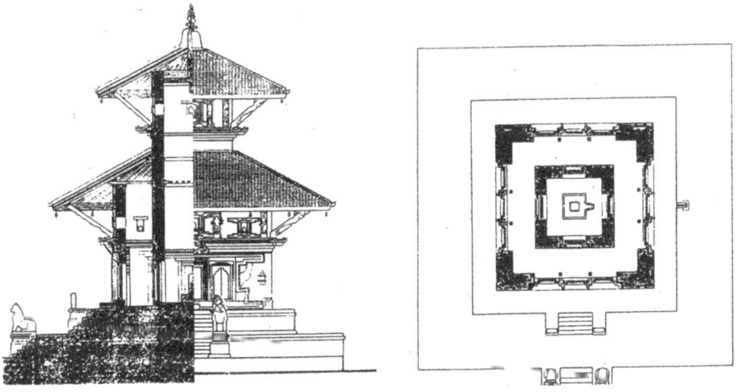

Fig. 58. Temple de Car Narayan à Patan (Népal) (recomposé d'après Juramie, 2001). Remarquer les longs aisseliers qui supportent les rives des toits.

Au Népal, on retrouve une interprétation de la composition à faux-étages qui n'est pas sans rappeler ce que l'on voit au Kerala ; la place du bois est cependant beaucoup plus importante dans l'habillage des façades ; de plus si la structure à déambulatoire hors-œuvre est assez simple, en revanche les toits très largement débordants ont entraîné la mise en place d'aisseliers qui sont de remarquables supports d'iconographie[7]. Une autre singularité du Népal est la multiplicité des aspects qu'y revêt le temple indien[8] : on note en particulier des variations sur la superstructure curvilinéaire basées sur un modèle indien du nord assez banal, mais qui se singularise par le toit charpenté venant à l'occasion coiffer cette superstructure.

Les voyages hors de l'Inde et le problème des vecteurs

À date ancienne, les voyages du temple hors de l'Inde se sont dirigés essentiellement vers l'Asie centrale et vers l'Asie du Sud-Est. On ne reviendra pas sur le cas de l'Asie centrale déjà abordé à propos du bouddhisme. En revanche, on s'attardera sur l'Asie du Sud-Est où le temple indien est connu à travers les versions autochtones qui apparaissent à partir du VIe siècle en divers pays de la région ; les interprétations originales qu'elles nous en donnent présupposent une préhistoire dont les témoignages directs manquent.

Que peut devenir le temple indien en Asie du Sud-Est ?

On peut dire qu'il y a en Asie du Sud-Est trois grandes catégories de temples « indiens » anciens, catégories au demeurant très inégalement représentées. La plus répandue et de loin concerne les produits parfaitement développés des différentes écoles autochtones, produits dont on peut dire qu'ils sont aussi conformes à la norme indienne qu'impensables en Inde. La seconde catégorie se réfère de façon

7. Juramie, 2001.
8. *Ibid.*, vol. 2 *passim.*

plus affirmée à des modèles indiens plus ou moins identifiables mais elle en offre cependant une forme déjà partiellement renouvelée ; on peut penser en particulier aux essais sans lendemain de superstructure à degrés sur des édifices qui sont parmi les premiers temples à l'indienne connus au Cambodge (ci-dessus, p. 113).

Enfin la troisième catégorie témoigne peut-être de ce qu'a été la préhistoire du temple indien en Asie du Sud-Est. On la rencontre par exemple, dans ces établissements de la région du Sud Kedah (Malaysia) étudiés par Michel Jacq-Hergoualc'h qui les a baptisés « ports entrepôts »[9]. Installés sur des cours d'eau à proximité de la côte, ils avaient pour seule raison d'être le commerce ; contrôlés par des élites autochtones non indianisées, ils étaient fréquentés par des marchands étrangers au nombre desquels des Indiens de religion brahmanique ou bouddhique. Les temples « indiens » destinés à ces derniers et souvent installés à l'écart étaient des constructions sommaires, dont il ne reste aujourd'hui, dans la plupart des cas, qu'un soubassement mouluré en briques ou en latérite. Différents indices cependant laissent supposer que les murs qui se dressaient sur ces soubassements étaient pourvus d'une armature en bois maintenant un blocage ou une maçonnerie du même genre ; quant à leur obédience – brahmanique ou bouddhique – c'est le contexte archéologique (statues, inscriptions ou autres) qui permet de l'établir. On a émis l'hypothèse que des spécialistes chargés d'y assurer le culte avaient dû aussi en surveiller la construction[10], la chose est possible ;

9. Jacq-Hergoualc'h, 1992.
10. *Ibid.*

cela étant, ces monuments semblent surtout correspondre à des commandes passées à des bâtisseurs locaux par des étrangers qui, installés pour quelque temps dans la région, étaient désireux d'y pratiquer leur foi dans des lieux de culte appropriés. Leurs exigences étaient très probablement limitées au respect des quelques règles qui faisaient que la construction permettait d'accomplir le culte, ce pour quoi l'intervention d'un officiant n'était peut être pas inutile. En revanche, la transmission des formes paraît s'être limitée à ce côté utilitaire ; rien n'indique en particulier qu'un technicien indien du bâtiment ait eu son mot à dire pour imposer des formes indiennes.

L'intérêt de cette troisième catégorie est donc de montrer ce qu'aurait pu être le temple indien en Asie du Sud-Est s'il en était resté au stade de l'édifice commandé à un artisan du cru par un étranger – un Indien –, en d'autres termes s'il n'y avait pas eu cette extraordinaire alchimie par laquelle le « modèle indien » arrivé en Asie du Sud-Est y a été réinventé au contact de chacun des différents ensembles culturels qui l'ont accueilli. L'un des facteurs de cette réinvention est que le commanditaire n'est plus un marchand indien, mais bien un autochtone qui a fait sienne une religion indienne en l'intégrant à son propre mode de pensée ; ce qu'il veut obtenir c'est un temple qui réponde autant que possible au modèle propre à cette religion et qui, simultanément, est « beau » à ses yeux, nécessité qui va de soi nous l'avons vu.

Il n'est pas question ici de tenter d'expliquer dans le détail le fonctionnement de cette alchimie mais plutôt de voir comment ont été réunies les conditions pour qu'elle puisse se déclencher, en d'autres termes quels ont été les vecteurs du modèle qui va être à la base de la réinvention. Pour traiter de cela, nous reprendrons en les complétant ou en les rectifiant à l'occasion les conclusions d'une étude à laquelle nous avons déjà fait allusion, en particulier à propos des pavillons d'entrée[11].

Architectes ou traités voyageurs ?

Quand on s'interroge sur l'origine des temples des dieux indiens que l'on rencontre en Asie du Sud-Est, la réponse la plus simple est que leur architecture est fondée sur celle de temples construits par des architectes indiens. On a déjà souligné que, de nos jours, la diaspora indienne fait souvent appel à des spécialistes de la métropole et l'on peut penser que les marchands indiens des premiers siècles de l'ère chrétienne ont agi de même dès que leur nombre s'est accru et que leur séjour a tendu à se pérenniser. Les temples ainsi construits auraient ensuite servi de modèles initiaux aux architectes autochtones pour bâtir des « temples indiens », progressivement émancipés par la prise en compte des données régionales – religieuses, esthétiques et techniques. On aurait eu un phénomène analogue à ce qui s'est passé pour la paléographie : en effet les écritures « indigènes » utilisées en Asie du Sud-Est sont toutes dérivées d'écritures indiennes transformées et adaptées pour être à même de transcrire aussi bien le sanskrit que la langue locale qui ne relève jamais de la famille indo-aryenne.

Si ce processus est parfaitement possible, il nous est apparu cependant qu'il ne permettait pas de rendre compte de certaines caractéristiques des temples indiens d'Asie du Sud-Est que nous avions dégagées à propos du Cambodge et retrouvées ailleurs. Il apparaissait en particulier qu'il y

11. Dagens, 1994.

avait derrière ces temples khmers (ou autres) une sorte de modèle idéal dans sa perfection qui ne pouvait se réduire à l'adaptation locale d'un temple construit par un Indien. En revanche ce modèle idéal pouvait éventuellement se retrouver dans ces traités normatifs que nous avons présentés au début de ce travail ; on a vu qu'ils donnent du temple une théorie qui, à la fois simplificatrice et unificatrice, peut fournir une belle base à un tel modèle idéal.

Lancée à partir de cette hypothèse, l'étude du cas particulier des pavillons d'entrée nous a montré que le parti en apparence aberrant suivi par les Khmers, qui faisaient de ces portes monumentales des chapelles, pouvait s'expliquer par une *interprétation littérale* de données théoriques contenues dans des traités indiens ; ces derniers utilisent en effet systématiquement la nomenclature appliquée normalement aux temples pour décrire ces pavillons d'entrée dont ils disent qu'ils doivent être « comme des temples » : ainsi des termes s'appliquant normalement à la cella (*nālīgṛha*, *garbhagṛha*) désignent le passage traversant le pavillon d'entrée, ce qui, combiné avec l'injonction que nous venons d'indiquer, a conduit les Khmers à transformer ce passage en cella et à prévoir souvent deux circulations latérales, très certainement pour permettre de pénétrer dans l'enceinte en contournant la cella (comme par exemple à Thommanon, fig. 59/B). Cette possibilité de contournement est obtenue parfois aussi par une porte percée dans le mur à côté du pavillon d'entrée, mais il arrive fréquemment qu'elle n'existe pas.

Cette interprétation littérale n'a rien de surprenant, elle était tout à fait dans la lignée d'une tendance à traduire de façon très concrète des concepts indiens très abstraits, tendance qui est très répandue en Asie du Sud-Est. Nous en

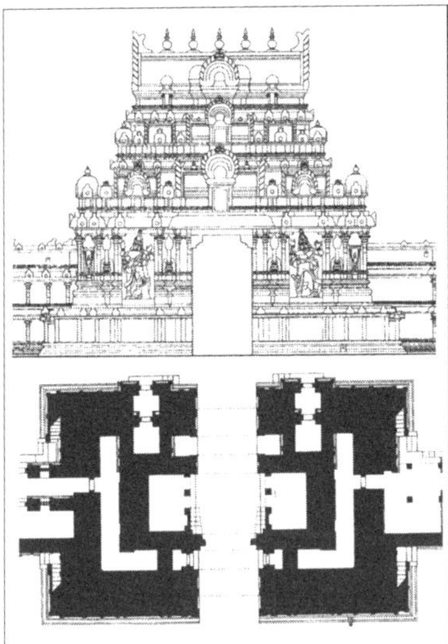

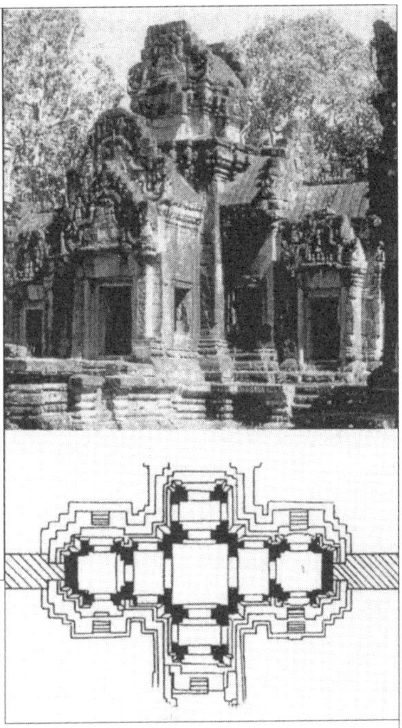

Fig. 59. Pavillons d'entrée de Tanjore (à gauche) et de Thommanon (à droite) (Pichard, 1995 ; Dumarçay, 1988). Le passage central du pavillon d'entrée de Tanjore est fermé par une seule porte, alors que celui de Thommanon (Angkor, XIIe s.) possède une porte et un porche à chaque extrémité ainsi que deux portes latérales qui conduisent aux ailes où se trouvent les passages latéraux permettant d'éviter la cella. La superstructure du pavillon de Thommanon est un dispositif simple à toit à double pente alors qu'à Tanjore elle est vraiment « comme celle d'un temple » (qui serait barlong).

avons déjà donné quelques exemples en passant dans les chapitres précédents ; on ajoutera ici celui des stūpas ajourés contenant une statue de Buddha que l'on voit à Borobudur, composition qui n'est rien d'autre que la manifestation matérielle de l'identité du Buddha et du stūpa. Ajoutons enfin que l'idée d'un passage de l'abstrait au concret est, à notre avis, d'autant plus adaptée à l'hypothèse de l'utilisation des traités que ceux-ci ne sont pas illustrés mais qu'ils supposent, pour être intelligibles, une interprétation graphique par leurs lecteurs (ils insistent d'ailleurs eux mêmes lourdement sur la nécessaire connaissance de la technique du dessin par l'architecte)[12].

Cette hypothèse suppose naturellement que l'on ait l'assurance que ces traités ont été connus et utilisés en Asie du Sud-Est. Si l'on ne dispose pas jusqu'à présent de référence à un traité donné ni même de renvoi direct aux enseignements de ces textes, on dispose en revanche d'allusions précises même si elles sont souvent absconses à l'emploi de procédés techniques : ces allusions ne sont intelligibles que par référence aux méthodes exposées dans les traités. C'est ainsi qu'une inscription sanskrite du Cambodge organise un terrain destiné à l'implantation d'un temple se référant à un diagramme à 81 cases ; il s'agit là de la méthode classique dans la tradition normative indienne[13].

Cela étant, il est évident que les traités n'expliquent pas toutes les parentés très directes qui existent entre les temples de l'Inde et ceux d'outre-mer. Certaines « mises à jour » du temple indien ont sans doute leur origine dans la venue d'un de ces savants « brahmanes indiens » dont nous parlent les inscriptions : c'est sans doute le cas de ces innovations qui marquent Banteay Srei et qui concernent aussi bien l'iconographie du temple que l'organisation du sanctuaire (p. 156 et 158). Il y a également les cas des techniques de construction, dont, répétons-le, les traités ne parlent guère et qui n'en ont pas moins voyagé à travers l'Asie. La

12. Les manuscrits illustrés d'élévations (etc.) apparus dans les années 1960 en Orissa sont récents ou même très récents comme les textes qu'ils contiennent (*Śilpaprakāśa*, etc.) et ne peuvent être considérés comme représentatifs d'une tradition de textes illustrés dont ils seraient d'ailleurs les seuls témoins.

13. Voir ci-dessus p. 146-147 et pour l'interprétation de l'inscription K.567, Provost-Roche, 2009, chap. 2.

démonstration qu'avait faite autrefois Jacques Dumarçay à propos de l'emploi d'un coin pour serrer les assises est très significative à cet égard. En effet cette technique est partie au courant du VIIIe siècle de Ceylan vers Java où elle s'est transformée au contact de procédés venus de l'Inde du Sud ; elle est ensuite repartie de Java vers le Cambodge et l'Inde du Sud où, ainsi renouvelée, elle est employée systématiquement par les constructeurs des grands temples du XIe siècle, ceux de Tanjore et de Gangaikondacolapuram[14]. On peut s'interroger sur une autre technique, celle de l'encorbellement dont l'universalité va de pair avec l'absence de toute allusion dans les traités et dont il paraît difficile qu'elle n'ait pas elle aussi circulé à travers l'Asie.

Certains de ces voyages d'idées, de formes ou de techniques, laissent l'Inde entièrement de côté. On pense en particulier à ceux qui se traduisent par des échanges entre l'Indonésie et l'Asie du Sud-Est continentale. Tout n'est pas clair de ce côté-là d'ailleurs, spécialement en ce qui concerne Java et le Cambodge à la fin du VIIIe et au début du IXe siècle : il est très probable que l'évolution des modes de stockage d'eau au Cambodge comme l'établissement du schéma initial du temple-montagne fassent appel à des modèles javanais mais le contexte historique dans lequel se seraient fait les transferts est très incertain. En ce qui concerne Java et le Champa on doit sans doute certains de ces transferts à la présence d'escales sur la route maritime reliant l'Indonésie à la Chine.

14. Dumarçay, 1976.

Voyages imaginaires et autres

Fantaisies archéologiques

Si le temple indien a beaucoup voyagé, on lui a prêté quelques voyages imaginaires, comme on en a prêté aussi aux modèles qu'on lui supposait. Les présupposés des hypothèses faites à ce sujet ne sont pas toujours de bonne foi, l'aspect scientifique de la démonstration – même lorsqu'il est affirmé – est parfois sujet à caution par suite du peu de valeur des documents utilisés ou des problèmes de chronologie que soulève l'hypothèse.

L'un des voyages imaginaires les plus classiques conduit le temple indien en Amérique centrale : à l'occasion, certains nationalistes culturels n'hésitent pas à faire appel aux temples-montagnes de l'Asie du Sud-Est – elle n'est pour eux que la « Greater India » – et trouvent un modèle indien aux pyramides mexicaines. Moins lointaine et moins ambitieuse, l'hypothèse d'un chercheur reconnu voulait reconnaître des formes indiennes dans deux petits monuments rupestres de Petra ; comme l'a montré G.R.H. Wright, la démonstration, tout en rapprochant de modèles indiens des VIe ou VIIe siècles leurs prétendues copies nabatéennes du IIIe siècle, reposait sur des photographies particulièrement floues de ces monuments nabatéens qui appartiennent d'ailleurs à une série bien connue dans la région[15].

Quelques années auparavant Hermann Goetz, l'inventeur de ces temples indiens de Petra avait publié un long article où, mêlant retenue prudente et affirmations

15. Wright, 1978.

péremptoires, il développait l'idée de l'imitation et de l'absorption indiennes de l'art hellénistico-romain en Inde (pour paraphraser un sous-titre de son texte)[16]. Sans entrer dans le détail de sa démonstration on notera que pour l'architecture il s'appuie sur les supposés temples à toit plat (ci-dessus, p. 100), la rupture avec le modèle « gréco-romain » aurait eu lieu, selon lui, au Vᵉ siècle avec l'apparition de la superstructure curvilinéaire à propos de laquelle il ajoute : « là encore une idée étrangère : la ziggurat babylonienne, réinterprétée à l'indienne ». Avec cet article, nous passons, bien que Goetz s'en défende à ce que j'appellerai les « voyages axiomatiques », liés à la quête systématique de l'origine des formes hors de l'Inde (ou de l'Asie du Sud-Est), quête motivée par le postulat de l'incapacité à produire des formes originales attribuées à ces deux régions. Ce genre d'attitude a été longtemps classique à propos de l'Inde, j'ai eu l'occasion de raconter ailleurs comment John Irwin avait su écarter les modèles axiomatiques – achéménide ou hellénistiques – des piliers libres de la vallée du Gange – première manifestation architecturale inspirée par l'indianité – au profit d'une origine indienne aussi simple qu'évidente[17]. Pour l'Asie du Sud-Est, si la préhistoire de sa connaissance en fournit de bons exemples avec les multiples origines qui ont été proposées par les voyageurs des XVIᵉ et XVIIᵉ siècles pour l'architecture angkorienne – alexandrine, romaine, juive de Chine et autres – les choses se sont ensuite concentrées sur l'évaluation des rapports avec l'Inde dont la réalité a

16. Goetz, 1959.
17. Dagens, 1993.

été posée dès les années 1860 par le géographe Bastian et reprise rapidement par Ferguson[18], mais soulève d'autres questions (ci-dessus).

Gustave Moreau et le regard du dieu

Il existe une dernière catégorie de voyages imaginaires du temple, que l'on placera si l'on veut dans le domaine du rêve. Le premier de ces voyages est celui qu'auraient pu faire les fragments d'un temple indien de Goa si Julien de Médicis avait répondu aux propositions d'un facteur florentin qui semble avoir été un homme de goût[19].

Un autre plus récent est celui qu'organise Gustave Moreau dans son *Triomphe d'Alexandre* : comme dans la tradition alexandrine, l'Inde occupe la place centrale, figurée ici par une complexe pyramide de temples (deux siècles plus tôt lorsque Charles Le Brun avait peint la *Rencontre avec Porus*, l'Inde se limitait à l'éléphant du roi blessé). Le choix et la disposition des images sont subtils. Les temples et statues figurés appartiennent au nord de l'Inde et au Karnataka : une superstructure de Khajuraho domine la composition, un stūpa rupestre d'Ajanta apparaît à mi-hauteur et le colosse jaïn de Sravanabelgola se dresse sur le côté. Le plus extraordinaire est cependant au centre de la composition : Moreau y a figuré une porte, avec, devant elle au bas de quelques marches, ce qui semble un bassin miroir. Dans le cadre de cette porte apparaît tout au fond et en pleine lumière une seconde porte dans l'embrasure de laquelle se voit une statue. C'est une image saisissante du spectacle du temple que cet axe qui, en enfilade à travers la porte

18. Dagens, 2005b.
19. Mitter, 1977, p. 34.

du sanctuaire puis celle de la cella, conduit droit au dieu pour en croiser le regard. Gustave Moreau semble avoir saisi là – mais comment ? – un des traits majeurs du temple indien qu'il ne connaissait qu'à travers quelques photographies.

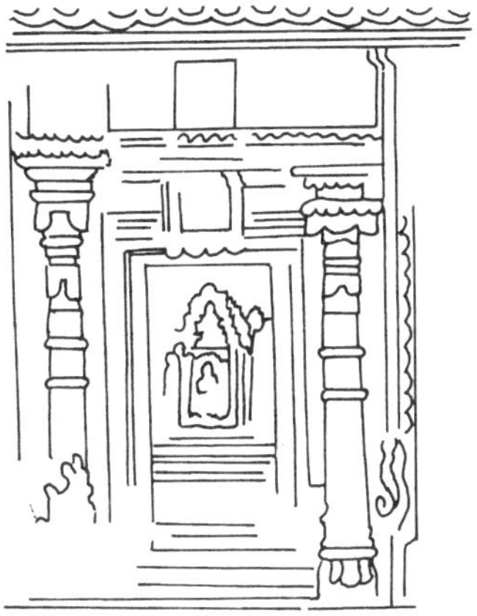

Fig. 60. Gustave Moreau : Triomphe d'Alexandre (détail de la partie centrale selon un dessin de Jacques Dumarçay). Le probable bassin de réflexion dont nous parlons dans notre texte se trouve au pied des marches du premier plan. La première porte (celle du sanctuaire) a un décor très classique emprunté certainement à une photographie.

Rêve et politique

Enfin j'aurais tendance à rattacher au domaine onirique les voyages très politiques que les puissances coloniales font faire aux différents temples indiens dès la fin du XIXe siècle et jusqu'à la seconde guerre mondiale. L'Angkor Vat de l'exposition coloniale de Paris (repris de celle de Marseille) est bien connu, mais le pavillon de l'Inde de l'Exposition Universelle de 1900 à Paris n'est pas moins significatif avec son extraordinaire superstructure curvilinéaire inspirée de celles de Khajuraho[20]. Dans les deux cas, tout est fait pour que la « colonie » dont les produits sont présentés dans le temple soit identifiée à ce dernier, belle affiche engageant au voyage, ou tout au moins au rêve.

20. Mitter, 1977, fig. 119.

Conclusion

Connaissance du temple

On l'a déjà dit, le temple indien est par certains côtés resté toujours très étranger à l'Occident : objet de curiosité parfois admirative ou d'étude (éventuellement intéressée chez les missionnaires), il n'a jamais été un modèle de référence tandis que sa descendance occidentale est pour ainsi dire inexistante si on laisse de côté les quelques temples établis par la diaspora à son usage propre. Curieusement d'ailleurs dans les ouvrages de guéridon dont l'Europe du XIXe siècle raffole, l'Inde est plus souvent représentée par ses mosquées que par ses temples. En fait l'approche du temple par le monde occidental a été lente et n'a vraiment débuté que lorsqu'on a commencé dans le courant de ce même XIXe siècle à l'envisager dans une optique bilingue avec l'aide des traités qui nous ont souvent servi de guide ici. Le second stade important, une fois posé le principe que le temple était le fruit d'un art architectural parfaitement mûri, a été de le replacer dans son contexte idéologique. Enfin il a fallu étendre cette remise en scène au monde social et en faire en définitive comme une sorte de miroir global.

De Philostrate à Nikitine

L'une des premières « descriptions » occidentales de temples de l'Inde est celle que nous donne Philostrate (IIe-IIIe s.)

dans son récit de la visite qu'Apollonius de Tyane aurait faite à Taxila au Ier siècle de notre ère. Précisons tout de suite que tout est sujet à caution ici, qu'il s'agisse de l'historicité du récit ou de l'identification du premier temple « décrit » qui n'est plus aussi certaine qu'on le disait autrefois ; quoi qu'il en soit ce temple aurait eu cent pieds de long et possédé une petite cella (*νεώς*) décorée de plaques de bronze illustrant les hauts faits d'Alexandre et de Porus (*Vie d'Apollonius de Tyane*, II.20.2). Philostrate parle également d'un autre temple dédié au Soleil dont l'image de culte était en nacre et avait la forme symbolique (*ξυμβολικόν τρόπον*) « que les barbares donnent à leurs objets saints » (*ibid.* II.24.1). Avouons que c'est peu de choses, les deux seuls détails à la rigueur intéressants étant la petite taille de la cella et la forme symbolique de l'objet de culte.

À la fin de l'Antiquité et au Moyen-Âge, il semble que les voyageurs s'intéressent moins aux temples des dieux indiens qu'à leurs statues qu'ils trouvent monstrueuses (c'est-à-dire diaboliques) ou à des pratiques qu'ils jugent fanatiques (ainsi Odoric de Pordenone déjà cité à propos de la fête du char) ; cependant Elephanta et les autres temples rupestres de la région de Bombay attirent l'attention ; les descriptions qui se multiplient au XVIe siècle[1], s'attachent beaucoup plus à ces monuments rupestres abandonnés qu'aux temples bien vivants. Quelques exceptions cependant : ainsi les visiteurs portugais de Vijayanagar au début du XVIe siècle voient des temples polychromes dans cette capitale alors à son apogée ; c'est aussi un temple bien vivant que visite le russe Athanase Nikitine à Śrīśailam (qu'il

1. Mitter, 1977.

appelle Parvata, la « montagne », synonyme de « śailam ») et il emploie à son sujet le mot persan de *butkhâna* (« maison des idoles »), terme déprécatif appliqué classiquement par les musulmans aux monuments hindous ou bouddhiques, vivants ou abandonnés.

Missionnaires et architectes

Au XVIIe siècle, Abraham Roger, missionnaire hollandais installé au nord de Madras, nous donne ce qui est sans doute une des premières présentations raisonnées du temple indien (qu'il appelle souvent « pagode » comme nombre de voyageurs de son temps) et de son fonctionnement[2] :

> Les temples sont, selon les brahmanes, « des maisons de Dieu où ils croient qu'il habite ». Situé au milieu d'une cour fermée par un mur avec des « tours » (certainement des pavillons d'entrée), le temple est entouré de « petites pagodes », nos chapelles, à propos desquelles Roger énumère les assesseurs de Viṣṇu et de Śiva. Le temple lui-même est nous, dit-il, organisé en trois parties : la première est un pavillon ouvert où « tous » sont admis, la seconde un pavillon fermé dont les « brahmanes » se réservent l'usage et la troisième est la cella où se trouve la statue de Viṣṇu ou le Liṅga de Śiva. Par respect, l'entrée dans l'enceinte doit se faire pieds nus et les épaules couvertes ; elle est interdite aux hors castes qui « pollueraient par leur impureté les brahmanes et aussi le temple ». La hiérarchie sociale se traduit également dans l'importance des dons que les différentes castes sont censées faire au temple.

Ce genre d'étude où l'architecture passe au rang d'accessoire utilitaire des pratiques religieuses n'a finalement

2. Roger, 1670.

qu'un succès limité. Le XVIIIe siècle voit, en revanche, la multiplication des images et descriptions, il est aussi marqué par le pittoresque qui va nourrir les vues romantiques et qui atteint son sommet avec les magnifiques aquatintes des frères Daniell publiées à partir de la fin du siècle[3].

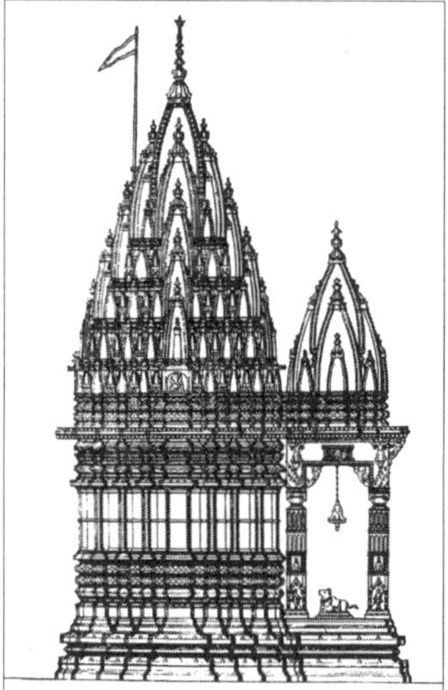

Fig. 61. Dessin de James Prinsep (1831) inspiré du temple de Viśveśvara à Bénarès (d'après Joshi, 1983) (sur ce type de superstructure curvilinéaire inspiré du gothique voir ci-dessus, p. 116)

Vers 1830, l'architecture du temple devient un réel sujet d'étude et les deux premiers qui s'y livrent le font en s'aidant des traités indiens d'architecture. Le premier travail paru – *Benares illustrated*, Calcutta 1831 – est dû à James Prinsep, employé de la Monnaie de Calcutta, dont les remarquables travaux épigraphiques publiés quelques années plus tard ont fait oublier les recherches sur l'architecture indienne, remises en lumière à la fin du XXe siècle par l'article de M. C. Joshi[4] que nous utilisons ici. Dans ce travail pionnier consacré à des monuments de Bénarès (souvent d'inspiration bengalie) Prinsep parle des traités normatifs (« Silp-Shastra ») : selon lui les artisans-bâtisseurs (« head Masons ») ont généralement reçu en héritage des dessins – plans et élévations – et

3. *E. g.* Archer, 1980.
4. M. C. Joshi, 1983.

des extraits de ces traités, les uns et les autres fort difficiles à comprendre ; il note également que certains artisans font appel à des éléments propres à l'architecture musulmane et souligne par ailleurs l'utilisation des diagrammes pour l'implantation des édifices ; enfin il illustre son étude de dessins de temples contemporains et y désigne certains éléments architecturaux à l'aide d'une nomenclature sanskrito-bengalie recueillie auprès de praticiens locaux (fig. 61).

Ram Raz ou le pont entre les architectures

Rapidement oublié, semble-t-il, le travail de Prinsep reposait de plus sur un corpus de textes techniques limité, sans aucune mesure avec celui qu'exploite à peu près au même moment Ram Raz. Son ouvrage – *Essay on the Architecture of the Hindus*, publié à titre posthume en 1834 à Londres par la Royal Asiatic Society – a un autre retentissement et il apparaît comme le premier essai réussi pour établir, à travers le vocabulaire, un pont entre les architectures indienne et occidentale.

L'homme lui-même est un lettré qui a exercé différentes fonctions administratives dont en dernier lieu celle de « juge indigène » à Bangalore. Il maîtrise le sanskrit, le tamoul et aussi l'anglais ; sur ce dernier point il n'est pas impossible cependant que la participation de ses amis anglais à son ouvrage soit plus importante que cela n'est dit dans la préface du livre, ce qui n'ôte rien à la valeur d'un travail qui, première étude bilingue sur le temple, est par certains points presque définitif. Ram Raz a utilisé plusieurs traités sanskrits, tous originaires de l'Inde du Sud, et, en particulier, le *Mānasāra*, un gros ouvrage attribuable à l'époque de Vijayanagar dont il traduit de longs passages (une traduction complète en sera donnée au XXe siècle par P. K. Acharya).

Fig. 62. Dessins de Ram Raz (1834) : temples à un et deux paliers.
À gauche un temple à un seul palier avec corps carré et ensemble sommital (attique/toit et motif de couronnement) circulaire.
À droite il s'agit du temple central du sanctuaire de Viṣṇu à Srirangam : son toit elliptique porte quatre motifs de couronnement alignés sur une pseudo-faîtière (la cella qui contient une image de Viṣṇu couché est circulaire).

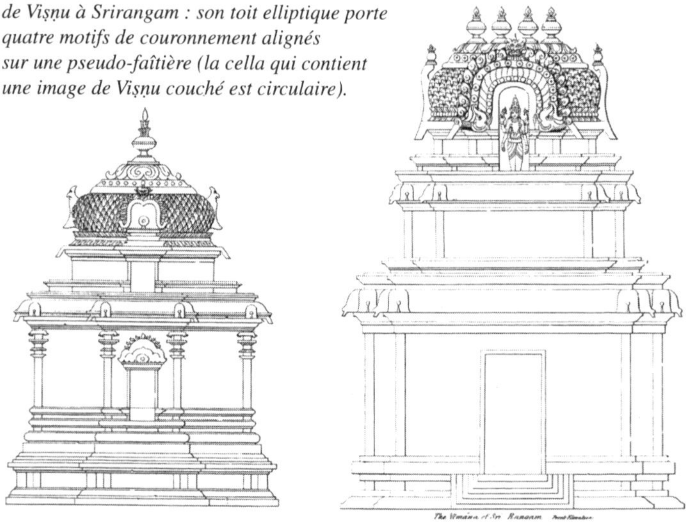

Il a également consulté des architectes traditionnels, comme le faisait Prinsep au même moment. Son ouvrage est illustré de dessins d'ensembles moulurés exécutés à partir des descriptions chiffrées fournies par le *Mānasāra* mais visiblement inspirés de monuments existants (notre fig. 63) ; d'autres illustrations figurent des édifices dont certains sont identifiés dans les légendes comme par exemple le temple central de Srirangam (notre fig. 62) ou encore le sanctuaire de Tiruvarur (situé à l'est de Tanjore) dont sont donnés un plan et surtout une belle vue cavalière (ci-dessus, fig. 40, p. 165).

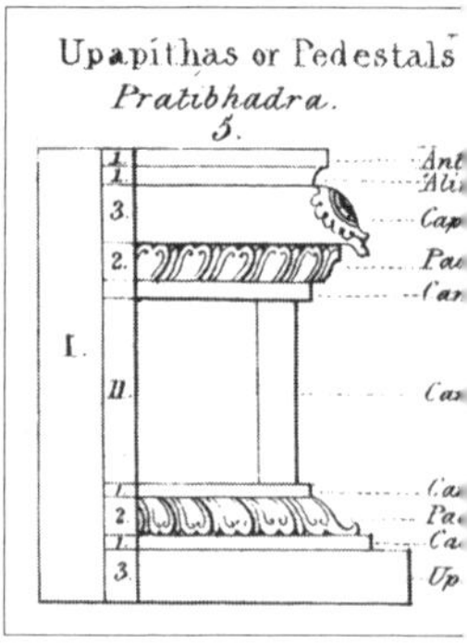

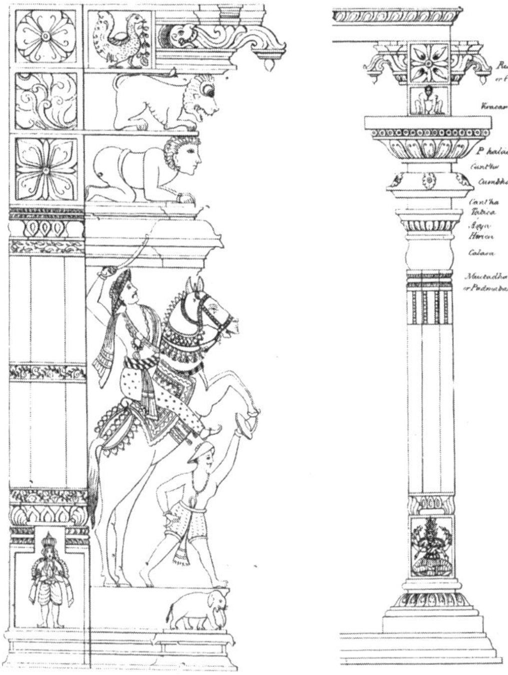

Fig. 63. Dessins de Ram Raz (1834) : ensembles moulurés. Les proportions et noms sanskrits des moulures sont sans doute empruntés au Mānasāra, mais les dessins s'inspirent de la tradition post-Vijayanagar très en vogue en Inde du Sud aux XVIII*e*-XIX*e* *s. Le pilier à cavalier (au centre) est d'un type très répandu, en particulier à Srirangam.*

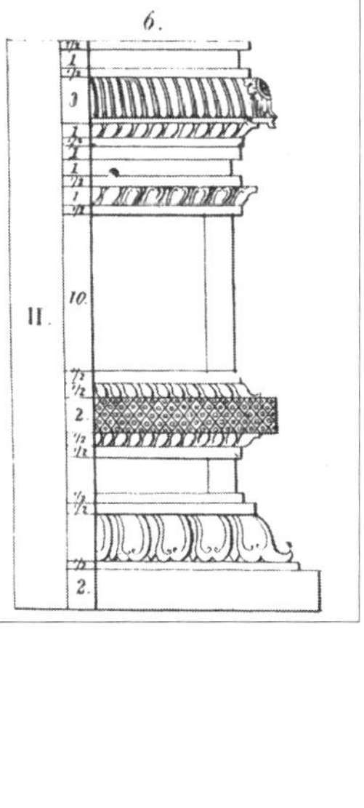

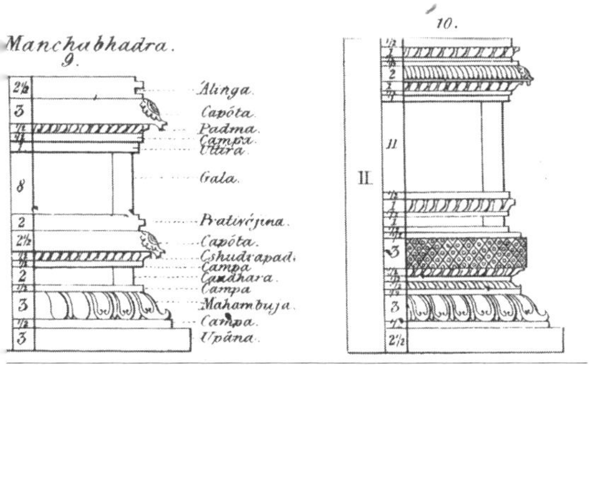

Les suites du travail de Ram Raz sont considérables pour la connaissance du temple indien. En effet, la combinaison des dessins et des textes lui a permis de mettre à disposition un premier vocabulaire de référence bilingue qui, progressivement complété, est à la base des grands travaux d'inventaire descriptifs qui, lancés dans toute l'Inde dans la deuxième partie du XIXe siècle, utilisent indifféremment les nomenclatures sanskrite ou anglaise dont Ram Raz avait fourni les principes d'équivalence.

Vers une étude globale

Dès 1867, James Fergusson qui s'intéresse à l'architecture indienne depuis les années 1840, complète une présentation générale de l'architecture mondiale en y introduisant les monuments d'Asie du Sud-Est aux côtés de ceux de l'Inde[5]. Au XXe siècle, l'ouvrage de Jouveau-Dubreuil[6], immédiatement traduit en anglais à Madras, précise les cadres de l'étude architecturale du temple sur la base de son travail de terrain en Inde du Sud, cependant que les inventaires dans tout le monde indien, comme les éditions, traductions et commentaires de textes techniques se poursuivent. Menées parallèlement, les recherches sur la symbolique du temple connaissent un nouveau départ avec les volumineux articles dont Borobudur a donné le prétexte à Paul Mus[7] qui va les faire suivre d'autres de dimensions plus modestes et centrés sur Angkor, mais aussi importants[8]. Au milieu du siècle paraît l'ouvrage de

5. Dagens, 2005b.
6. Jouveau-Dubreuil, 1914.
7. Mus, 1932-1934.
8. Mus, 1936.

Stella Kramrisch[9] qui, tout en restant dans le cadre géographique indien, replace brillamment le temple dans le moule idéologique de l'indianité. La référence aux traités d'architecture indiens est omniprésente en parallèle avec celle aux sources anciennes, mais l'utilisation n'est plus la même. L'ouvrage est parfois discutable – ainsi les références au dolmen – mais témoigne d'un sens aigu des valeurs de certains éléments architecturaux (comme pour le « higher temple » dont elle parle à propos du groupe sommital constitué par l'attique, le toit et le motif de couronnement).

L'ouvrage de Kramrisch reste une étude théorique et qui ne s'intéresse pas au fonctionnement du temple ni à son rapport avec son environnement humain, en fait il lui manque ce qu'avait initié trois siècles auparavant Abraham Roger. Quelques années plus tard paraît ce qui est sauf erreur la première étude « globale » d'un temple indien. Due à un historien, K.K. Pillai[10], et marquée par un va et vient permanent entre les constatations actuelles et les données épigraphiques, elle est consacrée au sanctuaire de Śiva de Suchindram, ville située à l'extrême pointe méridionale de l'Inde à proximité du cap Comorin, au Tamilnad mais dans un secteur relevant culturellement du Kerala voisin. Les entreprises suivantes du même genre sont des travaux pluridisciplinaires collectifs impliquant historiens, architectes, philologues, anthropologues, démographes, etc., regroupant spécialistes indiens et occidentaux, et s'appuyant sur un travail de terrain prolongé. Nous en mentionnerons deux ici. La première, lancée par l'Université d'Heidel-

9. Kramrisch, 1946.
10. Pillai, 1953.

berg pour l'étude du temple de Jagannātha à Puri, a dû être interrompue en cours de route mais les travaux qui en sont issus en font un modèle du genre[11]. Quant à l'autre étude, c'est celle qui a été consacrée à Tiruvannamalai par une équipe de Pondichéry qui a pu et su la mener à son terme ; on a eu à de nombreuses reprises ici l'occasion de constater l'intérêt et l'importance de ce travail, tant du point de vue de la méthodologie que des résultats publiés entre 1990 et 1999[12].

Les nouveaux temples

On continue à fréquenter les temples et on en construit de nouveaux. Leur fréquentation quotidienne est celle des dévots du voisinage qui passent saluer le dieu, souvent en fin de journée, dans les villes en particulier ; elle est aussi celle des pèlerins qui viennent parfois de très loin et dont le voyage parfois fort long est jalonné d'escales dans des lieux saints très divers. Il n'est pas rare ainsi de voir à Srirangam, Tirupati ou Cidambaram des autocars venus du Rajasthan ou d'Uttar Pradesh. Les fêtes attirent fréquemment les foules ; les responsables des temples n'hésitent pas à afficher ce genre de célébration par des illuminations, etc., sans oublier toute une signalétique sur les grandes routes passant à proximité. Quant aux nouveaux temples ils sont de tous types et de toutes tailles : il y a les petits édifices construits pour et par un petit groupe villageois, souvent dans la droite

11. Voir en particulier Eschmann *et al.*, 1978 ou Kulke, 1979.
12. Voir *Tiruvannamalai*, 1 à 5.

ligne de ceux que l'on construit depuis des siècles mais plus ou moins élaborés selon la richesse du groupe. À côté de cela, la construction de temples parfois importants est prise en charge par des fondations (« *trust* » en langage courant) diverses. Certaines sont créées pour l'occasion et s'attachent à la construction d'un temple particulier puis à son fonctionnement et à la mise en œuvre de programmes de bienfaisance. Dans d'autres cas, au contraire, il s'agit de vastes programmes concertés qui peuvent concerner une bonne partie de l'Inde et dont les implications nationales sont parfois importantes ; ceux qu'ont lancés à ce sujet la fondation Birla et le Tirupati Tirumala Devasthanam sont assez caractéristiques, la première de l'appui à une politique sociale généreuse et le second d'une défense sans sectarisme des croyances hindoues. Enfin, d'autres programmes, sur lesquels on ne reviendra pas ici, sont les instruments d'une politique agressive et intolérante, on l'a vu à propos d'Ayodhya.

Ouverture sociale et sauvegarde des croyances

La Fondation Birla, créée par une des grandes familles qui ont longtemps dominé l'industrie indienne, a organisé à partir des années 1930 la construction de nouveaux temples prestigieux dans plusieurs villes importantes du nord de l'Inde ; il s'agissait de matérialiser l'appui apporté par la famille Birla au Mahatma Gandhi et spécialement à son action en faveur des intouchables. Le premier de ces temples fût celui de New Delhi (1938) et son inauguration en grande pompe fut accompagnée de la proclamation qu'il était ouvert à tous sans exception, clause qui s'appliquera ensuite à tous les « temples Birla », comme ils sont communément appelés. Généralement dédiés à des formes de

Viṣṇu, ils suivent les modèles architecturaux du Rajasthan, région d'origine des Birla, et sont construits pour la plupart en marbre blanc provenant de cette même région. L'emploi de ce matériau et leur localisation fréquente au sommet d'une colline, par exemple à Hyderabad, en font des témoins particulièrement visibles de la piété et des intentions sociales de la famille fondatrice.

Le Tirupati Tirumala Devasthanam (T.T.D.) gère le temple de Viṣṇu Veṅkateśvara à Tirupati et les innombrables programmes de bienfaisance qu'il finance. L'un d'eux prend en charge la construction et la rénovation de temples appartenant à toutes les branches de l'hindouisme actuel. Un de ses aspects les plus intéressants est la construction de ce que nous avions appelé à propos de l'Andhra Pradesh les « temples à divinités coparticipantes » : des édifices où sont réunies plusieurs divinités sans qu'il existe entre elles de rapport hiérarchique – ainsi Śiva, Viṣṇu, la Déesse et Hanuman ou Gaṇeṣa pour citer une composition assez banale. En Andhra Pradesh ce type de fondation est spécialement répandu dans des villages marqués par une importante communauté musulmane, dominante économiquement : elles permettent de répondre au besoin spirituel des divers groupes hindous, incapables financièrement de subvenir chacun à l'entretien d'un lieu de culte particulier[13]. Dans le domaine de la rénovation des temples en mauvais état, une attention toute particulière est portée aux pavillons d'entrée à tour. Ils sont considérés comme indispensables pour assurer au temple une popularité, ne se limitant pas à l'environnement immédiat et par là son indépendance

13. Dagens, 1984, p. 625-627.

financière, comme le disait vers 1980 un administrateur en charge d'une telle opération dans la région de Madras. Il est important de souligner que l'action du T.T.D. n'est pas sectaire au niveau de l'hindouisme, elle est volontiers tolérante vis-à-vis des autres courants religieux que connaît l'Inde, attitude qui n'est pas sans susciter quelques réactions peu amènes de la part des milieux hindous. C'est ainsi que dans les années 1980, il lui a fallu renoncer à un projet de publication dans différentes langues de l'Inde de textes chrétiens ou musulmans, projet destiné à développer un climat de compréhension mutuelle entre les multiples groupes religieux.

Hanuman et un succès escompté

On a déjà eu l'occasion de parler du temple d'Āñjaneya-Hanuman récemment construit à Pancavati (Tamilnad) non loin de Pondichéry et dont l'image de culte était suffisamment grande pour qu'elle ait dû être mise en place avant la construction des murs de la cella. Ce n'est pas le seul intérêt de ce temple : les conditions dans lesquelles il a été fondé et construit, comme les projets qui sont faits à son égard, sont en effet assez caractéristiques de ce qui se passe dans ce domaine à l'époque actuelle.

L'origine du temple est une vision qu'eut vers 1999 un dévot d'Āñjaneya alors qu'il pénétrait sur le terrain où il a été construit depuis. Suite à cette vision, sur les conseils et selon les instructions techniques d'un saint homme, ce dévot entreprit la construction du temple, non sans avoir sollicité et reçu les encouragements des plus hautes autorités religieuses de la région. La construction a été financée par une fondation créée pour l'occasion et alimentée par des dons privés ; elle s'est faite, on l'a vu, en deux épisodes séparés par la mise en place et l'installation de l'énorme statue (en 2003) et le temple a été finalement inauguré en 2007.

L'édifice (fig. 64) se présente comme une réduction très libre du grand temple de Tanjore (fig. 20A, p. 110). La hauteur du temple atteint près de 29 m, soit *grosso modo* la moitié de celle de Tanjore (env. 60 m), mais avec une modification importante dans les proportions : le rez-de-chaussée du nouveau temple (env. 15 m) occupe près de la moitié de sa hauteur totale alors qu'à Tanjore il en fait largement moins du tiers. Cette modification est sans doute destinée à prendre en compte les dimensions considérables de la statue d'Hanuman (env. 9,20 de haut contre 4,50 m pour le Liṅga de Tanjore) et aussi à la rendre plus facilement visible. On constate d'ailleurs que la cella est éclairée par de grandes baies qui mettent l'image en pleine lumière et permettent aux fidèles de contempler le dieu et aussi d'assister *de visu* aux multiples hommages que lui rendent l'officiant et ses aides, en particulier les ondoiements et les « pluies de fleurs » pour lesquels a été mis en place un système élaboré de praticables.

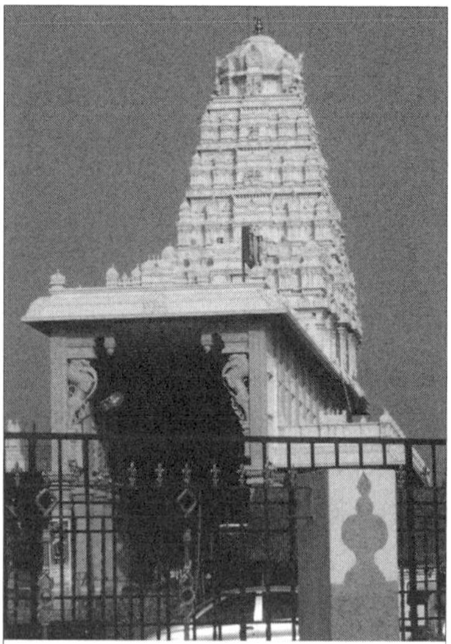

*Fig. 64. Temple d'Āñjaneya-Hanuman à Pancavati (Tamilnad, XXI*e *s., photo de l'auteur).*

L'image figure le dieu debout avec dix bras et cinq visages qui sont celui d'Āñjaneya lui-même (visage principal), ceux de trois avatars de Viṣṇu (Narasiṃha, Hayagrīva et Vāraha) et enfin celui de Garuḍa (monture de Viṣṇu) ; l'un des épithètes qui accompagnent le nom du dieu souligne qu'il s'agit d'une forme cosmique (*viśvarūpa*, ci-dessus p. 221). Enfin le temple est accompagné de deux chapelles dédiées respectivement à Gaṇapati, très populaire dans la région, et à Rāma.

La construction est « moderne » ce qui se traduit par des dallages en marbre ou encore des rampes en acier inoxydable pour canaliser les dévots, les aider à gravir les escaliers ou encore permettre aux officiants d'ondoyer la statue à partir des praticables, sans risquer la chute – souci « moderne » mais caractéristique des industriels qui sont parmi les commanditaires importants du temple.

L'identité même de la divinité est intéressante : Hanuman, le singe compagnon fidèle de Rāma dans le *Rāmāyaṇa*, est très populaire dans de nombreuses régions de l'Inde ; il a beaucoup de temples en particulier en Andhra Pradesh ou au Maharastra où il est de tous les villages ainsi que dans les régions plus septentrionales ; figuré sous diverses formes il est considéré comme un dieu familier et protecteur. Cette popularité est moins sensible au Tamilnad où c'est Gaṇeṣa qui, très généralement, accompagne la vie quotidienne des hindous. Cela étant, la position géographique du temple d'Hanuman lui assure une fréquentation relativement régulière et importante : il se trouve en effet au bord de la route nationale conduisant à ce lieu de rencontres cosmopolite panindien qu'est Pondichéry et à 150 kilomètres de Madras/Chennai capitale du Tamilnad, autre lieu cosmopolite qui, de plus, a de nombreux liens avec l'Andhra Pradesh d'où provient une bonne part de sa population aisée (« high middle class ») ; la plupart des responsables des deux fondations gérant le temple d'Hanuman sont d'ailleurs domiciliés à Madras.

Les travaux n'ont pas cessé avec l'inauguration du temple et ses responsables ont de grandes ambitions qu'ils publient dans les brochures qu'ils distribuent aux visiteurs ou sur leur site internet. Il s'agit non seulement de lancer des programmes pieux ou charitables en faveur des défavorisés, des handicapés ou de ceux qui sont en quête de spiritualité, mais aussi de créer un centre d'excellence pour l'éducation et la recherche accompagné d'une bibliothèque correspondante et d'un centre multimédia. Ce projet tel qu'il est présenté et tel aussi qu'est l'aspect actuel des lieux, peut sembler une accumulation de vœux pieux destinée à donner une aura *moderne* et *productive* à un projet qui pourrait paraître du domaine de la vaine bigoterie. La chose n'est pas sûre du tout, cependant, comme le montre l'exemple d'un temple de la Déesse situé à une centaine de kilomètres de celui dont nous parlons ici et fondé moins d'un demi-siècle avant lui.

La Déesse ou le temple en réseau

Situé à moins de 100 km de Madras-Chennai et dédié depuis 1971 à la déesse Ādiparaśakti – la Première Suprême Puissance – le temple de Melmaruvathur a une préhistoire qui débuta, semble-t-il, en 1966 et une histoire surprenante dont sont témoins tous ceux qui depuis une quarantaine d'années empruntent plus ou moins régulièrement la grande route qui relie Madras au sud du Tamilnad (Trichy, Madurai, etc.). Cette histoire est celle de la croissance continue d'un petit temple de bord de route devenu l'ensemble complexe dont la fig. 65 donne une bien faible idée, dans la mesure où il n'est que l'élément central d'un réseau qui s'étend désormais sur l'Asie, l'Europe, l'Amérique du Nord et l'Australie.

Le récit d'origine n'est pas sans intérêt : en 1966 une tempête déracine un arbre saint et dégage une pierre qui est un Liṅga « par lui-même » (ci-dessus, p. 30). La Puissance (*śakti*) de Śiva que recèle ce Liṅga pénètre alors un saint homme qui, à partir de cet événement, va émettre des oracles ; la première fois, ce sera pour annoncer que cette Puissance est descendue sur terre comme une « Mère » (*Amma*, en tamoul) et qu'elle doit être honorée en tant que déesse Ādiparaśakti (ci-dessus). Cependant ce nom « Mère », utilisé donc pour désigner la divinité du temple, est aussi celui qu'emploient les dévots pour s'adresser au saint homme dans lequel cette divinité a pénétré ! Ce dernier – dont on célèbre les vertus de bon père de famille – se présente à la fois comme un fidèle parmi d'autres et comme un « avatar » de la Déesse, en d'autres termes une incarnation de Ādiparaśakti. Il rend ses oracles à jours fixes dans une pièce située près de la cella.

Quant au temple, il est défini comme le « siège de la Déesse » (*śaktipīṭha*), selon une expression récupérée dans l'ancienne tradition (où elle est liée au cycle śivaïte de la Déesse, ci-dessous). Il contient dans sa cella une statue de la Déesse devant laquelle est le « Liṅga par lui-même » apparu miraculeusement en 1966 et auquel la Déesse est censée avoir rendu un culte. Contrairement à toutes les traditions, ce temple n'a pas d'officiant affecté et ce sont les dévots eux-mêmes qui rendent le culte à la divinité ; de plus, la cella est ouverte à tous, sans tenir compte de la caste, de la foi, de la secte religieuse ni du sexe : tous donc peuvent y rendre le culte, y compris les femmes auxquelles une grande place est accordée ; elles sont d'ailleurs nombreuses parmi les dévots d'Amma – déesse et saint homme à la fois – que l'on rencontre régulièrement vêtus de rouge vif et parcourant en troupes compactes et enthousiastes le Tamilnad sur leur chemin vers l'oracle.

Le succès paraît être venu très tôt ; d'abord simple halte sur la grande route, le temple est devenu progressivement un but de voyage et sa popularité semble s'être accélérée avec une prophétie heureuse à l'occasion d'une élection.

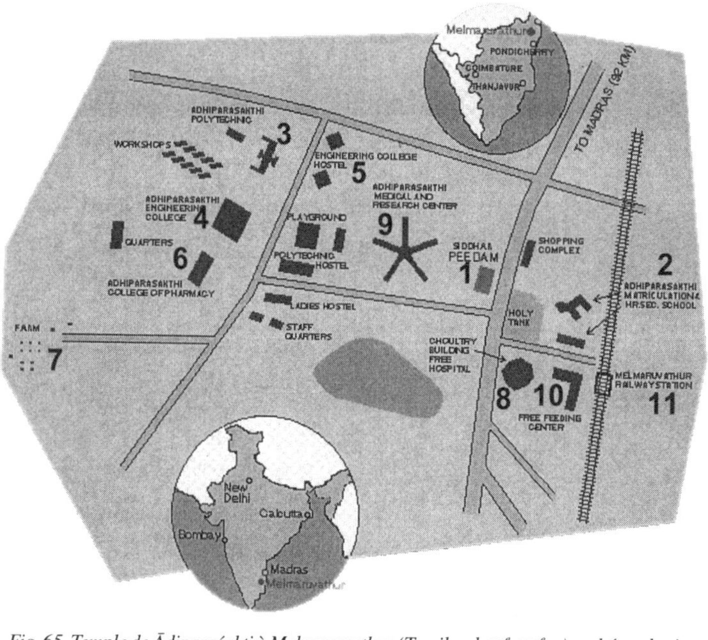

Fig. 65. Temple de Ādiparaśakti à Melmaruvathur (Tamilnad, XXe-XXIe s.) : schéma du site. Le temple de la Déesse (1) où le maître rend ses oracles dans une pièce située à côté de la cella est au bord de la route ; l'école secondaire (2) et les collèges universitaires (qui ont tous leur « cité universitaire »[« hostel »]) (3-7) ont été créés à partir des années 1980 ; l'hôpital gratuit (8) fondé en 1986 a été complété par un centre de recherche (9) dont le plan à cinq branches symbolise les cinq éléments. Le réfectoire (10) où pèlerins et autres sont nourris gratuitement fait partie des premières créations. La route franchit désormais la zone par un viaduc et la halte ferroviaire est devenue une gare importante (11) régulièrement desservie par des trains spéciaux aux époques de pèlerinage.

Avec les visiteurs, sont venus les dons qui, administrés par un trust, ont permis d'étoffer progressivement le temple et ses annexes (fig. 65). Simultanément celui-ci est devenu le centre d'un réseau de véritables succursales. On sait que dans la tradition śivaïte classique, à la suite de la mort de la Déesse Śiva a parcouru l'Inde portant son cadavre sur ses épaules ; les membres de la Déesse sont tombés au sol les uns après les autres, donnant naissance chaque fois à un « trône de la Déesse » (*śaktipīṭha*), lieu saint consacré à cette dernière. C'est sur ce schéma mythique que se sont appuyés les responsables du temple de Melmaruvathur pour établir en différents endroits des temples de Ādiparaśakti : ces *śaktipītha* modernes sont désignés souvent aussi comme des centres de culte collectifs (*mandram*) ; ils abritent tous une image qui est la reproduction fidèle de celle du temple d'origine et, comme lui, fonctionnent sans officiant affecté ; chacun d'entre eux est confié à une association de fidèles qui le gère et y organise le culte. Ces relais dans le système de collecte de dons et aussi de création d'œuvres charitables ont été ouverts surtout en milieu tamoul, d'abord en Inde du Sud puis dans le monde entier à travers la diaspora tamoule, souvent très importante (*e. g.* à Singapour ou en Australie). Internet est largement mis à contribution et un site central diffuse des informations sur les différents centres et propose même au visiteur une salle de prières virtuelle.

Retour au miroir

En dépit des apparences, le temple d'Hanuman et ses espérances comme celui de la Déesse et ses succès, sont finalement très représentatifs du temple indien. Fondés sur la tradition, ils s'en réclament quitte à en prendre parfois le contrepied comme le temple de la Déesse à propos des officiants. Ils reposent à l'origine sur un acte de foi – lié à une vision ou à une révélation, mais leurs fondements doctrinaux ne sont pas très élaborés : de ce côté-là, la tradition est une référence commode. Cela étant, le besoin spirituel de voir la divinité – d'en avoir le *darshan* pour prendre l'expression moderne courante dans toutes les langues – est toujours aussi puissant, comme du temps où le droit de le satisfaire était mesuré à l'aune du rang social.

Sur ce dernier point, nos deux exemples sont marqués par un extraordinaire conformisme social, très généreux car très actuel. L'ouverture à tous n'est plus la marque d'un engagement politique comme pour les premiers temples Birla : elle est devenue la norme, même si nous avons vu que le « tous » est souvent passé du social au religieux, sous-entendant qu'il ne concerne désormais que les croyants. On constate aussi que la notion d'ouverture s'enrichit à l'occasion et même doublement lorsque les fonctions d'officiant sont attribuées sans distinction à tous les fidèles, y compris les femmes.

Quant aux trois pôles de l'activité sociale du temple – générosité envers les nécessiteux, souci de la santé publique et engagement dans l'éducation – ce sont des charges habituelles des nantis soucieux de leur salut et on ne peut pas dire que leur rattachement au temple soit en lui même une nouveauté. La permanence – pas seulement matérielle – qui lui a été prêtée, fait que le temple est toujours apparu – sans doute depuis qu'il existe – comme le meilleur « gardien » de telles activités. La nouveauté est que cette fonction est, dans les cas que nous envisageons ici, introduite dans le projet initial du temple et justifie que celui-ci soit considéré et pour ainsi dire agencé dès le départ comme un centre de profit.

La référence au grand temple de Tanjore, les dimensions de l'image – annoncée comme la plus grande du monde pour Hanuman – ou bien encore la récupération du vieux mythe du démembrement du corps de la Déesse pour justifier la démultiplication du temple, ce sont là autant d'instruments de cet agencement qui vise à attirer les foules pieuses et les bienfaiteurs.

Ces nouveaux temples ne se conçoivent cependant que comme des ajouts à ceux qui existent – la chose est d'ailleurs parfois affichée : avant le début des travaux, Hanuman sous la forme symbolique d'un diagramme gravé sur une feuille d'or a fait en cérémonie le tour des grands sanctuaires de l'Inde du Sud pour annoncer sa prochaine installation à Pancavati. Cette infrastructure religieuse existante est proprement innombrable, car l'Inde est un pays où les dieux ne meurent pas et les temples non plus. Inventoriant dans les années 1980 sur les rives de la Krishna des temples isolés et en apparence abandonnés depuis longtemps, j'avais eu la surprise d'apprendre qu'ils reprenaient vie tous les ans à l'occasion de la fête de Śivarātri : pour ces quelques jours on les parait, on y rouvrait le culte. Dans un autre genre, il est fréquent que des travaux de conservation menés sur un temple réduit à l'état de monument historique débouchent sur sa remise en culte discrète au départ puis de plus en plus visible comme cela s'est produit par exemple à Gangaikondacolapuram. La plupart des temples cependant ont une vie longue et à l'histoire tranquille, jalonnée de rénovations dont la plus évidente est souvent la réfection de la statuaire des façades, modelée et peinte (en particulier celle des pavillons d'entrée en Inde du Sud), réfection qui combine à chaque fois respect de la tradition et adaptation à la mode du moment.

Récents ou anciens ces temples ne se cherchent pas de raison d'être ailleurs que dans le service divin et leurs activités « charitables » directes visent ostensiblement à favoriser l'accueil des fidèles. Le cas du T.T.D. de Tirupati est particulier en ce sens que ses activités sont justifiées par la nécessité d'utiliser les revenus très importants de ce sanctuaire et d'éviter que le pouvoir politique ne soit tenté d'en prélever sa dîme, comme il l'a fait plusieurs fois dans l'histoire, ou d'en prendre le contrôle comme il en manifeste régulièrement l'intention depuis fort longtemps.

Bibliographie

ARCHER (M.) – 1980 : *Early Views of India. The Picturesque Journeys of Thomas and Williams Daniell*, London.

BARAZER-BILLORET (M.-L.) – 1993-1994 : « Les cérémonies d'installation selon les āgama śivaïtes », *Bulletin d'études indiennes*, vol. 11-12, p. 39-69.

— 1999 : *La grande fête du temple* (mahotsava) *d'après les āgama śivaïtes*, Thèse, Université Paris III – Sorbonne nouvelle, Paris.

— 2009c : « Le bestiaire de Śiva : de Paśupati à Śarabha », dans N. BALBIR et G.-J. PINAULT (éd.), *Penser, dire et représenter l'animal dans le monde indien*, Paris, p. 499-515.

BARAZER-BILLORET (M.-L.) *et al.* – 2004-2009 : voir *Dīptāgama*.

BAREAU (A.) – 1987 : « Lumbini et la naissance du futur Buddha », *BEFEO*, t. 76, p. 69-81 [repris dans BAREAU (A.), *Recherches sur la biographie du Buddha dans les Sūtrapiṭaka et le Vinayapiṭaka anciens III. Articles complémentaires*, Paris 1995, p. 1-13].

BARRÉ (V.), BERFER (P.), FEVEILE (L.), TOFFIN (G.) – 1981 : *Panauti - une ville au Népal*, Paris.

BASHAM (A.L.) – 1983 « The Mandasor Inscription of the Silk-weavers », Bardwell L. SMITH (ed.), *Essays on Gupta Culture*, Delhi, p. 93 et suiv.

BAÜMER (B.) & DAS (R.P.) – 1994 : *Śilparatnakośa – A Glossary of Orissan Temple Architecture,* New Delhi (I.G.N.C.A.).

BIZOT (F.) – 1994 : « La consécration des statues et le culte des morts », dans F. BIZOT, *Recherches nouvelles sur le Cambodge*, Paris (PEFEO), p. 101-139.

BOISSELIER (J.) – 1966 : *Le Cambodge*, Paris.

BRUNNER-LACHAUX (H.) – 1963 = *Somaśambhupaddhati*, texte, traduction et notes, vol. I : *Rituel quotidien*, Pondichéry (PIFI 25-1).

BRUNNER (H.) – 1969 : « De la consommation du *nirmālya* de Śiva », *Journal asiatique* p. 213-262.

CHOCKALINGAM (K.) – 1981 : *Chidambaram* (Census of India 1971, Series 19 : Tamil Nadu, Part VI-B Socio-Economic Survey of Selected Towns).

COEDÈS (G.) – 1956 : « Nouvelles données sur les origines du royaume khmèr : la stèle de Vat Luong Kau près de Vat Phu », *BEFEO,* t. 48, p. 209-220 [repris dans G. COEDÈS, *Articles sur le pays khmer*, 1989 [t. I], p. 367-378].

COLAS (G.) – 1986 : *Le temple selon Marīci,* extraits de la *Marīci-saṃhitā* étudiés, édités et traduits, Pondichéry (PIFI n° 71).

DAGENS (B.) – 1969 : « Étude sur l'iconographie du Bayon (frontons et linteaux) », *Arts asiatiques*, t. XIX p. 123-167.

— 1977/1984 : *Les enseignements architecturaux de l'Ajitāgama et du Rauravāgama*, Pondichéry (PIFI n° 57) [+ trad. anglaise révisée – 1984 : *Architecture in the Ajitāgama and the Rauravāgama - a study of two south indian texts*, New-Delhi].

— 1979 : *Le florilège de la doctrine śivaïte : Śaivāgamaparibhāṣāmañjarī de Vedajñāna*, édition critique et traduction, Pondichéry (PIFI n°60).

— 1984 : *Entre Alampur et Srisailam, recherches archéologiques en Andhra Pradesh*, 2 vol., Pondichéry (PIFI n° 67).

— 1991 : Centralisme et architecture : les hôpitaux de Jayavarman VII en Thaïlande, dans *Récentes recherches en archéologie en Thaïlande* (Bangkok), p. 24-35 [reproduit dans DAGENS 2005, p. 251-267].

— 1993 : « L'Asie du Sud et du Sud-Est » dans *Le grand atlas de l'Art* (2 vol., Paris, Encyclopaedia Universalis), t. II, p. 292-293, 296-307, 310-315 [reproduit sans les illustrations dans DAGENS 2005, p. 1-36].

— 1994 : « Le temple indien en Asie du Sud-Est. Archéologie d'une forme », dans F. BIZOT, *Recherches nouvelles sur le Cambodge*, Paris (PEFEO), p. 259-272 [reproduit dans DAGENS 2005, p. 205-220].

— 1996 : « Le temple corps du dieu », dans N. BALBIR et G.-J. PINAULT (éd.), *Langue, style et structure dans le monde indien*, Paris (Bib. EPHE IV n°334) p. 353-383. [reproduit dans DAGENS 2005, p. 125-149].

— 2000 : « Le temple et le miroir à travers le monde indien », dans M.-L. BARAZER-BILLORET et J. FEZAS (éd.), *La norme et son application dans le monde indien*, Paris (EFEO, Études Thématiques n°11), p. 175-191 [reproduit dans DAGENS 2005, p. 181-201].

— 2000b : « Architecture, espace et temps dans le Cambodge ancien », dans H. MULTZER O'NAGHTEN, *Architecture et espace sacré dans les temples du Cambodge*, Paris, Geuthner.

— 2003 : *Les Khmers*, Paris (Les Belles Lettres).

— 2005 : *Traités, temples et images du monde indien – études d'histoire et d'archéologie*, articles rassemblés par M.-L. BARAZER-BILLORET et V. LEFÈVRE, Pondichéry-Paris.

— 2005b : « La découverte scientifique d'Angkor », dans BACQUÉ-GRAMMONT (J.-L.) *et al.* (éds.), *D'un Orient à l'autre – Actes des troisièmes journées de l'Orient (Bordeaux, 2-4 octobre 2002)*, Paris-Louvain, p. 217-236.

— 2009a : « Temple indien et milieu naturel : l'exemple du Dīptāgama », *Bulletin d'études indiennes*, t. 24-25, 2006-2007 [paru en 2009], p. 45-58.

— 2009b : « Mythologie indienne et pouvoir royal dans le Monde indien : l'exemple du Cambodge ancien », *Mythes et mythologies. Actes du Colloque d'Amiens, 6, 7 et 8 mars 2008*, Amiens, p. 76-84.

— 2009c : « Les animaux dans l'architecture du temple indien. Images et métaphores », dans N. BALBIR et G.-J. PINAULT (éd.), *Penser, dire et représenter l'animal dans le monde indien*, Paris, p. 333-362.

DAGENS (B.) et BARAZER-BILLORET (M.-L.) – 2000 : voir *Rauravāgama.*

DATTA (B.M.) – 1975 : *Bengal Temples*, New Delhi.

DEHEJIA (V.) – 1972 : *Early Buddhist Rock Temples. A Chronology*, Ithaca-New York.

— 1986 : *Yogini Cult and Temples, a Tantric Tradition*, New Delhi.

DELAPORTE (L.) – 1880 : *Voyage au Cambodge. L'architecture khmer*, Paris.

DELARUELLE (M.) – 1999 : *L'iconographie des pavillons d'entrée des sanctuaires au Tamilnad (Inde du Sud) à partir du VIIe s. de notre ère*, Thèse, Université de Paris III.

DERRETT (J.D.M.) – 1968 : *Religion, Law and the State in India*, London.

DHAKY (M.A.) – 1970 : « Caṇḍeśa in North Indian Tradition », *Journal of the Asiatic Society* (vol. 12).

— 1982 : « The praṇāla in Indian and South-Asian sacred Architecture », *Rūpa-Pratirūpa - Alice Boner Commemoration Volume* (New Delhi), p. 119-166.

Dīptāgama : BARAZER-BILLORET (M.-L.) *et al.* – 2004-2009 : *Dīptāgama*, édition critique par M.-L. BARAZER-BILLORET, B. DAGENS et V. LEFÈVRE avec la collaboration de S. SAMBANDHA SIVĀCĀRYA et la participation de C. BAROIS , 3 vol., Pondichéry (Publications du Département d'Indologie n° 81.1-3).

DONALDSON (T.E.) – 1985-87 : *Hindu Temple Art of Orissa*, 3 vol., Leiden.

DUCHEMIN (V.) – 2001 : *L'architecture de Pagan (Birmanie) : ses sources et ses particularités*, thèse, Université Paris III – Sorbonne nouvelle, Paris

DUMARÇAY (J.) – 1967-1973 : *Le Bayon. Histoire architecturale du temple :* [I] *Atlas et notice des planches*, [II] *Texte,* Paris (Mém. Archéol. EFEO n°III/1 et 2).

— 1971 : *Ta Kèv, Étude architecturale du temple*, Paris (Mém. Archéol. EFEO n°VI).

— 1972 : *Phnom Bakheng, Étude architecturale du temple*, Paris (Mém. Archéol. EFEO n°VII).

— 1976 : « La Stéréotomie de l'Asie méridionale du VIIIe au XIVe siècle », *BEFEO* t. 63, p. 397-445.

— 1981 : *Candi Sewu et l'architecture bouddhique du centre de Java*, Paris. (Mém. Archéol. EFEO n°XIV).

— 1983 : *Les effets perspectifs dans l'architecture de l'Asie méridionale*, Paris. (Mém. Archéol. EFEO n°XV).

— 1986 : *The temples of Java*, Singapour (O.U.P.).

— 1988 : *Documents graphiques de la Conservation d'Angkor 1963-1973*, Paris (Mém. Archéol. EFEO n°XVII).

— 1993 : *Histoire de l'architecture de Java*, Paris (Mém. Archéol. EFEO n°XIX).

— 1996 : *Babel ruinée. Petit traité du regard porté sur l'architecture en Asie méridionale*, Paris (Librairie Oriens).

— 1998 : *L'architecture et ses modèles en Asie du Sud-Est*, Paris (Librairie Oriens).

— 2001 : *Métaphores littéraires et architecturales,* Paris (Librairie Oriens).

DUMARÇAY (J.) et L'HERNAULT (F.) – 1975 : *Temples Pallava construits*, Paris, (Mém. Archéol. EFEO n°IX).

DUMARÇAY (J.) & ROYERE (P.) – 2001 : *Cambodian Architecture : eight to thirteenth centuries*, Leiden 2001.

ESCHMANN (A.), KULKE (H.) & TRIPATHI (G.C.), Eds. – 1978 : *The Cult of Jagannath and the Regional Tradition of Orissa*, New Delhi.

FILLIOZAT (J.) – 1954 : « Le symbolisme du monument du Phnom Bakheng », *BEFEO*, t. 44, p. 527-554 [repris dans J. FILLIOZAT, *Laghu-prabandhāḥ*, Leiden, 1974, p. 425-453].

— 1959 : « Gopura «porte de ville» », *Journal asiatique* (1959) p. 251-255.

FILLIOZAT (P.S.) – 1975 : « Le droit d'entrer dans les temples de Śiva au XIe siècle », *Journal asiatique* (1975), p. 103-117 [texte, traduction et commentaire du traité attribué à Rāmakaṇṭha].

— 1988 : en collaboration avec V. Filliozat, *Hampi-Vijayanagar. The temple of Vithala*, New Delhi.

FISCHER (K.) – 1974 : *Dächer, Decken und Gewölbe indischer Kultstätten und Nutzbauten*, Wiesbaden.

FRANZ (H.G.) – 1979 : *Von Gandhara bis Pagan - Kultbauten des Buddhismus und Hinduismus in Süd- und Zentralasien*, Graz.

GALEY (J.-C.) – 1985-86 : *L'espace du temple I : Les sanctuaires dans le royaume* (= *Purusartha* n°8) et *II : Espaces, itinéraires, médiations* (= *Purusartha* n°10), Paris.

GILL (S.) – 2000 : *Phantasmic Anatomy of the Statues of Mathurā*, New Delhi.

GOETZ (H.) – 1959 : « Imperial Rome and the Genesis of Classic Indian Art », reproduit dans H. GOETZ, *Studies in the History, Religion and Art of Classical and Mediaeval India* (Wiesbaden 1974), p. 3-48.

GUILMOTO (C.), REINICHE (M.-L.) et PICHARD (P.) – 1990 : voir *Tiruvannamalai* 5.

HAERTEL (H.) – 1993 : *Excavations at Sonkh*, Berlin.

HARDY (A.) – 2007 : *The Temple Architecture of India*, [Chichester], John Wiley & Sons Ltd.

HARLE (J.C.) – 1963 : *Temple Gateways in South India (The Architecture and Iconography of Cidambaram Gopuras)*, Londres.

– 1986 : *The Art and Architecture of the Indian Subcontinent*, Harmondsworth (The Pelican History of Art).

HOECKVELD-MEIJER (G.) – 1981 : *Koyils in the Colamandalam...*, Amsterdam.

JACQ-HERGOUALC'H (M.) – 1992 : *La civilisation des ports-entrepôts du Sud-Kedah (Malaysia) V^e-XIVe siècle*, Paris.

JOSHI (M.C.) – 1983 : « James Prinsep on Temple Architecture », *Śrīnidhiḥ. Perspective in Indian Archaeology, Art and Culture. Shri K.R. Srinivasan Festschrift,* Madras, p. 422-429.

JOSHI (N.P.) – 1973 : « Some Kusana passages in the Harivamsa », *Indologen Tagung 1971*, Wiesbaden p. 238-252.

JOSHI (R.S) – 1959, *Le rituel de la dévotion kṛṣṇaïte*, Pondichéry (PIFI n° 17).

JOUVEAU-DUBREUIL (G.) – 1914 : *L'Archéologie du sud de l'Inde*, 2 vol., Paris.

JURAMIE (A.-C.) – 2001 : *Architecture et iconographie des temples de Viṣṇu dans la Vallée de Kāṭhmāṇḍu, Népal*, Thèse, Université Paris III – Sorbonne nouvelle, Paris.

KOSAMBI (D.D.) – 1962 : *Myth and Reality, Studies in the Formation of Indian Culture*, Bombay.

KNOX (R.) – 1992 : *Amaravati. Buddhist Sculpture from the Great Stūpa*, London.

KRAMRISCH (S.) – 1946 : *The Hindu Temple*, 2 vol., Calcutta.

KREISEL (G.) – 1986 : *Die Śiva-Bildwerke der Mathura-Kunst : ein Beitrag zur frühhinduistichen Ikonographie*, Stuttgart.

KULKE (H.) – 1979 : *Jagannâtha und Gajapati-Königtum*, Wiesbaden.

LEFÈVRE (V.) – 2006 : *Commanditaires et artistes en Inde du Sud. Des Pallava aux Nāyak (VIe-XVIIIe siècle)*, Paris.

LEGRAND(B.)–1987:*Kilaiyur-Melappaluvur:Épanouissement d'une dynastie princière en Inde à l'époque Cola*, Paris.

L'HERNAULT (F.) – 1978 : *L'iconographie de Subrahmanya au Tamilnad*, Pondichéry (PIFI n° 59).

L'HERNAULT (F.) – 1987 : (avec P. SRINIVASAN et J. DUMARÇAY), *Darasuram*, Paris (Mém. Archéol. EFEO n°XVI).

L'HERNAULT (F.), PICHARD (P.) et DELOCHE (J.) – 1990 : voir *Tiruvannamalai* 2.

L'HERNAULT (F.) et REINICHE (M.-L.) – 1999 : voir *Tiruvannamalai* 3.

MALAMOUD (C.) – 1972 : « Observations sur la notion de reste dans le brahmanisme ancien », *Wiener Zeitschrift für die Kunde Südasiens*, t. XVI p. 5-26 [repris dans C. MALAMOUD, *Cuire le monde - rite et pensée dans l'Inde ancienne*, Paris 1989].

Mānasāra : ACHARYA (P.K.), *Mānasāra on Architecture and Sculpture* [texte sanskrit], Oxford…, 1933, et *Architecture of Mānasāra* [traduction], Oxford…, 1933 [+ rééditions].

MARSHALL (J.) – 1960 : *A guide to Taxila*, Cambridge.

Mayamata : DAGENS (B.) – 1970-76 : *Mayamata, traité sanskrit d'architecture,* édition critique, traduction et notes, 2 vol. Pondichéry (Publications de l'Institut français d'Indologie, n°40-I-II) [version anglaise révisée : *The Mayamata - an Indian Treatise of Housing, Architecture and Iconography*, Sanskrit text edited and translated, 2 vol., New-Delhi (I.G.N.C.A. and Motilal Banarsidass Publishers)].

MEISTER (M.W.) – 1979 : « Juncture and Conjuncture : Punning and Temple Architecture », *Artibus Asiae*, t. 41, p. 226-234.

MEISTER (M.W.) & DHAKY (M.A.) – 1983 : *Encyclopaedia of Indian Temple Architecture,* ed. by. - and - ,Vol. I. part 1: *South India Lower Dravidadesa*, 2 tomes, New Delhi.

— 1986 : *idem,* Vol. I. part 2 : *South India Upper Dravidadesa, Early Phase A.D. 550-1075*, 2 tomes, New Delhi.

— 1988 : *idem,* Vol. II. part 1: *North India : Foundations of North-Indian styles*, 2 tomes New Delhi.

MEVISSEN (G.) – 1996 : « The Suggestion of Movement. A Contribution to the Study of Chariot-shaped Structures in

Indian Temple-architecture », D. Mitra (ed.), *Explorations in Art and Archaeology of South Asia. Essays dedicated to N.G. Majumdar,* Calcutta, p. 477-512.

Michell (G.) – 1975 : *An Architectural Description and Analysis of the Early Western Calukyan Temples*, 2 vol., AARP, Londres.

— 1989 : *The Penguins Guide to the Monuments of India,* Vol. I *Buddhist, Jain, Hindu,* London.

— 1995 : *Architecture and Art of Southern India, Vijayanagara and the Successor States*, Cambridge University Press, Cambridge (The new Cambridge History of India, I:6).

Mitter (P.) – 1977 : *Much Maligned Monsters – History of European Reactions to Indian Art*, Oxford.

Mitra (D.) – 1980 : *Buddhist Monuments*, Calcutta (= rééd.).

Mus (P.) – 1932-1934 : « Barabudur. Les origines du stupa et la transmigration. Essai d'archéologie religieuse comparée », *BEFEO* t. 32 (p. 269-439), t. 33 (p. 577-980) et t. 34 (p. 175-400).

— 1936 : « Le symbolisme à Angkor-Thom : le Grand Miracle du Bayon », *C.R.A.I.B.L*, 1936, p. 57 et suiv.

Nafilyan (G.) – 1969 : *Angkor Vat, Description graphique du temple*, Paris (Mém. Archéol. EFEO n°IV).

Nanavati (J.M.) & Dhaky (M.A.) – 1969 : *The Maitraka and the Saindhava Temples of Gujarat*, Ascona.

Nikitine (A.), *Voyage au delà des trois mers*, trad. C. Malamoud, Paris 1982.

Parlier-Renault (É.) – 2006 : *Temples de l'Inde méridionale (VIe-VIIIe siècles) – La mise en scène des mythes*, PUPS, Paris.

PARMENTIER (H.) – 1927 : *L'art Khmèr primitif*, 2 vols., PEFEO, Paris.

PÉROUSE DE MONTCLOS (J.-M.) – 1989 : *Architecture - Vocabulaire, Principes d'analyse scientifique*, 2e éd., Paris Imprimerie Nationale [1e éd. en 1972 sans nom d'auteur : *Architecture - Principes d'analyse scientifique*. Méthode et Vocabulaire, 2 vol.].

PICHARD (P.) – 1976 : *Pimay, Étude architecturale du temple*, Paris (Mém. Archéol. EFEO n°X).

— 1985 : « Les monuments sur plan pentagone à Pagan », *BEFEO* t. 74, p. 305-368.

— 1992-2001 : *Inventory of Monuments at Pagan / Inventaire des monuments de Pagan*, 8 volumes, Paris-Gartmore.

— 1995 : *Tanjavur Bṛhadīśvara*, New Delhi (I.G.N.C.A.) / Pondicherry (EFEO).

PICHARD (P.), L'HERNAULT (F.), BOUDIGNON (F.), THYAGARAJAN (L.) – 1994 : *Vingt après Tanjavur, Gangaikondacholapuram*, 2 vol., Paris (Mém. Archéol. EFEO n° XX).

PILLAY (K.K.) – 1953 : *The Sucindram Temple*, Madras.

PROVOST-ROCHE (L.) – 2009 : *Les derniers siècles de l'époque angkorienne au Cambodge*, Thèse en cours, Université de Paris III –Sorbonne nouvelle.

RAJAN (K.V. Soundara) – 1974 : *Temple Architecture in Kerala*, Trivandrum.

— 1981 : *Cave Temples of the Deccan*, New Delhi (ASI).

RAM RAZ – 1834 : *Essay on the Architecture of the Hindus*, Londres [rééd. Varanasi-Delhi, 1972].

RAO (V.N. Hari) – 1967 : *The Srirangam Temple. Art and Architecture*, Tirupati.

Rauravāgama (ed.) = BHATT (N.R.) (ed.) – 1961-1988 : *Rauravāgama*, éd. critique, 3 vol., Pondichéry (PIFI n°18:1-3).

Rauravāgama (trad.) = DAGENS (B.) et BARAZER-BILLORET (L.) – 2000 : *Le Rauravāgama*, trad. et notes, Pondichéry (PIFI n°89.1-2).

REINICHE (M.-L.) – 1989 : *Tiruvannamalai* 4.

RENOU (L.) – 1939 [1997] : « La maison védique », *Journal asiatique* (1939) [repris dans L. RENOU, *Choix d'études indiennes* réunies par N. BALBIR, G. PINAULT et J. FEZAS, 2 vol., Paris 1997, p. 819-842].

ROGER (A.) – 1670 : *Le théâtre de l'idolâtrie ou la Porte ouverte pour parvenir à la cognaisssance du paganisme caché...*, traduit par Thomas LA GRUE, Amsterdam.

SANGAVE (Vilas A.) – 1981 : *The Sacred Shravanabelagola, a Socio-Religious Study*, New Delhi.

SARKAR (H.) – 1978 : *An Architectural Survey of Temples of Kerala*, ASI, New-Delhi.

SARKAR (H.) & MITRA (D.) – 1966 : *Nagarjunakonda*, ASI, New Delhi.

SCHILDT (H.) – à paraître : « The Application of the So-called āyādi Formulae in Kerala », dans B. DAGENS et G. FLOOD (eds.), *Further Tantric Studies*, New Delhi.

S.I.I. vol. II = *South Indian Inscriptions*, Vol. II. *Tamil Inscriptions of Rajaraja, Rajendra, Rajendra-Chola and others in the Rajarajesvara temple at Tanjore*, ed. and transl. by E. HULTZSCH and R.B.V. VENKAYYA, 1891-1913, Madras.

SIRCAR (D.C.) – 1965 : *Select Inscriptions bearing on Indian History and Civilization*, Vol. I : *From the 6th*

century B.C to the 6th century AD, 2nd ed., Delhi (Motilal Banarsidass).

SKILLING (P.) – 2008 : *Past Lives of the Buddha – Wat Si Chum – Art, Architecture and Inscriptions*, with contributions of Pattaratorn CHIRAPRAVATI, P. PICHARD, Prapod ASSAVAVIRULHAKARN, Santi PAKDEEKHAM, P. SKILLING, Bangkok (River Books).

SMITH (W.) – 1994 : *The Mukteśvara Temple in Bhubaneswar*, Delhi.

SRINIVASAN (K.R.) – 1964 : *Cave Temples of the Pallavas*, New Delhi (ASI).

SRINIVASAN (P.R.) – 1990 : voir *Tiruvannamalai* 1.

STAAL (F.) – 1992 : Māna - Vedic dans *Kalatattvakośa* vol. II *Concepts of Space and Time* (New Delhi), p. 355-357.

THAPAR (R.) – 2004 : *Somanatha. The Many Voices of History,* New Delhi.

Tiruvannamalai 1 = P.R. SRINIVASAN, ed. and transl. – 1990 : *Tiruvannamalai - a Śaiva sacred complex of South India : 1. The Inscriptions*, 2 vol., Pondichéry (Institut français).

Tiruvannamalai 2 = F. L'HERNAULT, P. PICHARD et J. DELOCHE – 1990 : *Tiruvannamalai - un lieu saint śivaïte du sud de l'Inde : 2. L'archéologie du Site*, Paris (EFEO).

Tiruvannamalai 3 = F. L'HERNAULT et M.-L. REINICHE – 1999 : *Tiruvannamalai - un lieu saint śivaïte du sud de l'Inde : 3. Rites et fêtes*, Paris (EFEO).

Tiruvannamalai 4 = M.-L. REINICHE – 1989 : *Tiruvannamalai - un lieu saint śivaïte du sud de l'Inde : 4. La configuration sociologique du temple hindou*, Paris (EFEO).

Tiruvannamalai 5 = C. GUILMOTO, M.-L. REINICHE et P. PICHARD – 1990 : *Tiruvannamalai - un lieu saint śivaïte du sud de l'Inde : 5. La ville*, Paris (EFEO).

VIENNOT (O.) – 1968 : « Le problème des temples à toit plat dans l'Inde du Nord », *Arts asiatiques*, t. 18, p. 23-84.

VIENNOT (O.) – 1976 : *Temples de l'Inde centrale et occidentale*, Paris (Mém. Archéol. EFEO n° XI).

Vocabulaire de l'Architecture : voir PÉROUSE DE MONTCLOS (J.-M.).

VIRAMMA et RACINE (J. et J.) – 1994 : *Une vie paria. Le rire des asservis en Inde du Sud*, Paris (Collection Terre humaine).

WILLIS (Michael D.) – 1997 : *Temples of Gopakṣetra. A Regional History of Architecture and Sculpture in Central India AD 600-900*, London.

WRIGHT (G.R.H.) – 1978 : « Indian Summer at Petra », dans R. NAGASWAMY (ed.), *South Indian Studies* , Madras, p. 79-81.

Glossaire
des principaux termes architecturaux

Les définitions, souvent inspirées du *Vocabulaire de l'architecture*, ont été adaptées et limitées à l'emploi fait des termes dans le présent ouvrage. Les termes accompagnés d'un astérisque bénéficient d'une entrée dans ce glossaire.

Abside (plan à -) : plan rectangulaire dont l'un des petits côtés est remplacé par un élément en demi-cercle ; ce type de plan peut être aussi dérivé d'un plan carré.

Amortissement d'angle : voir Pièce d'accent*.

Aisselier : élément de charpente oblique supportant l'extrémité de chevrons* dans le cas d'un avant-toit* réel et largement débordant (Kerala et Népal). Élément purement décoratif dans la même position et censé supporter une corniche* en avant-toit très surplombante (Karnataka).

Appentis (toit en -) : couverture* d'un élément hors-œuvre prenant appui sur le corps principal d'un édifice.

Attique : niveau décoratif de l'élévation* du temple ; il se présente comme un faux-étage* placé immédiatement sous le toit et en retrait par rapport à celui-ci comme par rapport à sa propre base ; désigné en sanskrit comme un « cou » (fig. 6 et 7, p. 82 et 84).

Auvent : voir Corniche*.

Avant-corps : structure secondaire adossée au corps principal d'un édifice (porche*, chapelle*, etc.).

Avant-toit : extrémité inférieure en surplomb du toit*.

Aveugle : s'applique à un élément architectural dont les ouvertures (portes ou fenêtres) sont feintes.

Bahut : élément mouluré servant de base à l'attique* (et feignant d'être le soubassement* de l'édicule sommital dont cet attique est le corps).

Bandeau : moulure plate (plus épaisse qu'un listel ou qu'un filet) ; placée au sommet d'un ensemble mouluré elle joue alors un rôle de corniche*. Il existe également des bandeaux verticaux qui dans l'architecture khmère sont des formes simplifiées de pilastres*.

Barlong (plan -) : plan d'un édifice rectangulaire dont la face principale se trouve sur un de ses longs côtés.

Bâtiment : édifice indépendant ; un bâtiment peut être composé de plusieurs corps de bâtiment dont l'un est généralement le corps principal dont dépend(ent) le (ou les) corps secondaire(s) qui s'y rattache(nt).

Berceau : terme appliqué à une voûte en encorbellement* dont le profil est plus ou moins arqué.

Bibliothèque (pseudo-) : annexe du temple spécifiquement cambodgienne ; elle semble avoir servi de chapelle* ou de pavillon sacrificiel mais tire son nom d'une inscription où elle est ainsi désignée.

Blocage : maçonnerie faite d'un assemblage de tout-venant et généralement encadrée par deux parements appareillés.

Carène (toit en -) : toit à deux versants galbés.

Cella : pièce contenant l'objet de culte figurant le dieu titulaire du temple.

Cerces (charpente à -) : charpente d'un toit galbé à chevrons incurvés.

Chapelle : temple secondaire abritant un dieu assesseur du dieu du temple principal du sanctuaire.

Chaussée : voie de passage surélevée franchissant une douve (Cambodge).

Chevron : pièce de bois rectiligne ou courbe supportant la toiture et prenant appui en haut sur la poutre faîtière et vers le bas sur le haut d'un mur ou sur une architrave.

Claustra : dalle de pierre ajourée, obturant une baie, généralement une fenêtre, parfois une porte (il s'agit techniquement d'une « transenne »).

Cloître (galerie formant -) : galerie entourant une cour du temple vers laquelle elle est ouverte.

Comble : partie de l'espace intérieur de l'édifice comprise dans la couverture* charpentée ou voûtée.

Corniche : moulure couronnant un entablement* ou un soubassement*. Dans le monde indien la corniche d'entablement prend généralement l'aspect d'un avant-toit* ou d'un auvent ; son profil est souvent arrondi ; plan, il est oblique (voir fig. 23) ou vertical comme un bandeau*.

Corps de bâtiment : voir Bâtiment*.

Couverture : dispositif assurant la fermeture par le haut d'un édifice (voir Toit*, Terrasse*, Croupe*, Superstructure*).

Couvrement : dispositif limitant vers le haut un volume intérieur, il peut s'agir d'un plafond ou de l'intrados de la couverture*.

Croupe : couverture* de l'extrémité circulaire d'un bâtiment à abside ou des extrémités arrondies d'un toit elliptique.

Dans-œuvre : se dit d'un élément intégré à la structure du bâtiment auquel il appartient.

Déambulatoire : passage couvert courant autour de la cella*. Dans-œuvre*, il passe longitudinalement dans le mur du corps de bâtiment contenant la cella ; hors-œuvre*, il est abrité par une structure adossée à ce corps principal.

Doucine : corps de moulures à profil en S ; la tradition indienne le désigne comme un « lotus » et le décore en conséquence. La doucine « droite » est surplombante et son profil est inverse de celle dite « renversée », la tradition indienne connaît l'une et l'autre mais ne les distingue pas sémantiquement.

Douve : bassin annulaire entourant le sanctuaire (spécifique au Cambodge ancien).

Édicule : élément décoratif ayant l'aspect d'un temple miniature et disposé sur les terrassons d'une superstructure ; au Cambodge les édicules sont remplacés par des « pièces d'accent* » à partir de la fin du xe siècle (voir p. 106).

Élévation : représentation graphique d'une face verticale d'un édifice ; par extension, composition architecturale réelle ou décorative de cette face.

Enceinte : mur constituant une clôture continue délimitant un espace et cet espace lui-même ; un temple indien peut être entouré par plusieurs enceintes concentriques. Voir aussi Péribole*.

Encorbellement : structure de couverture* faite d'assises horizontales en surplomb les unes sur les autres ; l'intrados de cette couverture est à deux versants (formant une voûte en berceau au dessus d'une galerie ou d'un pavillon, voir par exemple fig. 55) ou bien c'est une cheminée à section plus ou moins carrée, arrondie voire octogonale (fig. 16, 48). L'expression spécifique pour désigner ce type de structure est « tas de charge ».

Entablement : ensemble mouluré formant l'élément supérieur de l'ordre ; il couronne un portique ou un mur décoré ou non de pilastres ; sa base est constituée par l'architrave et à son sommet se trouve la corniche, éventuellement surmontée d'un élément de liaison (bahut).

Épi de faîtage : élément placé au sommet d'un toit (voir « motif de couronnement* ») ou sur la crête d'un mur.

Faux-étage : étage fictif figuré sur les façades mais ne correspondant à aucun découpage interne de l'édifice.

Fausse-lucarne : élément décoratif en forme de lucarne placé sur un toit galbé ou encore sur l'extrados d'une corniche d'entablement ou de soubassement. Souvent dénommé *kuḍu* (litt. « nid » en tamoul). Son tympan peut être historié.

Fourrure (bois en -) : élément de bois inséré dans une poutre en pierre qui a été évidée à cette fin.

Fronton : élément décoratif historié, utilisé surtout en Asie du Sud-Est ; il ferme le pignon d'un toit à double versant, en particulier dans le cas d'un avant-corps* formant porche*. Sa position fréquente au-dessus d'une porte (vraie ou fausse) le fait souvent désigner comme un « tympan ».

Gorge : moulure creuse à profil généralement semi-circulaire.

Hors-œuvre : se dit d'un élément adossé au bâtiment auquel il appartient.

Hypèthre (temple -) : temple à ciel ouvert.

Jambages : les deux éléments verticaux du cadre d'une porte.

Kiosque : édifice hypostyle de taille limitée et ne comportant qu'une rangée périphérique de quatre, six ou huit piliers.

Larmier : élément écartant du mur le ruissellement des eaux de pluie ; son rôle est joué par les corniches* en forme d'avant-toit.

Martelage : destruction d'images en relief par arasement au marteau (on emploie souvent aussi le terme « bûchage »).

Montant : voir Jambage*.

Motif de couronnement : dernier niveau de l'élévation* du temple (fig. 6 et 19), il se présente comme un épi de faîtage mouluré (il est unique sur les toits centrés, mais multiple sur les toits allongés).

Mur-rideau : mur non porteur limitant par exemple un déambulatoire* hors-œuvre*.

Niveau d'élévation : subdivision de l'élévation* d'un édifice (voir fig. 6 et 7) ; elle ne correspond pas nécessairement à une subdivision structurelle du bâtiment.

Oblong (plan -) : plan d'un édifice rectangulaire dont la face principale se trouve sur un de ses petits côtés.

Palier : appliqué à l'architecture indienne, il correspond aux termes sanskrits (*tala* et ses nombreux synonymes) désignant un niveau d'occupation réel ou feint d'un édifice ; il s'agit aussi bien du rez-de-chaussée que des étages ou faux-étages ; en revanche l'attique* n'entre jamais dans le compte des « paliers » que comporte un édifice, même s'il est, lui aussi, l'image d'un niveau « habitable ».

Pavillon : édifice généralement (mais non nécessairement) hypostyle et couvert d'un toit plat. Le pavillon peut constituer un bâtiment indépendant ou un corps de bâtiment appartenant à un ensemble complexe.

Pavillon d'entrée : édifice formant une porte monumentale permettant de franchir un mur d'enceinte.

Péribole : mur d'enceinte limitant le sanctuaire.

Pièce d'accent : élément décoratif se présentant généralement comme une dalle dressée de forme plus ou moins ogivale et décorée d'une image de personnage divin. Ces pièces d'accent sont placées sur les terrassons de la superstructure comme des amortissements marquant l'axe médian des façades ainsi que ses angles et redans (on les appelle parfois alors « amortissements d'angle »). Elles sont propres au Cambodge où elles remplacent les édicules* à compter de la fin du xe siècle (voir p. 106).

Pilastre : pilier figuré (généralement en relief) sur un mur.

Plafond : voir Couvrement*.

Porche : avant-corps* précédant une vraie ou fausse porte d'accès.

Sanctuaire : espace de terrain contenant le temple* et attribué au dieu titulaire de ce dernier ; le sanctuaire est limité par le péribole*, mais peut être subdivisé par des enceintes* intermédiaires.

Soubassement : élément massif sur lequel repose un édifice ; le même terme s'applique à un niveau d'élévation* qui se présente comme un ensemble mouluré situé dont l'extension verticale ne correspond pas nécessairement à celle du soubassement proprement dit.

Superstructure : type de couverture complexe construite généralement en encorbellement* ; elle a l'aspect d'une tour plus ou moins pyramidale dont les façades sont décorées de niveaux horizontaux superposés plus ou moins caractérisés et plus ou moins nombreux (faux-étages*, degrés ou aménagements similaires).

Tableau : face verticale d'un jambage* (en Asie du Sud-Est il porte souvent une inscription ou un décor).

Temple : édifice simple ou complexe comportant la pièce où est installée la représentation du dieu.

Temple d'état : catégorie de temples de fondation royale (voir p. 241).

Temple-montagne : temple surélevé par une pyramide à degrés (forme propre aux « temples d'état » du Cambodge).

*Terrasse (*alias *« toit plat »)* : couverture* plane ou très légèrement bombée (voir p. 100).

Terrasson : espace périphérique libéré au sommet d'un (faux-)étage* par la disposition en retrait de celui qui vient au-dessus ; il porte souvent des édicules* ou des pièces d'accent*.

Toit : élément de la couverture, réel et monté sur une charpente ou fictif et sculpté dans un massif de maçonnerie ou parfois un monolithe ; il correspond au 5e niveau d'élévation du temple.

Tore : moulure saillante à profil semi-circulaire ou semi-octogonal.

Tympan : voir Fronton*.

Index topographique et géographique

Chaque nom est suivi de sa localisation selon le système d'abréviations ci-dessous (voir également la carte, p. 22) et éventuellement d'une date.
– États indiens : AP (Andhra Pradesh), BI (Bihar), CA (Cachemire), GU (Gujarat), KA (Karnataka), KE (Kerala), MA (Maharastra), MP (Madhya Pradesh), OR (Orisssa), RA (Rajasthan) TN (Tamilnadu), UP (Uttar Pradesh).
– Autres : AF (Afghanistan), BU (Birmanie/Myanmar), IN (Indonésie) KH (Cambodge), LA (Laos), TH (Thaïlande).

Index général

Les noms d'ouvrage sont en italiques ; les mots définis dans le glossaire sont signalés par un astérisque ; « d. » = divinité.

Table des figures

Table des encadrés

Crédits des figures

© AARP, Londres (DR), d'après Michell, 1975 : figures 9, 17, 20B, 24 et 28.

© Artibus Asiae, Ascona (DR), d'après Nanavati & Dhaky, 1969 : fig. 23.

© Brill, Leyde, d'après Dumarçay & Royere, 2001 : fig. 21B et 46.

© Bruno Dagens : fig. 8, 18, 25, 52 et 64.

© Jacques Dumarçay : fig. 60.

© École Française d'Extrême-Orient, Paris, d'après :
- Dumarçay, 1972 : fig. 37 ;
- Dumarçay, 1983 : fig. 29, 38, 44 et 45 ;
- Dumarçay, 1988 : fig. 21A, 36, 51 et 59B ;
- Dumarçay, 1993 : fig. 49 ;
- Dumarçay et L'Hernault, 1975 : fig. 6 et 19 ;
- Guilmoto, Reiniche et Pichard, 1990 : fig. 43 ;
- L'Hernault, Pichard et Deloch, 1990 : fig. 35, 41 et 42 ;
- Nafilyan, 1969 . fig. 27 ;
- Parmentier, 1927 : fig. 1 ;
- Pichard, 1976 : fig. 14 ;
- Pichard, 1994 : fig. 26 ;
- Pichard, 1995 : fig. 12, 15, 1, 20A, 31, 34, 56 et 59A ;
- Pichard, L'Hernault, Boudignon, Thyagarajan, 1994 : fig. 48.

© Éditions Recherche sur les Civilisations, Paris (DR), d'après Legrand, 1987 : fig. 7.

© Government of Kerala (DR), d'après Rajan, 1974 : fig. 57.

© I.G.N.C.A, New-Delhi (DR), d'après Baümer & Das, 1994 : fig. 47.

© Institut Français de Pondichéry, d'après Dagens, 1984 : fig. 10, 22 et 50.

© Librairie Oriens, Paris, d'après :
– Dumarçay, 1996 : fig. 2 et 55 ;
– Dumarçay, 1998 : fig. 4 et 30 ;
– Dumarçay, 2001 : fig. 3, 11, 32 et 55.

© Motilal Banarsidass, Delhi (DR), d'après Smith, 1994 : fig. 54.

© Oxford University Press, d'après Dumarçay, 1986 : fig. 13.

Table des matières

SECONDE PARTIE
L'USAGE DU TEMPLE

Ce volume,
le vingt et unième de la collection Realia,
publié aux Éditions Les Belles Lettres
a été achevé d'imprimer
en octobre 2009
sur les presses
de la Nouvelle Imprimerie Laballery
58500 Clamecy, France

N° d'éditeur : 6958
N° d'imprimeur : 910247
Dépôt légal : novembre 2009